Grötzinger/Uepping   Balanced Scorecard im Human Resources
Management

Martin Grötzinger/Heinz Uepping (Hrsg.)

Balanced Scorecard im Human Resources Management

Luchterhand

Die Deutsche Bibliothek – CIP-Einheitsaufnahme

Balanced Scorecard im Human Resources Management : Strategie – Einsatzmöglichkeit – Praxisbeispiele / Hrsg.: Martin Grötzinger ; Heinz Uepping. – Neuwied ; Kriftel : Luchterhand, 2001
    ISBN 3-472-04512-4

Redaktion: Andreas Liegerer

Umschlaggestaltung: GraphicDesign Reckels & Schneider-Reckels, Wiesbaden
Lektorat: Reiner Straub
Satz: Hümmer GmbH, Waldbüttelbrunn
Druck und Verarbeitung: Wilhelm & Adam, Heusenstamm
Printed in Germany · September 2001

Gedruckt auf säurefreiem, alterungsbeständigem und chlorfreiem Papier

Vorwort

Wir leben in einer Zeit, in der Vergangenheit und Zukunft fast unmittelbar verschmelzen. Für die Gegenwart bleibt immer weniger Gestaltungsspielraum. Dieses Tempo der Veränderung ist gekennzeichnet von großer Vielfalt der Chancen und einem höheren Potenzial an Risiken. Die Geschäftsprozesse werden dynamischer und die Aufgabenstellungen im Einzelnen komplexer. Aus dieser Kombination ergibt sich eine neue Herausforderung, das Management von »Dynaxität«. Im Mittelpunkt steht dabei die möglichst zeitnahe Verfügbarkeit einer hinreichenden Transparenz des Geschäftsprozesses. Die Wechselwirkungen zwischen Finanzen, Produkten bzw. Dienstleistungen, Prozessen und Entwicklungsbedarf müssen dabei betrachtet werden, um eine wettbewerbsfähige Steuerungen des Unternehmens zu eröffnen. In Zukunft bestimmen also nicht mehr allein singuläre Leistungstreiber den Erfolg sondern die Korrelation zwischen den Kernleistungen des Unternehmens.

Mit der Balanced Scorecard (BSC) erhalten wir eine Methode, die uns derartige Transparenzen gestalten lässt. Unter Berücksichtigung bisheriger Controlling- und Planungssysteme verdichtet die BSC die wesentlichen Kenngrößen zu Beziehungsfeldern und macht die betriebswirtschaftlichen, organisatorischen und personellen Auswirkungen auf strategische Anforderungen deutlich.

Ausgehend von der Transformation einer Vision in eine Strategie, gestattet die BSC als Planungsinstrument die weitere Übersetzung in Bereichsplanung bis zur persönlichen Zielvereinbarung. Da derartige Planungsprozesse auch heute in den Unternehmen bestehen, mag die BSC auf den ersten Blick als »alter Wein in neuen Schläuchen« wirken. Die Nachhaltigkeit dieser Methode erschließt sich tatsächlich erst, wenn man sich etwas intensiver damit beschäftigt.

Das Buch möchte hierzu einen Beitrag leisten und durch die Beiträge von Wissenschaftlern, Experten und Praktikern in die Methode, Anwendung und Praxis der Balanced Scorecard einführen.

Taunusstein, im Sommer 2001
Martin Grötzinger/Heinz Uepping

Inhaltsverzeichnis

Einleitung

Die Balanced Scorecard (BSC) ist in den Unternehmen auf dem Vormarsch. Waren in der Vergangenheit neue »Management-Moden« mit einer überschaubaren Endlichkeit belegt – schon allein wegen der Tatsache, dass die nächste folgte – so ist dies bei der BSC tatsächlich anders. Der bisherige Weg der BSC ist eher untypisch für eine Management-Mode, da es eine klare Proportionalität zwischen Medienpräsenz und praktischer Erfahrung gibt. Die Entwicklung wurde somit eher durch die Berichterstattung über erfolgte Einführungen vorangetrieben, als über die Beschreibung eines Mode-Trends dem man folgen müsse, wenn man wettbewerbsfähig bleiben wolle. Diese Tatsache macht schon aufmerksam und lässt ernsthaft nachhaltige Zweckmäßigkeit und Nutzeffekte erwarten. Dieses Buch öffnet den Weg zur Balanced Scorecard und den damit verbundenen Möglichkeiten der Nutzung.

Kapitel 1: Mit der Balanced Scorecard zum strategiegeleiteten Unternehmen

Es wird im ersten Teil des Buches ein Verständnis für die BSC aufgebaut. Dabei stehen Methoden, Systematiken und Management-Value im Vordergrund. Dargestellt werden die Wege von der Vision über die Strategien bis zur Zielvereinbarung als Einsatzfeld der BSC: Die Anwendung der BSC hinsichtlich Kultur und Kommunikation sowie die BSC-Philosophie in Beziehungen zu den Herausforderungen des HR-Management. Damit wird ein gezielter Überblick und Einblick zur Balanced Scorecard gegeben.

Kapitel 2: Strategie- und wertorientiertes HR-Management in der Unternehmenspraxis: Erfahrungsberichte aus Unternehmen

Mit insgesamt zehn Beiträgen über die BSC-Praxis aus verschiedenen Branchen und Unternehmen wird ein breites Spektrum an Anwendungsmöglichkeiten und -voraussetzungen dargestellt. Die Themen reichen von den Einsatzfeldern der BSC für Planung und Steuerung des Geschäftsprozesses über die Nutzung im wertorientierten Personalmanagement, insbesondere auch Vergütungsmanagement, bis hin zu den Schnittstellen bezüglich bewährter Modelle wie EFQM und kontinuierliche Verbesserungsprozesse. Die Darstellungen aus der Praxis der Unternehmen machen die

BSC so greifbar, dass eine eigene Beurteilung möglich wird. Praxisberichte kommen aus folgenden Unternehmen: AOK-Hessen, BASF AG, BD Becton Dickenson GmbH, Bosch Rexroth AG, DaimlerChrysler AG, Deutsche Bahn AG, Deutsche Bank AG, Heidelberger Druckmaschinen AG, NSE Software AG, Vaillant GmbH

Kapitel 3: Erfolgsfaktoren bei der Einführung einer Balanced Scorecard

In diesem Abschnitt werden alle notwendigen Aspekte behandelt, die für die Vorbereitung und Einführung der BSC im Unternehmen bedacht werden müssen: Neben verschiedenen Formen der Einführung wird auch die Akzeptanzsicherung und nachhaltige Integration in die Unternehmensorganisation dargestellt.

Zum guten Schluss . . .

. . . hat das Buch das Ziel, die Balanced Scorecard in ihren Möglichkeiten der Nutzung und Wirkungsfeldern darzustellen. Die Beiträge sollen ermutigen, ein zukunftsorientiertes Instrument auch insbesondere durch das HR-Management aufzunehmen.

Mit der Balanced Scorecard zum strategie-geleiteten Unternehmen: Theorie und Methodik

I. Personalmanagement und Balanced Scorecard

– theoretischer Anspruch und praktische Realität

Von Dr. Jürgen Bischof,
Katholische Universität Eichstätt – Ingolstadt

und Prof. Dr. Gerhard Speckbacher,
Wirtschaftsuniversität Wien

In der aktuellen Literatur zur strategischen Unternehmensführung nimmt die Balanced Scorecard (BSC) eine geradezu dominierende Rolle ein, wobei ihre Einsatzmöglichkeiten nahezu unbegrenzt erscheinen. Aus Sicht des Personalmanagements soll im vorliegenden Beitrag der theoretische Anspruch des Konzeptes mit der realen Umsetzung in der Unternehmenspraxis verglichen werden. Dies erfolgt auf der Basis einer wiederholten Befragung der DAX-100-Unternehmen zu Verbreitung und Stand der Anwendung der Balanced Scorecard in deutschen Unternehmen.

1. Das Konzept der Balanced Scorecard

Im engeren Sinne wird unter einer Balanced Scorecard ein ausgewogener Berichtsbogen verstanden, in dem die strategischen Ziele eines Unternehmens klar formuliert und mit quantifizierbaren Messgrößen zu einem ausgewogenen Zielsystem verbunden werden (vgl. Abb. 1). Ausgehend von dieser ursprünglichen Konzeption im Rahmen des Performance Measurement erfolgte eine Weiterentwicklung zu einem Instrument, mit dessen Hilfe die Unternehmensstrategie in konkrete operative Maßnahmen übersetzt werden kann. In diesem weiteren Sinne wird die Balanced Scorecard heute als ein Managementsystem zur Strategieumsetzung im Unternehmen definiert, das die Lücke zwischen der Strategiefindung und der Strategieimplementierung schließen soll.[1]

---

1 Eine ausführliche Darstellung des Konzeptes erfolgt in Kaplan/Norton (1996) und in der »Fortsetzung« Kaplan/Norton (2001). Einen kurzen Überblick gibt Kaufmann (1997), und einen umfassenden Leitfaden für die Implementierung stellt Horváth & Partner (2000) dar.

	Strategische Ziele	Messgrößen	Zielwerte
Finanzielle Perspektive Was erwarten unsere Kapitalgeber von uns?	Höchste Profitabilität Überproportionales Wachstum	ROCE Verhältnis Umsatzwachstum zu Marktwachstum	> 15% > 1,5
	Nachhaltige Wertsteigerung	Discountedt Cash Flow	+ 5% p. a.
Kundenperspektive Worauf legen unsere Kunden besonders Wert?	Bestes Preis-Leistungs-verhältnis Absolute Zuverlässigkeit Europaweiter Vor-Ort-Service	Bewertung durch A-Kunden Reklamationsquote Durchschnittliche Wartezeit der Kunden	Note 1 bei mind. 70% < 0,5% − 20% p. a.
Prozessperspektive Wie müssen wir unsere betrieblichen Abläufe gestalten?	Aktives Management des Kundenportfolios Sichere Beschaffung Schnelligkeit	Anteil C-Kunden Anteil auditierter Lieferanten Verhältnis von Durchlaufzeit zu Bearbeitungszeit	< 15% > 90% < 3
Lern-/Entwicklungs-perspektive Welche Potenziale brauchen wir für die Zukunft?	Innovationsführerschaft Hochmotivierte Mitarbeiter	Umsatzanteil von Produkten jünger als 2 Jahre Mitarbeiterzufriedenheitsindex	> 60% < 1,5

Abb. 1: Beispielhafte Balanced Scorecard

Im Einzelnen können die folgenden sieben Zielsetzungen identifiziert werden, die mit einer Balanced Scorecard verfolgt werden:[2]

1. Berücksichtigung nicht-finanzieller Größen bei der Erfolgsmessung
2. Klärung und Konkretisierung der Strategie
3. Kommunikation der Strategie im Unternehmen
4. Ausrichtung der operativen Planung an der Strategie
5. Verhaltenssteuerung der Handlungsträger durch Anreizsysteme
6. Überprüfung und Anpassung der Strategie in einem laufenden Lernprozess
7. Externe Kommunikation der Strategie an Investoren und Kapitalgeber

Gerade aus Sicht des Personalmanagements bestehen allerdings noch eine ganze Reihe offener Fragen.[3]

❑ Wie kann der Einsatz der Balanced Scorecard durch das Personalmanagement unterstützt werden?
❑ Welche HR-Aspekte sind beim Aufbau einer Scorecard zu berücksichtigen?

---

2 Vgl. ausführlicher hierzu Bischof/Speckbacher (2001).
3 Zum hier nicht behandelten Einsatz der Balanced Scorecard zur strategischen Steuerung des Personalbereichs vgl. beispielsweise Ackermann (2000) und auch Kunz (2000).

❑ Wie lässt sich die Balanced Scorecard als Instrument eines aktiven Personalmanagements einsetzen?

Worauf hierbei das Augenmerk gerichtet werden sollte, verdeutlicht eine empirische Untersuchung, deren allgemeine Ergebnisse im nächsten Kapitel zunächst vorgestellt werden. Auf die speziellen Aspekte des Personalmanagements wird an den entsprechenden Stellen des darauf folgenden Abschnitts eingegangen.

2. Einsatz der Balanced Scorecard in deutschen Unternehmen

Verbreitung und Anwendung der Balanced Scorecard bei deutschen Unternehmen waren Gegenstand einer empirischen Untersuchung, die von den Autoren im Jahr 1999 durchgeführt wurde. Die Ergebnisse dieser Untersuchung, bei der die DAX-100-Unternehmen befragt wurden, sind in Speckbacher/Bischof (2000) dokumentiert.

Branche	Unternehmen im Index	Teilgenommen	Anteil
Automobil & Transport	11	11	100%
Banken & Finanzdienstleister	13	12	92%
Bau	7	6	86%
Chemie & Pharma	15	13	87%
Handel & Konsum	16	15	94%
Maschinenbau & Industrie	21	18	86%
Software & Technologie	5	5	100%
Versicherer	7	5	71%
Versorger & Telekommunikation	5	4	80%
gesamt	100	89	89%

Tab. 1: Beteiligung an beiden Befragungen

Im November und Dezember 2000 wurden die Teilnehmer der ersten Studie erneut befragt, um die Daten zu aktualisieren und insbesondere Entwicklungstendenzen beim Stand der Implementierung zu erkennen. 89 Unternehmen nahmen an beiden Befragungen teil, so dass sich für sieben von neun Branchen Teilnahmequoten von mehr als 85% ergaben (vgl. Tab. 1).[4]

2.1. Verbreitung des Balanced-Scorecard-Konzeptes

Bei der Verbreitung des BSC-Konzeptes zeigten sich deutliche Veränderungen – insbesondere wenn man berücksichtigt, dass zwischen den beiden Befragungen nur ca. 15 Monate lagen (vgl. Abb. 2). Mehr als ein Viertel aller Unternehmen hatte in 2000 einen höheren Implementierungsstand als im Vorjahr. Der Anteil der Unternehmen, die sich bisher noch gar nicht mit dem Konzept der Balanced Scorecard beschäftigt hatten, sank von 26% auf 18%, und der Anteil der Unternehmen, die bereits eine BSC implementiert haben, stieg ebenso deutlich von 19% auf 27%.

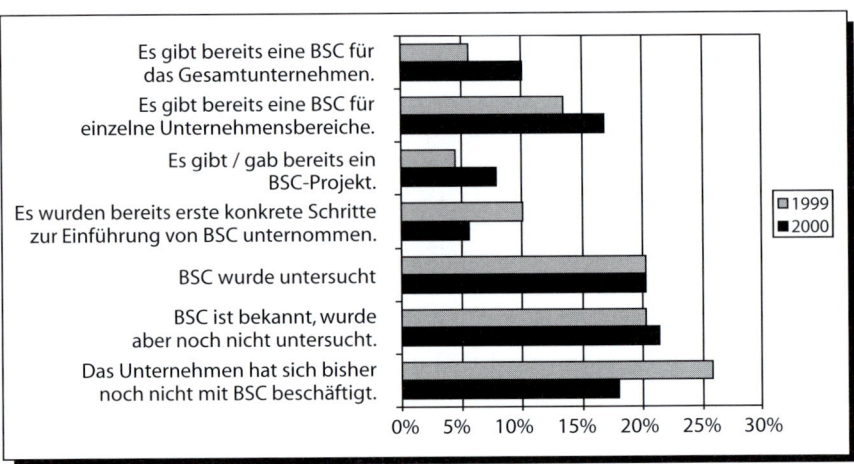

Abb. 2: Stand des BSC-Konzeptes in den Unternehmen

---

4 An der ersten Befragung hatten 93 Unternehmen teilgenommen, wovon drei in 2000 nicht mehr in einer vergleichbaren Form existierten und eines eine erneute Teilnahme ablehnte. Die übrigen Unternehmen wurden (unabhängig von ihrer weiteren Zugehörigkeit zum DAX-100) erneut befragt, so dass die Ergebnisse der beiden Befragungen direkt vergleichbar sind. Aufgrund der nahe bei 100% liegenden Teilnahmequote wird im Folgenden an einigen Stellen die Formulierung »% der antwortenden Unternehmen« zu »% der Unternehmen« vereinfacht. Vgl. zu den Ergebnissen der wiederholten Befragung auch Bischof (2001).

Damit arbeiten bereits 40% der Unternehmen mit einer Balanced Score-card bzw. haben mindestens erste konkrete Schritte zur Einführung unternommen, und es ist eine klare Entwicklung hin zu einer weiteren Verbreitung zu erkennen. Das BSC-Konzept konnte somit in wenigen Jahren einen erstaunlich hohen Verbreitungsgrad erlangen. Bei aller Euphorie darf jedoch nicht übersehen werden, dass immer noch 60% der DAX-100-Unternehmen nicht über das Stadium erster Überlegungen hinausgekommen sind.

Interessante Unterschiede zeigen sich, wenn man den Stand in den einzelnen Branchen betrachtet (vgl. Abb. 3). Bei den Unternehmen der Branche *Bau* spielt die Balanced Scorecard bisher fast keine Rolle, und auch bei *Banken & Finanzdienstleistern* haben sich 50% der Unternehmen bisher noch gar nicht mit dem Konzept beschäftigt. Gehörte *Handel & Konsum* in 1999 ebenfalls noch klar zu dieser Gruppe der Branchen mit der niedrigsten BSC-Verbreitung, so ist hier eine deutliche Entwicklung hin zu einer stärkeren Beschäftigung mit der Balanced Scorecard zu erkennen.

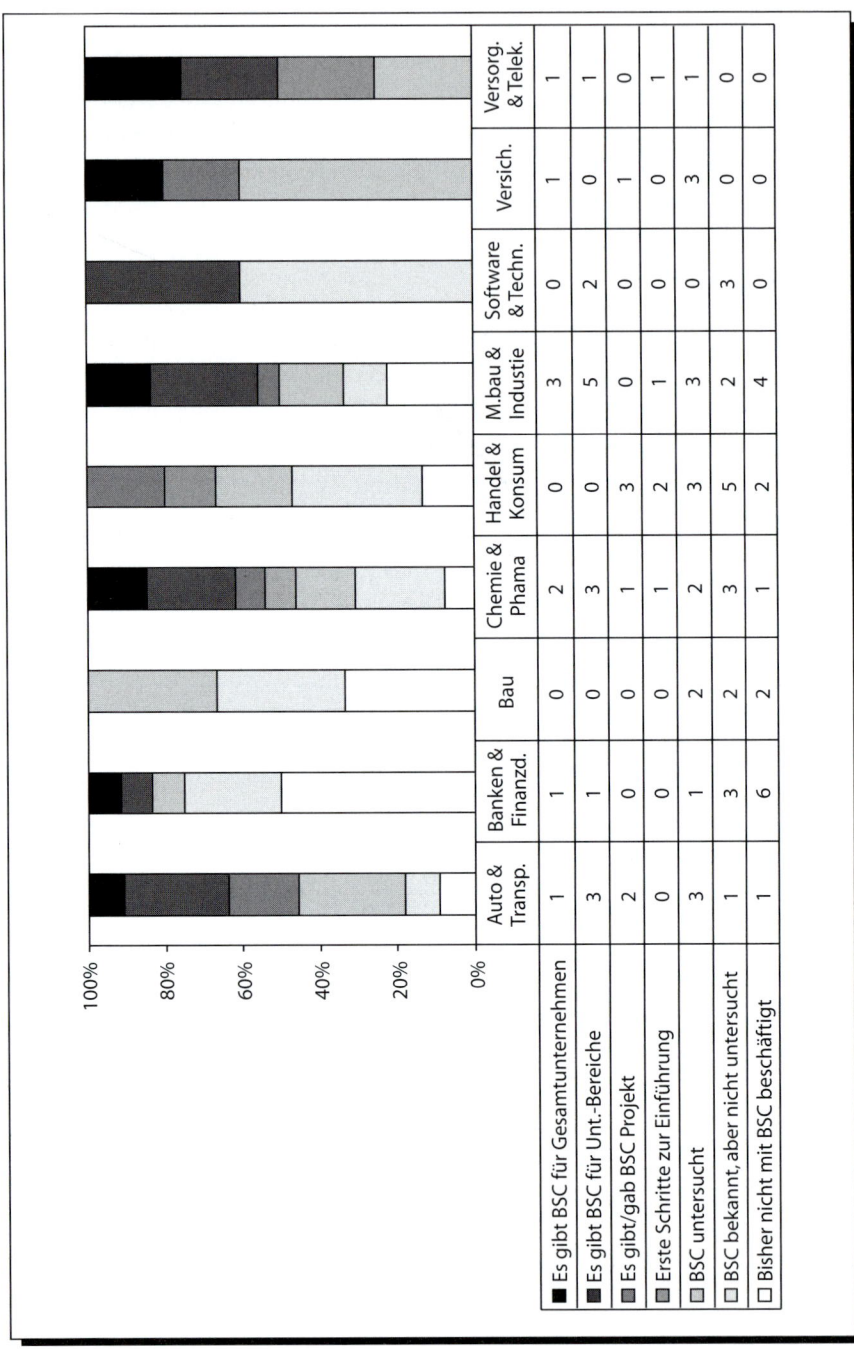

	Auto & Transp.	Banken & Finanzd.	Bau	Chemie & Phama	Handel & Konsum	M.bau & Industie	Software & Techn.	Versich.	Versorg. & Telek.
Es gibt BSC für Gesamtunternehmen	1	1	0	2	0	3	0	1	1
Es gibt BSC für Unt.-Bereiche	3	1	0	3	0	5	2	0	1
Es gibt/gab BSC Projekt	2	0	0	1	3	0	0	1	0
Erste Schritte zur Einführung	0	0	0	1	2	1	0	0	1
BSC untersucht	3	1	2	2	3	3	0	3	1
BSC bekannt, aber nicht untersucht	1	3	2	3	5	2	3	0	0
Bisher nicht mit BSC beschäftigt	1	6	2	1	2	4	0	0	0

Abb. 3: Stand des BSC-Konzeptes getrennt nach Branchen

In allen anderen Branchen (Ausnahme: *Versicherer*) ist das BSC-Konzept schon deutlich stärker verbreitet: jeweils mindestens 35% der Unternehmen besitzen bereits eine Balanced Scorecard für das Gesamtunternehmen oder für einzelne Unternehmensbereiche. Bis auf *Bau* und *Software & Technologie* konnte auch in allen Branchen eine mindestens leichte Fortentwicklung bei der Verbreitung der Balanced Scorecard festgestellt werden. Eine starke Fortentwicklung zeigte sich neben *Handel & Konsum* auch bei *Maschinenbau und Industrie*, wo allein drei Unternehmen in 2000 neu eine Balanced Scorecard für einzelne Unternehmensbereiche implementierten.

2.2. Geplantes weiteres Vorgehen der Unternehmen

Bei der Frage nach dem beabsichtigten weiteren Vorgehen ist keine so klare Tendenz zu erkennen (vgl. Abb. 4). Zwar wollen vier Unternehmen mehr als im Vorjahr das Konzept mit hoher oder höchster Priorität weiterverfolgen, doch genauso groß ist der Zuwachs bei denjenigen Unternehmen, die sich bereits gegen eine weitere Beschäftigung mit der BSC entschieden haben.

Nach wie vor ist das weitere Vorgehen für 30% offen, und fast unverändert 26% beabsichtigen eine Weiterverfolgung mit mittlerer Priorität, wobei zu beachten ist, dass eine durchaus größere Zahl von Unternehmen die Kategorie wechselte – allerdings sowohl zu einer höheren als auch zu einer niedrigeren Priorität, so dass sich diese Veränderungen nahezu ausgleichen.

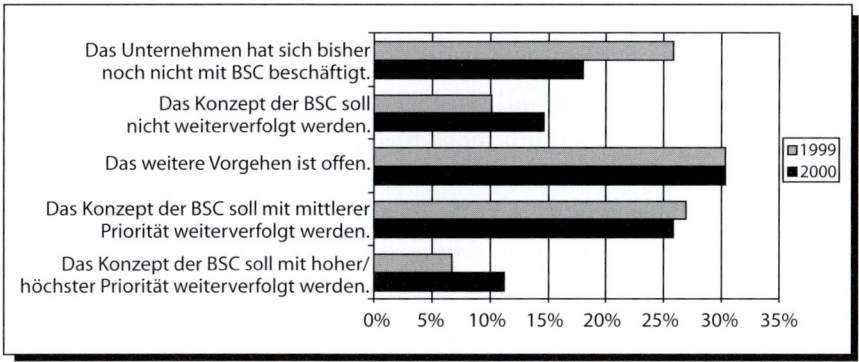

Abb. 4: Geplantes weiteres Vorgehen bezüglich BSC

Das Balanced-Scorecard-Konzept wird damit wie bereits im Vorjahr nur von relativ wenigen Unternehmen mit hoher Priorität verfolgt, und auch innerhalb der einzelnen Branchen ergeben sich in dieser Frage keine gravierenden Veränderungen gegenüber der ersten Befragung (vgl. Abb. 5). Damit hat die Balanced Scorecard bei einem großen Teil der deutschen Unternehmen trotz ihrer großen Verbreitung (noch) nicht den Stellenwert erlangt, den sie in der Managementliteratur genießt.

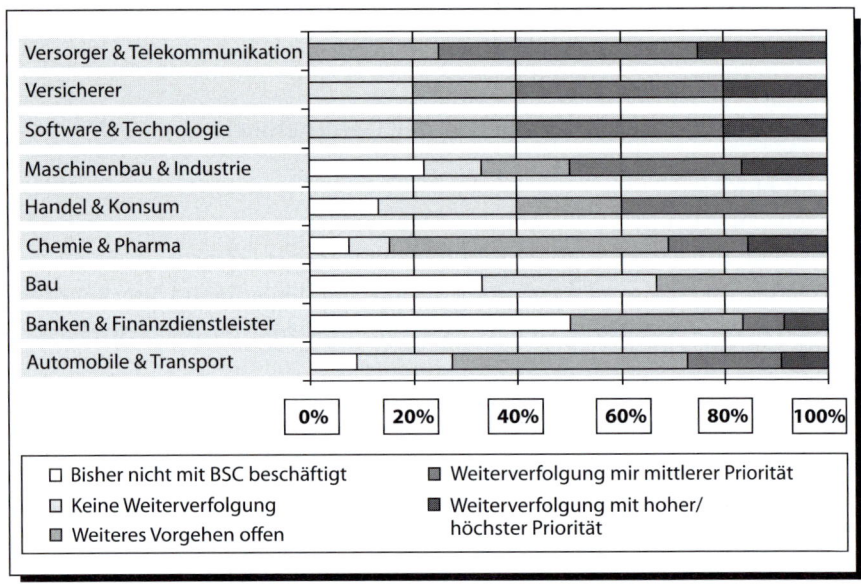

Abb. 5: Geplantes weiteres Vorgehen bezüglich BSC getrennt nach Branchen

3. Human-Resources-Aspekte der Balanced Scorecard

Bei der Befragung wurde deutlich, dass viele Unternehmen die Balanced Scorecard lediglich als ein um nicht-finanzielle Größen ergänztes Kennzahlensystem verstehen, und dass dementsprechend die innovativen Potenziale dieses Konzeptes häufig gar nicht genutzt werden. Welche Defizite hier bestehen, und worauf beim Einsatz der Balanced Scorecard besonders zu achten ist, wird im Folgenden aus der Sicht des Personalmanagements dargestellt. Dabei werden nacheinander die drei zentralen HR-Aspekte des BSC-Konzeptes betrachtet, wie sie auch von Kaplan und Norton identifiziert wurden: Strategieverständnis der Mitarbeiter, Ableitung von Mitarbeiterzielen und Verknüpfung mit dem Anreizsystem.[5]

3.1. Strategieverständnis der Mitarbeiter

Mit Hilfe einer Strategie versucht ein Unternehmen, seine Stärken und die sich ihm bietenden Chancen bestmöglich zu nutzen sowie Schwächen und Gefahren zu vermeiden. Damit kann – wie Kaplan und Norton betonen – eine Strategie letztlich als ein Bündel von Annahmen über die Ursache-Wirkung-Zusammenhänge im Unternehmen angesehen werden. Diese Hypothesen-Modelle zur Zielerreichung sind oft nur in den Köpfen der Führungskräfte vorhanden – wobei durchaus auch unterschiedliche Vorstellungen existieren können.

Bei der Strategieumsetzung geht es deshalb zunächst darum, diese Annahmen über die Zusammenhänge im Unternehmen explizit zu machen, indem die vielfältigen strategischen Zielsetzungen über Ursache-Wirkung-Ketten in einem so genannten »Strategy Map« (»Strategie-Landkarte«) miteinander verknüpft werden (vgl. Abb. 6). Dem Strategieverständnis dient auch die Hinterlegung der strategischen Ziele mit quantifizierten Messgrößen, Zielvorgaben und konkreten Maßnahmen. Dies führt einerseits zu einer Konkretisierung der Strategie, und andererseits ermöglicht es die Überprüfung der zugrunde liegenden Hypothesen in einem kontinuierlichen Lernprozess.

Vor allem aber ist die Balanced Scorecard (inklusive Strategy Map!) hervorragend geeignet, um den einzelnen Mitarbeitern die Strategie zu vermitteln. Diese erkennen, auf welche Ziele es ankommt, in welchem Zusammenhang diese Ziele stehen, und welchen eigenen Beitrag sie zum Erreichen der Ziele leisten können.

---

5 Für eine ausführliche Darstellung der Theorie und für Literaturhinweise vgl. Speckbacher/
Bischof, (2000).

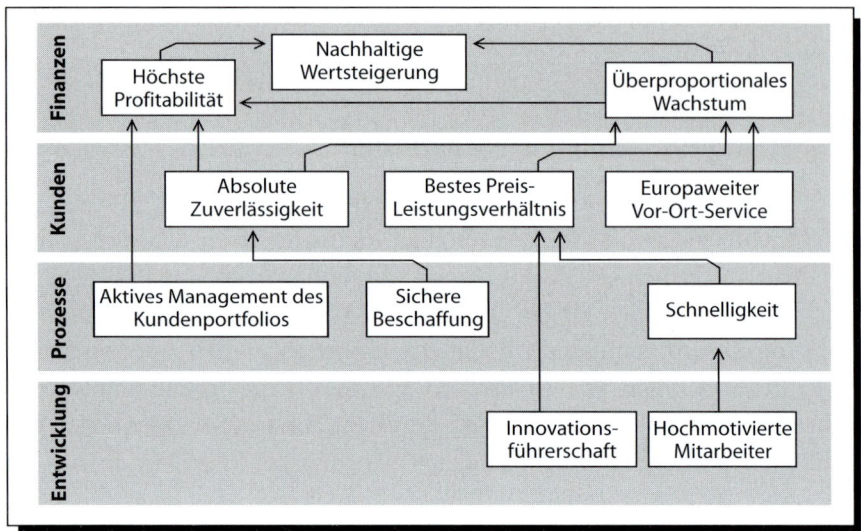

Abb. 6: Beispielhaftes Strategy Map

Diese auch von Kaplan und Norton betonte zentrale Bedeutung der Strategy Maps[6] wird von den Unternehmen bisher offensichtlich nicht erkannt: Die Hälfte der DAX-100-Unternehmen, die eine Balanced Scorecard besitzen, verzichtet auf die Aufnahme von Ursache-Wirkung-Zusammenhängen. Zusätzlich verknüpfen nur 60% die strategischen Ziele mit Aktionsplänen, und weniger als ein Viertel der Unternehmen nutzt die BSC zur Strategie-Kommunikation unterhalb des Middle-Managements auf der Ebene der Mitarbeiter.[7]

Soll aber die Balanced Scorecard einen wirksamen Beitrag zur Strategieumsetzung innerhalb des Unternehmens leisten, so müssen einerseits die Ursache-Wirkung-Zusammenhänge zwischen den strategischen Zielen (z. B. in Form von Strategy Maps) expliziert und nachvollziehbar gemacht werden, und andererseits muss die Balanced Scorecard – und mit ihr die Strategie – an alle Mitarbeiter auf allen Hierarchieebenen kommuniziert werden.

---

6 Vgl. insbesondere Kaplan/Norton (2001, S. 65–131).
7 Vgl. Speckbacher/Bischof (2000, S. 807 f.).

3.2. Ableiten von Mitarbeiterzielen

Ist die Strategie von allen Mitarbeitern verstanden, so geht es im nächsten Schritt darum sicherzustellen, dass die Mitarbeiter sich im Sinne der Strategie verhalten bzw. Entscheidungen treffen. Dazu gehört, dass die Ziele der einzelnen Mitarbeiter und die Ziele der Arbeitsgruppen und Teams auf die Strategie ausgerichtet werden. Anders herum ausgedrückt muss die Balanced Scorecard bis auf die Ebene der Mitarbeiter heruntergebrochen werden. Letztlich sollte jeder Mitarbeiter eine persönliche Scorecard haben – eventuell sogar tatsächlich als Karte an seinem Arbeitsplatz.

Ein schönes Beispiel für ein solches Vorgehen stellt die General Electric Lighting Business Group dar – der Geschäftsbereich für Beleuchtungssysteme von General Electric.[8] Die Lighting Business Group leitete aus den Zielvorgaben des Konzerns eine Balanced Scorecard ab, die sie über die Stufen Divisionen und Werke bis auf die Ebene der Mitarbeiter herunterbrach. Die Ziele der Mitarbeiter in der Produktion und die zugehörigen Messgrößen wurden in einer »Frontline Employee Scorecard« zusammengefasst. So weiß der Mitarbeiter, worauf er sich konzentrieren sollte, um die übergeordneten Ziele des Werkes positiv zu beeinflussen.

Auch bei der Frage, auf welchen Hierarchieebenen die Balanced Scorecard eingesetzt wird, zeigen sich bei den befragten deutschen Unternehmen Defizite in der Umsetzung des Konzeptes (vgl. Abb. 7).[9] In den meisten Fällen wird die Balanced Scorecard nur auf der Ebene von Gesamtunternehmen/Konzern und auf der Ebene von Strategischen Geschäftseinheiten eingesetzt. Auf den darunter liegenden Management-Ebenen der Werke/Betriebe, Abteilungen und Gruppen wollen nur deutlich weniger Unternehmen mit einer Scorecard arbeiten, und nur ein einziges DAX-100-Unternehmen hat eine Balanced Scorecard für einzelne Mitarbeiter.[10]

Die Balanced Scorecard wird damit in den meisten Fällen ausschließlich als Instrument des strategischen Controlling durch das Top-Management genutzt. Ihr Potenzial bei der Verbindung der individuellen Ziele der Mitarbeiter mit der Unternehmensstrategie bleibt dadurch häufig ungenutzt.

---

8 Vgl. Davis (1996).
9 Vgl. Bischof (2001, S. 35 f.).
10 Zu einem ähnlichen Ergebnis kommen auch Zimmermann/Jöhnk (2000, S. 604) bei einer Befragung von BSC-Anwendern, die ergab, dass das Herunterbrechen der Balanced Scorecard auf unterschiedliche Hierarchieebenen als »weniger wichtig« angesehen wird.

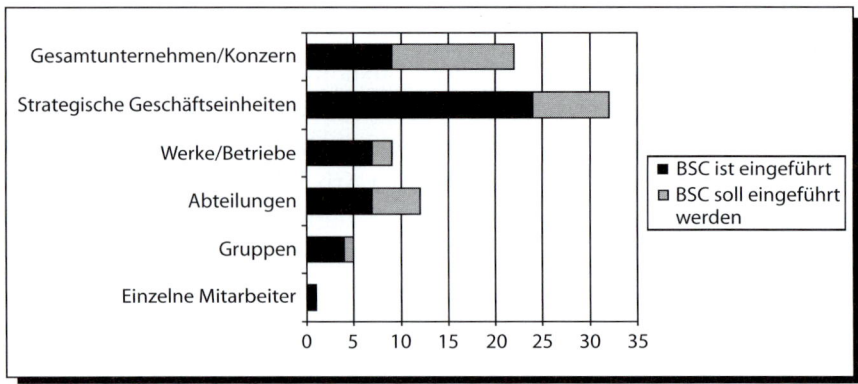

Abb. 7: Unternehmensebenen, für die die BSC eingeführt wurde bzw. werden soll (Basis: Antworten von 35 Unternehmen, die bereits mindestens erste konkrete Schritte zur Einführung unternommen haben)

3.3. Verknüpfung mit dem Anreizsystem

Werden die individuellen Ziele in der geschilderten Weise über die Scorecard mit der Unternehmensstrategie verbunden, so bietet es sich an, die Balanced Scorecard auch zur Erfolgs- bzw. Leistungsbeurteilung zu verwenden und eventuell mit dem Anreizsystem (variable Vergütung) zu verknüpfen. Erstes wird von 70% der Unternehmen mit BSC gemacht, zweites von zwei Dritteln davon (vgl. Abb. 8).[11]

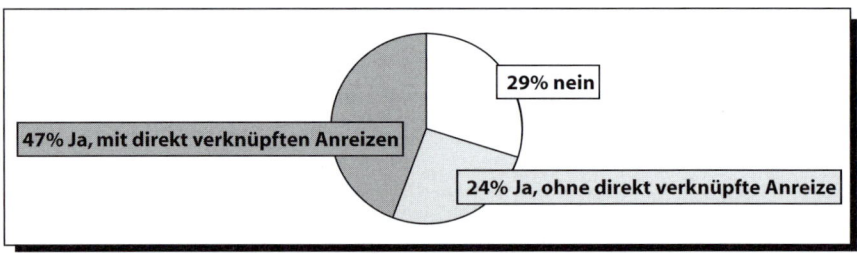

Abb. 8: Wird die BSC zur Leistungs- oder Erfolgsbeurteilung verwendet? (Nur Antworten von Unternehmen, die schon mindestens eine BSC für einen Bereich fertiggestellt haben, wurden berücksichtigt.)

Der Einsatz der Balanced Scorecard als Grundlage eines Anreizsystems kann am Beispiel des »Performance Excellence Plan (PEP)« des Whirl-

---

11 Vgl. Speckbacher/Bischof (2000, S. 808).

pool-Konzerns dargestellt werden.[12] Whirlpool ist einer der weltweit größten Hersteller von Haushaltsgeräten und Marktführer auf dem europäischen Kontinent. Die Manager in den Konzernunternehmen erhalten eine leistungsabhängige Vergütung, wobei der Anteil des variablen Bonusses am Gesamtgehalt 10% bis 40% beträgt und von der Verantwortung des Managers und seiner Einflussmöglichkeit auf den Geschäftsverlauf abhängt.

Zur Ermittlung des Bonusses wird der Planwert mit zwei Faktoren multipliziert. Ein individueller Multiplikator, der Werte zwischen 0,85 und 1,5 annehmen kann, wird vom Vorgesetzten aufgrund der Leistung des Managers festgelegt. Ein zweiter Multiplikator ergibt sich aus der Zielerreichung in der Balanced Scorecard des Unternehmens. Dieser Multiplikator ist für alle Manager des Unternehmens gleich hoch und liegt zwischen 0,5 und 1,5. Zu seiner Ermittlung werden die einzelnen Ziele der Balanced Scorecard gewichtet und das gewichtete Mittel aus den in Noten zwischen 0,5 und 1,5 umgewandelten Zielerreichungsgraden gebildet. Dabei zählen finanzielle Ziele 50% und die Ziele der Kundenperspektive und der Mitarbeiterperspektive je 25%.

Bei der Verwendung der BSC als Basis eines Anreizsystems ist allerdings zu beachten, dass dies gerade auf höheren Management-Ebenen problematisch ist. Die für die Aggregation zu einer einzigen Bemessungsgrundlage erforderliche Gewichtung der verschiedenen Perspektiven und Ziele determiniert das Entscheidungsverhalten der Führungskräfte bei der Wahl der passenden Strategie. Insbesondere wird durch eine solche Gewichtung beispielsweise eine Abwägung zwischen Qualitätszielen und Kostenzielen oder Umsatzzielen vorgegeben. Damit stellt sich die Frage, wer diese Gewichtung festlegen sollte.

Einerseits ist eine Festlegung des Anreizsystems durch das betroffene Top-Management selbst offensichtlich fragwürdig. Andererseits spricht gegen die Festlegung durch Außenstehende (z. B. Aufsichtsrat) die Tatsache, dass es gerade eine zentrale Aufgabe des Top-Managements eines Unternehmens ist, über die Priorisierung (operativer) Teilziele zu entscheiden, weil Außenstehende hierzu häufig nicht über die notwendigen detaillierten Informationen verfügen. Leistungsanreize für das Top-Management sollten deshalb besser auf langfristig ausgerichteten finanziellen Performan-

---

12 Vgl. Davids (2000).

cegrößen basieren – und nicht eine Priorisierung von Teilzielen, die letztlich der Erreichung dieser Performancegrößen dienen, vorwegnehmen.

Gerade umgekehrt verhält es sich bei Mitarbeitern auf niedrigen Hierarchie-Ebenen. Für sie eignet sich eine übergeordnete finanzielle Ergebnis-
größe nur schlecht als Bemessungsgrundlage eines Anreizsystems. Zum
einen können sie diese Größe nur zu einem sehr kleinen Teil beeinflussen,
zum anderen müssen sie dadurch einen Teil des unternehmerischen Risikos tragen, das sie nicht wie die Kapitalgeber durch Diversifikation verringern können. Der positive Anreizeffekt verringert sich also auf niedrigeren Hierarchie-Ebenen stark, während der negative Risikoeffekt zu-
nimmt. Für Mitarbeiter in operativen Bereichen bietet sich daher eine
Leistungsbeurteilung anhand ihres Beitrages zur Erreichung konkreter,
einzelner BSC-Ziele (des jeweiligen Vorgesetzten) an.

4. Management der Mitarbeiter-Beziehung

Die bisher angesprochenen Punkte beschäftigten sich mit der Umsetzung
der Strategie durch die Balanced Scorecard – und dem Beitrag des Personalmanagements zu diesem Prozess. Das BSC-Konzept kann aber auch
für einen speziellen Einsatzzweck innerhalb des Human-Resource-Ma-
nagement verwendet werden, der in der jüngeren Literatur zum strategischen Management vorgeschlagen wird: zum Management der Beziehungen zu den Mitarbeitern und der damit verbundenen immateriellen Vermögenswerte.[13]

Die moderne Unternehmung kann als Koalition verschiedenster Gruppen
mit unterschiedlichen Zielsetzungen aufgefasst werden. Zu diesen so genannten Stakeholdern gehören beispielsweise Kunden, Lieferanten, Gläu-
biger – und insbesondere die Mitarbeiter. Während sich die eingangs genannten grundsätzlichen Zielsetzungen der BSC jeweils auf durchaus bekannte Problembereiche der Unternehmensführung beziehen, ist gerade
in der instrumentellen Unterstützung eines erfolgreichen Stakeholder-
Managements der eigentliche innovative Kern der BSC zu sehen.[14]

Erfolgreiches Stakeholder-Management bedeutet, Leistungen und Gegen-
leistungen im Verhältnis zu den Stakeholdern so auszubalancieren, dass
diese in erforderlichem Umfang die im Sinne der Unternehmensstrategie

---

13 Vgl. beispielsweise Atkinson/Waterhouse/Wells (1997).
14 Vgl. hierzu ausführlich Speckbacher/Bischof (2000). Vgl. auch Speckbacher (1997).

erfolgskritischen immateriellen Vermögenswerte generieren. Ein solches Stakeholder-Management ist deshalb von stark zunehmender Bedeutung, weil in modernen Unternehmen Wettbewerbsvorteile zumeist nicht mehr auf einzigartigen physischen Vermögensgegenständen basieren, sondern auf immateriellen Vermögenswerten, wie Produkt- und Prozessinnovationen, Qualifikation und Know-how, Qualität von Produkten und Leistungen oder Kundenloyalität.

In allen diesen Feldern spielen die Mitarbeiter eine entscheidende Rolle und erweisen sich damit als so genannte »Key-Stakeholder«. Obwohl die Balanced Scorecard damit gerade den Beitrag der Mitarbeiter zum Unternehmenserfolg über Wirkungsbeziehungen als Teil der Unternehmensstrategie explizieren und dadurch steuerbar machen sollte, zeigt der Blick in die Unternehmenspraxis deutliche Defizite bei der Umsetzung dieses eigentlichen innovativen Kerns der BSC.

Auf die Frage, welchen Nutzen sich die befragten DAX-100 Unternehmen vom Einsatz der Balanced Scorecard erwarten, erhielten von 17 möglichen Antworten die Aussagen *Förderung immaterieller Investitionen* und *Stärkere Berücksichtigung der Stakeholder* die wenigsten Nennungen (vgl. Abb. 9).[15] Auch verzichteten immerhin 28% der Unternehmen in ihrer Scorecard auf eine Lern-/Entwicklungs- bzw. Mitarbeiterperspektive.[16]

Beim Einsatz der Balanced Scorecard in der betrieblichen Praxis besteht damit gerade im Hinblick auf das Management der Beziehungen zu den Mitarbeitern noch großer Verbesserungsbedarf.

---

15 Vgl. Speckbacher/Bischof (2000, S. 806). Die Bearbeiter der Fragebögen wurden gebeten, alle zutreffenden Nutzenerwartungen zu markieren (obere Balken in *Abb. 9*) und zusätzlich die drei wichtigsten Ziele mit einem zweiten Kreuz zu kennzeichnen (untere Balken in *Abb. 9*). Zur einfacheren Gegenüberstellung wurde ein Durchschnittswert ermittelt, in den eine »einfache« zutreffende Nutzenerwartung mit dem Gewicht 1, und eine als »wichtigstes Ziel« hervorgehobene Nutzenerwartung mit dem Gewicht 3 eingeht (Linien in *Abb. 9*).

16 Vgl. Speckbacher/Bischof (2000, S. 807).

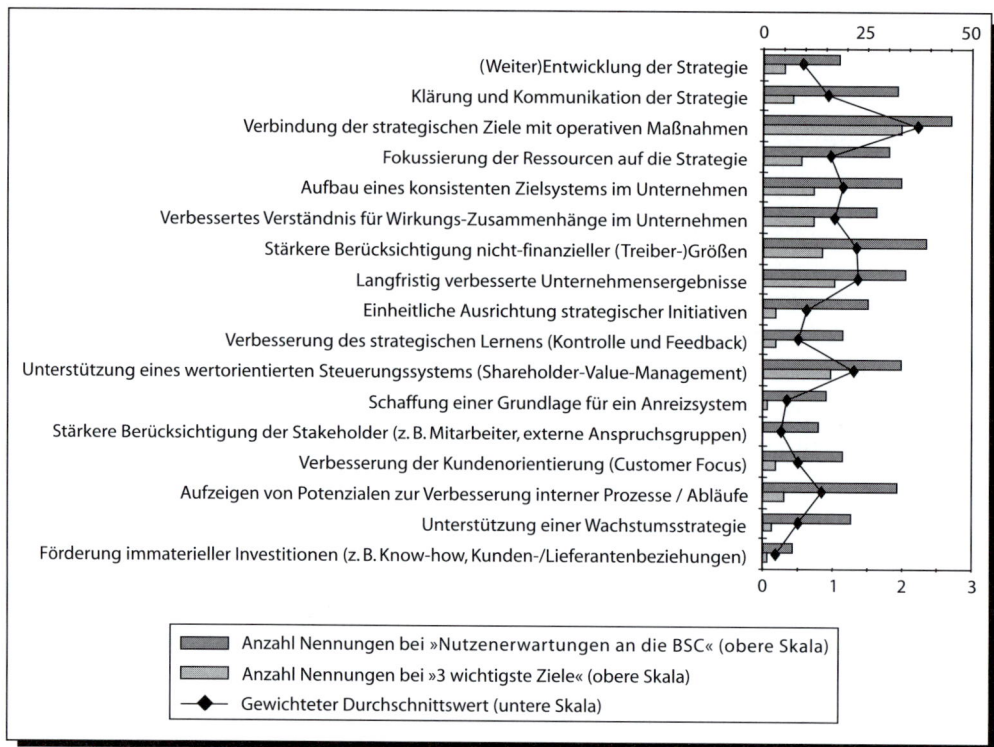

Abb. 9: Nutzenerwartungen an das BSC-Konzept

5. Zusammenfassung

Die Balanced Scorecard ist ein vieldiskutiertes Managementsystem, mit dessen Hilfe Strategien in konkrete operative Maßnahmen umgesetzt werden sollen. Eine wiederholte Befragung der DAX-100-Unternehmen in den Jahren 1999 und 2000 zeigte, dass dieses Konzept in der Unternehmenspraxis weithin bekannt ist und auch immer stärker eingesetzt wird. So stieg der Anteil der Unternehmen, die bereits eine BSC implementiert haben, innerhalb von 15 Monaten von 19% auf 27%.

Nur leicht erhöht hat sich dagegen der Anteil der Unternehmen, die das Konzept mit hoher oder höchster Priorität weiterverfolgen wollen. Der Großteil der Unternehmen stuft die BSC in eine mittlere Priorität ein oder hat sich noch keine Meinung gebildet. Gegen eine Weiterverfolgung des Konzeptes haben sich bereits ca. 15% der befragten Unternehmen entschieden.

Die Branchen *Banken & Finanzdienstleister* und insbesondere *Bau* liegen bei der Verbreitung deutlich zurück, während die Branche *Handel & Konsum* dabei ist, zu den übrigen Branchen, die jeweils einen ähnlichen Verbreitungsgrad aufweisen, aufzuschließen.

Bei der Befragung zeigte sich, dass viele Unternehmen die Balanced Scorecard lediglich als ein um nicht-finanzielle Größen ergänztes Kennzahlensystem verstehen, und damit die innovativen Potenziale dieses Konzeptes nicht genutzt werden. Beim Einsatz in der Praxis bestehen damit in den folgenden drei aus Sicht des Personalmanagements zentralen Aspekten des BSC-Konzeptes Defizite:

❏ Zur Steigerung des Verständnisses der Mitarbeiter für die Strategie ist die Abbildung von Ursache-Wirkung-Zusammenhängen zwischen den strategischen Zielen in Strategy Maps und die Kommunikation der Balanced Scorecard auf allen Mitarbeiterebenen erforderlich. Beides wird von vielen Unternehmen vernachlässigt.

❏ Zur Verbindung der individuellen Ziele der Mitarbeiter mit der Unternehmensstrategie sollte die Balanced Scorecard bis auf die Ebene der Mitarbeiter heruntergebrochen werden. In der Praxis wird sie jedoch meist nur auf der Ebene des Gesamtunternehmens und auf der Ebene von Strategischen Geschäftseinheiten eingesetzt.

❏ Als Grundlage für ein Motivations- und Anreizsystem sollte die Balanced Scorecard vorrangig auf mittleren und unteren Management-Ebenen eingesetzt werden, während Leistungsanreize für das Top-Management besser auf langfristig ausgerichteten finanziellen Performancemaßen basieren sollten.

Von besonderer Relevanz ist die Lücke zwischen theoretischem Anspruch und praktischer Realität bei dem eigentlichen innovativen Kern des Konzeptes aus HR-Sicht – dem Einsatz der Balanced Scorecard zum aktiven Management der Beziehungen zu den Mitarbeitern und der damit verbundenen immateriellen Vermögenswerte im Sinne eines Stakeholder-Managements.

Soll das Potenzial, das in der Balanced Scorecard steckt, voll genutzt werden, so muss diesen Punkten von Anfang an besondere Beachtung geschenkt werden. Zu warnen ist vor einer Einführung einer »BSC light«, die (zunächst) auf solche wichtige Elemente verzichtet. Es besteht dann nämlich die Gefahr, dass die hoch gesteckten Erwartungen enttäuscht werden und die Balanced Scorecard als Modeerscheinung ad acta gelegt wird.

Literaturverzeichnis

Ackermann, K.-F. (2000): Balanced Scorecard für Personalmanagement und Personalführung: Praxisansätze und Diskussion, Gabler, Wiesbaden.

Atkinson, A. A./Waterhouse, J. H./Wells, R. B. (1997): A Stakeholder Approach to Strategic Performance Measurement, in: Sloan Management Review 38 (3), S. 25–37.

Bischof, J. (2001): Balanced Scorecard in der Unternehmenspraxis: Ergebnisse einer aktualisierten Befragung und Empfehlungen für den Einsatz, in: Bilanzbuchhalter und Controller 25 (2), S. 34–37.

Bischof, J./Speckbacher, G. (2001): Führung mit der Balanced Scorecard, in: Personalwirtschaft 28 (4), S. 48–54.

Davids, M. (2000): Balanced Scorecard – Übersetzung von Unternehmensstrategien in individuelle Aktionen bei Whirlpool, in: Horváth, P. (Hrsg.): Strategische Steuerung, Schäffer-Poeschel, Stuttgart, S. 107–118.

Davis, T. (1996): Developing an Employee Balanced Scorecard: Linking Frontline Performance to Corporate Objectives, in: Management Decision 34 (4), S. 14–18.

Horváth & Partner (Hrsg.) (2000): Balanced Scorecard umsetzen, Schäffer-Poeschel, Stuttgart.

Kaplan, R. S./Norton, D. P. (1996): The Balanced Scorecard: Translating Strategy into Action, Harvard Business School Press, Boston.

Kaplan, R. S./Norton, D. P. (2001): The Strategy-Focused Organization, Harvard Business School Press, Boston.

Kaufmann, L. (1997): ZP-Stichwort: Balanced Scorecard, in: Zeitschrift für Planung 8 (8), S. 421–428.

Kunz, G. (2000): Kundenorientierte Steuerung des Personalbereichs mit der Balanced Scorecard, in: KRP-Sonderheft 2/2000, S. 61–69.

Speckbacher, G. (1997): Shareholder Value und Stakeholder Ansatz, in: Die Betriebswirtschaft 57 (5), S. 630–639.

Speckbacher, G./Bischof, J. (2000): Die Balanced Scorecard als innovatives Managementsystem: Konzeptionelle Grundlagen und Stand der Anwendung in deutschen Unternehmen, in: Die Betriebswirtschaft 60 (6), S. 795–810.

Zimmermann, G./Jöhnk, T. (2000): Erfahrungen der Unternehmenspraxis mit der Balanced Scorecard: Ein empirisches Schlaglicht, in: Controlling 12 (12), S. 601–606.

II. Nutzen und Einsatzmöglichkeiten der
Balanced Scorecard im Unternehmen

Von Martin Grötzinger,
incon GmbH

1. Der BSC-Fokus auf den zukünftigen Unternehmenserfolg – Dynamik und Paradoxie

Kennzeichnend für das momentane Leitbild des Wirtschaftens ist ein zunehmendes Bestreben, vor allem den langfristigen Unternehmenserfolg zu gewährleisten. Das geschieht in einem Umfeld steigender Eigendynamik – hinsichtlich der Geschwindigkeit und Häufigkeit der Veränderungen, aber auch im Hinblick auf die Komplexität der Herausforderungen und der damit verbundenen Qualität von Inhalten und Fragestellungen.

Die Ursachen für die Konzentration auf permanentes Hinterfragen von zukunftsorientierten Leistungstreibern im Geschäftsprozess – als Basis für operationales und strategisches Lernen – liegen einerseits in der ungenügenden Planungs- und Steuerungswirkung von rein vergangenheitsbezogenen Daten zur Unternehmensperformance. Zum anderen spiegelt sich darin die bekannte Paradoxie wieder, wonach gerade den Erfolgsrezepten der Vergangenheit in irgendeiner Form der Keim des zukünftigen Scheiterns innewohnt.

Die der BSC zugrunde liegende Systematik und Struktur antizipiert diese Problemfelder und löst sie konsequent auf. Die vier abgebildeten wesentlichen Dimensionen des unternehmerischen Geschäftsprozesses Finanzen, Kunden, Prozesse und Entwicklungen lassen sich in ihrer Charakteristik weiter differenzieren: Die relevanten und zweckmäßigen Input-, Aktions- und Output-Faktoren der BSC-Matrix sind vor dem Hintergrund der Einflüsse bestimmter Zeitdimensionen zu definieren, was eine konsistente, strategische und wirtschaftliche Unternehmensentwicklung gewährleistet.

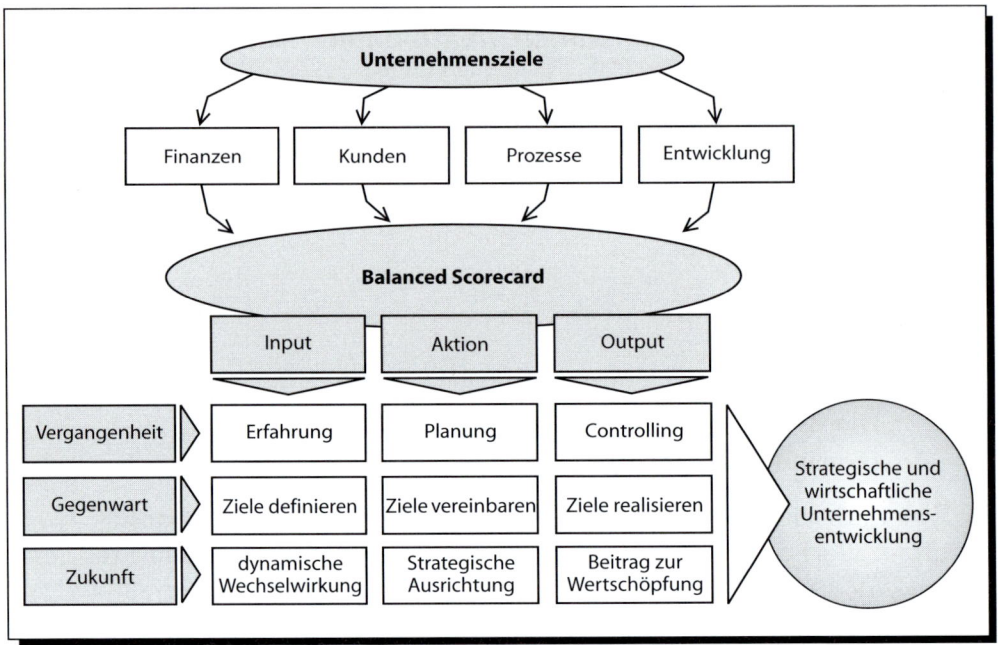

Abb. 1: Die Dimensionen der Balanced Scorecard

Bisher haben in hohem Maße vergangenheitsbezogene Kenngrößen, tradiertes Wissen und operative Routinen die Planungs- und Controllingprozesse bestimmt. Diese »Erfahrungskomponenten« sind ja nun nicht komplett wertlos geworden. Die Werte aus der Vergangenheit sollten – gemäß der BSC-Systematik – in der gegenwärtigen Zieldefinition mit den dynamischen Wechselwirkungen der Zukunft und den daraus entstehenden Anforderungen verknüpft und als Inputfaktoren zum Konsens geführt werden. Die darauf aufbauende Aktionsphase verbindet also im Zielvereinbarungsprozess die traditionelle Planung mit der zukunftsorientierten strategischen Ausrichtung von Leistungs- und Strukturkomponenten des Geschäftsprozesses – womit letztendlich auch bei der Output-Evaluation ein Querschnitt aus den »Ansprüchen« der verschiedenen Zeitdimensionen entsteht. Die realisierten Ziele können mittels qualitativem Controlling (z. B. mit vergangenheitsbezogenen Benchmarks, Indices etc.) direkt als Wertschöpfungsbeitrag identifiziert und beurteilt werden, was eine nachhaltige Planungs- und Steuerungsplattform für die weitere Unternehmensentwicklung schafft.

2. Zentrale Herausforderungen in der Umsetzung von Strategien (nach Kaplan/Norton)[1]

Basierend auf den Gedanken der frühen Ideengeber der BSC-Philosophie und -Methodik Robert Kaplan und David Norton, lassen sich generell vier zentrale Herausforderungen in der Umsetzung von Unternehmensstrategien festschreiben:

❑ Visionen und Strategien müssen so konkretisiert und kommuniziert werden, dass sie von denjenigen, die sie umsetzen sollen, auch verstanden werden. Es sollte demnach eine klare Übersetzung in Aktionsformulierungen möglich sein. Darüber hinaus müssen die Strategien konsequent in Ziele überführt werden, um so eine effektive Handlungsorientierung zu schaffen.

❑ Heterogene Zielsetzungen auf individueller Ebene müssen an einem übergeordneten strategischen Orientierungsrahmen ausgerichtet werden, der dem ganzheitlichen Unternehmenserfolg Rechnung trägt.

❑ Das Verständnis und die Systematik des Managements muss seinen Schwerpunkt im strategischen Bereich haben – und nicht im operativen.

❑ Die Kernprozesse der Unternehmung müssen in Konzeption und Struktur die erfolgreiche Realisierung von Strategien fördern und unterstützen. So ist beispielsweise eine konsequente Verbindung von strategieorientierter Planung und Budgetierung zu gewährleisten. Zudem sollte sich das interne Berichtswesen – neben den operativ-monetären – zunehmend auch an den strategischen Zielen ausrichten.

Hier wird deutlich, dass ein dichtes und sich wechselseitig beeinflussendes Netzwerk aus erfolgsentscheidenden Unternehmensfaktoren zum Tragen kommt – das Rollenverständnis und -verhalten im Management, die Kultur der Zieldefinition und die Anreizsystematik zur Zielumsetzung, oder der Grad der Abgestimmtheit von interdependenten Wertschöpfungsprozessen. Entsprechend hohen Nutzen kann im Umgang mit diesen Netzwerken ein Instrumentarium wie die BSC entfalten: Strukturierung, Navigation im Sinne von Priorisierung und Kommunikation.

---

1 Vgl. Kaplan, R. S./Norton, D. P. (1996)

3. Management-Value der BSC-Systematik

Im folgenden wird der konkrete Nutzwert dieser Management-Methodik geklärt, die das Ziel und den Anspruch hat, die wichtigsten finanziellen und nichtfinanziellen Faktoren des zukünftigen Unternehmenserfolges in ihrer Ursache-Wirkungsbeziehung abzubilden, zu operationalisieren, in einem weiteren Schritt mit einem konkreten Handlungsportfolio zu verknüpfen und diese Zusammenhänge schließlich auch noch zu kommunizieren.

3.1. Ganzheitliches Management-Tool (Zielkompatibilität und Planungskonsistenz)

Ein entscheidender Baustein im Nutzen-Portfolio der BSC-Philosophie ist die konsequente Ausschöpfung von Synergie-Potenzialen im Unternehmen, was vor allem in der Grundausrichtung als ganzheitliches Steuerungs- und Planungsinstrument zum Tragen kommt. Die BSC als ein konsistentes, abgestimmtes und den Unternehmensorganismus durchdringendes Netzwerk von spezifischen Erfolgsfaktoren ermöglicht die zeitnahe und zielgerichtete Kommunikation von strategischen Zielen und Handlungsprofilen bis in die operativen Unternehmenseinheiten. Das gewährleistet die Integration sämtlicher Unternehmensaktivitäten auf einer übergeordneten Steuerungsebene – wobei die Koordination mit strategieorientiertem Einfluss auf Entscheidungs- und Handlungsspielräume im Vordergrund steht.

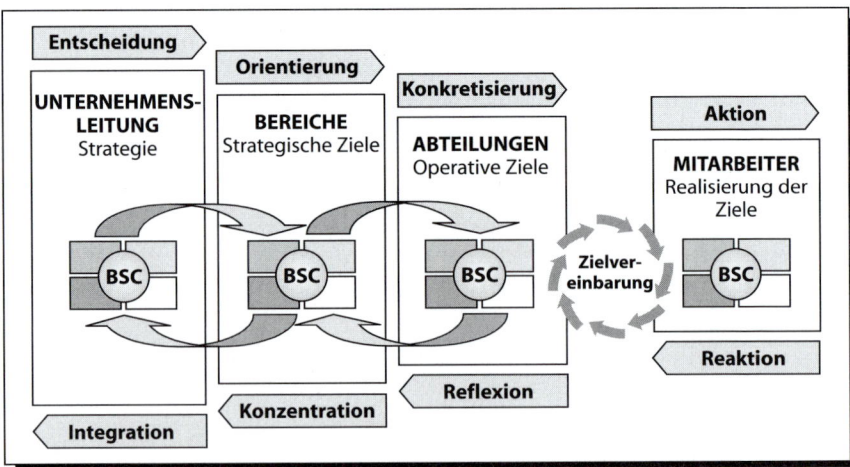

Abb. 2: Der Balanced Scorecard Management-Prozess

Die Grundlogik des BSC-Managementprozesses setzt sich entsprechend aus einer top-down-Planungs- und Steuerungs-Strömung sowie einer bottom-up-Feedback- und Controlling-Schleife zusammen.

Die Unternehmensleitung entscheidet über und formuliert die Vision des Unternehmens. Dabei ist die Differenzierung wichtig zwischen langfristigen – im Horizont von ca. 3–5 Jahren – Kernstrategien, die auch durch punktuelle Umfeldeinflüsse nicht permanent in Frage gestellt werden sollten, und flexiblen Rahmenstrategien, die jährlich und gegebenenfalls auch unterjährig bezüglich ihrer Zweckmäßigkeit und der Unterstützung der Kernstrategien geprüft und angepasst werden müssen. Aus den daraus abgeleiteten strategischen Zielen entsteht in den Unternehmensbereichen ein Orientierungsrahmen für die operativen Einheiten. Die Konkretisierung der strategischen Orientierung erfolgt auf der Abteilungsebene durch die Verknüpfung mit entsprechend strategieorientierten operativen Zielsetzungen. Die konkrete Umsetzung und konsistente Übersetzung in strategiekonforme Handlungen zur Realisierung der Ziele findet auf der individuellen Ebene der Führungskräfte und Mitarbeiter statt – idealerweise unterstützt von einer geeigneten Zielvereinbarungssystematik. Auf dieser operativen Ebene entsteht im Alltagsgeschäft auch das Feedback bezüglich Effektivität und Effizienz der vereinbarten Handlungsportfolios als Auslöser für eine Reflexion in den Abteilungen. Werden diese Impulse auf der Bereichsebene konzentriert und strukturiert, sichert das eine sinnvolle und rechtzeitige Integration in den Strategieentwicklungsprozess.

Die BSC-Systematik ist also einerseits in der Lage, durch die kontinuierliche Ausrichtung an übergeordneten strategischen Durchbruchszielen eine hohe Zielqualität auf individueller Ebene zu generieren. Andererseits ermöglicht sie über die verbindlichen Strukturen eindeutige und nachvollziehbare Unternehmensstrategien und transparente Beiträge des Einzelnen zum zukünftigen Unternehmenserfolg. So begegnet und vermeidet die BSC die Risiken herkömmlicher Systeme: Mangelnder Durchdringungsgrad der Zielsetzung über alle Organisationsstufen, als Auswirkungen und Ausprägungen zum Teil heterogener Zielvorgaben, Zielkonflikten und unstrukturierten isolierten Zielvereinbarungen.

Die Herausforderung für das integrierte Gesamtkonzept der BSC besteht also darin, vertikale und horizontale Zieldurchdringung und Synergie durch eine strategiebezogene, abgestimmte und zeitnah kommunizierte Zielausrichtung zu gewährleisten. Mess- und Operationalisierungsvor-

schriften sind darüber hinaus so zu definieren, dass die Unternehmensleitung einen direkten Abgleich, eine substanzielle Evaluierung von Unternehmensstrategien sowie die Bestimmung eines prozessualen Lagebilds
(z. B. über Meilensteine) vornehmen kann.

3.2. »Kultur der Beteiligung« (Mobilisierung, Motivation und Anreizsysteme)

Der BSC-Kaskaden-Prozess des Planens, Steuerns und organisationalen
und strategischen Lernens lässt top-down- und bottom-up-Strömungen
in verschiedenen Phasen nicht nur zu – sie sind essentieller Bestandteil der
BSC-Philosophie. So entstehen nachhaltige Impulse zur sukzessiven Entwicklung einer »Kultur der Beteiligung« im Unternehmen, woraus sich
wiederum klare Mobilisierungs- und Motivationseffekte bei Führungskräften und Mitarbeitern ableiten lassen.

Mobilisierende Momente ergeben sich durch die konsequente Betonung
und Förderung eines kontinuierlichen, strategischen und operativen Lernprozesses, der glaubhaft und zweckmäßig in verschiedensten Unternehmensbereichen festgeschrieben wird. Dabei stehen die Generierung, der
Transfer und die nachhaltige Ausschöpfung von Wissenspotenzialen im
Unternehmen im Vordergrund und macht insbesondere das so genannte
tacit-knowledge – oft schwer greifbares unternehmensspezifisches Wissen
um informelle Strukturen, Details und Zusammenhänge bezüglich rele-
vanter Erfolgsfaktoren – für einen substanziellen Lernprozess nutzbar. Die
hieraus abzuleitenden Identifikationseffekte auf Seiten der Führungskräfte
und Mitarbeiter lösen die Mobilisierungswirkung aus und erhalten sie
aufrecht.

Motivatorische Effekte entstehen im Rahmen eines dialog- und konsens-
orientierten Zielentwicklungs- und Vereinbarungs-Prozesses, der tief und
nachhaltig im Unternehmen verankert wird und eine klare Grundausrichtung an Strategie- und Wertschöpfungspotenzialen aufweist. Akzeptanz-
defizite aus einer Kultur der isolierten und nicht objektivierten Zielvorgaben sowie entsprechenden Polarisierungs- und Destabilisierungsten-
denzen im Geschäftsprozess wird also konsequent entgegengewirkt – oder
sie werden aufgelöst. Die Grundlogik der BSC-Zieldefinition in einer stark
eigenverantwortlichen, sukzessiven »drill-down«-Vorgehensweise erzeugt
in den einzelnen Organisationseinheiten eine weitgehende Transparenz
und das Gefühl von Einflussmöglichkeiten auf die entscheidenden Pla-

nungsabläufe. Hier kommt der Grundsatz zum Tragen, wonach eine substanzielle Steigerung der Wertschöpfung nur auf der Basis des Prinzips der Wertschätzung der jeweiligen Interessenslagen im Unternehmen vorangetrieben werden kann. Ausgeprägte Identifikationseffekte beeinflussen auch in diesem Fall positiv die Motivation von Führungskräften und Mitarbeitern.

Die der BSC-Philosophie zugrunde liegende Betonung einer »Kultur der Beteiligung« trägt dem Anspruch Rechnung, dass eine Ausschöpfung der vorhandenen Potenziale der Führungskräfte und Mitarbeiter am besten gelingt, wenn sie im Geschäftprozess sinnvoll involviert sind und sich entsprechend damit identifizieren. Dafür sind eine gemeinsame Wertebasis und eine von Vertrauen geprägte Unternehmenskultur Grundvoraussetzungen. Die höhere Akzeptanz bezüglich generierter Ziele und Maßnahmen, die Verbindlichkeit der Strukturen und die Förderung von interner Kommunikation und Teamwork stellen dabei klar positive Einflussgrößen auf eine erfolgreiche Unternehmensentwicklung dar.

Anreizsysteme in Verknüpfung mit der Balanced Scorecard bilden ein entscheidendes Prinzip zur Transformation von Mobilisierungs- und Motivationseffekten in konkreten Nutzen im Geschäftprozess sowie zur konsistenten Realisierung der strategieorientierten Zielsetzungen auf individueller Ebene. Die Kopplung an die BSC-Strukturen gewährleistet – im Vergleich zu herkömmlichen Zielvereinbarungssystemen – eine höhere Qualität in der Herleitung und Definition der Zielinhalte sowie bei der späteren Evaluation. Die Balanced Scorecard kann als akzeptanzorientiertes und transparentes Instrument zur Ermittlung des Zielerreichungsgrades und damit der resultatsbezogenen Bemessung von individuellen Leistungsbeiträgen dienen – als ergänzendes Kriterium zur Leistungsbewertung in strategieorientierten Zielfeldern, wobei eine sinnvolle Übersetzung in greifbare Ziele nicht für alle Anforderungsdimensionen und Verhaltenskriterien möglich ist.

Insbesondere in Bereichen der nicht-finanziellen, »weichen« Faktoren muss zwischen Aussagekraft, Beeinfluss- und Messbarkeit bzw. Aufwand der Evaluation und Bedeutung im strategischen Sinn genau abgewogen werden. So ist es durchaus denkbar, dass ein schwer messbares oder vom entsprechenden Mitarbeiter im Ergebnis nur teilweise beeinflussbares Ziel in das vereinbarte Portfolio aufgenommen wird, um ein Zeichen zu setzen und der Strategie und Orientierung an immateriellen Werttreibern entsprechende Akzente zu verleihen. Die Kenngröße könnte ein ausformulierter Bedingungssatz sein, dessen Erfüllung durch eine Ja / Nein-Aussage bewertbar ist. Um bei den Betroffenen Akzeptanz für diese Vorgehensweise zu erreichen, würde dieses »weiche« Ziel mit einem entsprechend geringen Prozent-Anteil in der Zielvereinbarung gewichtet, wodurch in der weiteren Logik auch der Durchschlag auf die variablen Vergütungskomponenten vergleichsweise marginal wäre.

In der spezifischen Gewichtung der Einzelperspektiven (Finanzen, Kunden, Prozesse, Entwicklung) in Abhängigkeit von vielfältigen Umfeld- und Einflussfaktoren liegt ein weiteres Steuerungsmoment der BSC-Methodik. Ein Unternehmen, das sich im Rahmen der Entwicklung noch in der Aufbau- und Wachstumsphase befindet, wird beispielsweise einen starken Fokus auf die Positionierung am Markt legen. Entsprechend hoch wäre dann auch die Gewichtung der Kundenperspektive und der damit verbundenen Ziele, während den Bereichen Finanzen, Prozesse und Entwicklung in dieser Anschubphase weniger Bedeutung zugemessen würde. Ähnliche Differenzierungen sind auch auf Basis anderer Faktoren – wie Spezifika von Projekten oder Unternehmensbereichen – durchführbar.

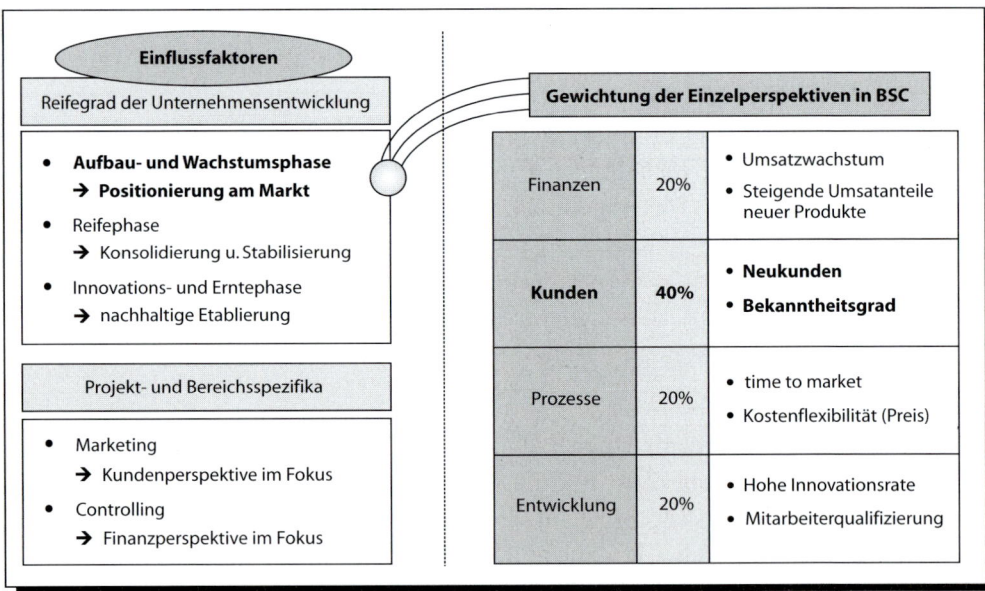

Abb. 3: Akzentuierung der Bedeutung für den Unternehmenserfolg

Die Kopplung aus Balanced Scorecard und Zielvereinbarungssystemen konsequent in ein Anreizsystem zu integrieren – also variable Vergütungsbestandteile vom Erreichen vereinbarter Kennzahlen aus den vier Betrachtungsebenen abhängig zu machen – bildet die Grundlage dieser Überlegungen. Diese Verknüpfung stellt einen großen Schritt in Richtung wertorientierte Entlohnungssystematik dar. Die gezielte Einbindung in Incentive-Systeme gewährleistet also – neben der erhöhten Aufmerksamkeit für die BSC-Methode selbst – in Kombination mit einer entsprechenden Akzeptanzentwicklung auf breiter Ebene eine nachhaltige Mobilisierung der Umsetzungsleistungen, die z. B. durch Entscheidungs- oder Prozessqualität zum Ausdruck kommen können.

3.3. Geschwindigkeit (Information, Kommunikation und Steuerung im Ursache-Wirkungs-Prinzip)

In einem Umfeld zunehmender Dynamisierung und steigender Komplexität rückt der Faktor Geschwindigkeit bei der Bewertung der Leistungsfähigkeit von Geschäftsprozessen in vielfältigster Ausprägung in den Vordergrund. Der Nutzen eines Management-Systems wird entsprechend immer mehr an den positiven Effekten auf die Flexibilität sowie die Antizipations- bzw. (Re-)aktionsfähigkeit eines Unternehmens gemessen. Die BSC-Methodik unterstützt und fördert eine konsequente Ausschöpfung von Geschwindigkeitspotenzialen in entscheidenden Feldern der Unternehmens-Performance durch zeitnahe Feedback-, permanente Informations- und Kommunikations- sowie gezielte Problemlösungs-Prozesse in cross-funktionalen Teams.

Das lässt sich exemplarisch an den Impulsen der Balanced Scorecard in Bezug auf eine Ausrichtung von Controlling-Abläufen verdeutlichen. Ein Risiko herkömmlicher Controlling-Ansätze besteht – bedingt durch einen Mangel an Klarheit und Nachvollziehbarkeit der Unternehmensprozesse sowie deren Interdependenzen und Kausalbeziehungen – in einer starken Fokussierung auf Symptome in Form von reinen Soll/Ist-Abweichungen (isolierte Parameter). Aufwändige Prüfungsaufgaben im Rahmen von Soll-Ist-Analysen setzen einen gegebenenfalls wiederum langwierigen Feedback- bzw. Rechtfertigungsprozess in Gang, der sich zu wenig mit Ursachen und Hintergründen von Kenngrößen beschäftigt: Nicht nur im aktuellen Problemlösungsprozess wird viel Zeit verloren, mangels Lerneffekten auch in der Perspektivbetrachtung.

In der heutigen Unternehmensrealität werden aber gerade die Umfeld-
und Entstehungsbedingungen von Zahlen immer wichtiger. Transparente
Strukturen und zeitnahes Agieren gewinnen an Bedeutung. Die Aufbau-
logik der BSC erlaubt einen effektiven Zugriff auf kritische Abläufe und
deren Ursachen und Wechselwirkungen. Zielentwicklungen sind – durch
die konsistenten und aufeinander abgestimmten Zieldefinitionen der verschiedenen Unternehmensebenen – direkt und zeitnah mit entsprechenden Geschäftprozessen und deren Trägern verknüpfbar. Im Vordergrund
steht die Frage, wie der Einzelne in seinem Umfeld die direkt übergeordneten Zielsetzungen positiv beeinflussen kann.

Die Konzentration auf strategische Durchbruchsziele und entsprechende
Schlüsseldaten bewirkt eine Reduktion der Datenflut aus dem Geschäfts-
alltag – unter der Prämisse eines hohen Informationswertes und Hand-
lungskomforts bei Führungskräften: Der Fokus liegt auf steuerungsrele-
vanten Kenngrößen in der richtigen Dosierung. Das Primat der expliziten
Ausrichtung an langfristigem Unternehmenserfolg, das der Balanced Scorecard zugrunde liegt, wird den Anforderungen einer dynamischen Umwelt gerecht, die den nahtlosen Übergang von Vergangenheit zu Zukunft
generiert – ohne breite Handlungsspielräume in der Gegenwart. Zukunfts-
fähigkeit wird zur Maxime.

Controllingsysteme, die ausschließlich vergangene Ereignisse reflektieren,
sind nicht mehr adäquat. Auch schematische Systeme des Berichtswesens
– mit einem Funktionsfokus als operativem Kontrollinstrument – werden
der komplexen Realität der Unternehmen nicht mehr gerecht. Die ausschließliche Nutzung der Kenngrößen als taktisches Feedback zur Kontrolle über kurzfristige operative Handlungsportfolios hat ausgedient.
Prozessuale und kulturelle Normierungen sowie organisatorische
Rahmenbedingungen müssen permanent hinterfragt und gegebenenfalls aufgebrochen werden, um zukunftsorientierten Wandel zu ermöglichen.

In diesem Umfeld fördert die BSC-Systematik einerseits – als Instrument
der konsequenten Prämissen-Kontrolle, beispielsweise durch Review-
Meetings zur Strategie – strategisches Lernen und institutionalisiert die
kontinuierliche Strategieentwicklung. Zum anderen liefert die Balanced
Scorecard durch kritisches Feedback aus der interdependenten Entwicklung der definierten Erfolgstreiber immer wieder Impulse für operative
Lernprozesse. So werden etwa durch die monatliche Diskussion der Kenn-

zahlenentwicklung kontinuierliche Verbesserungen und Anpassungen auf operationaler Ebenen initiiert und vorangetrieben.

Fazit: Die gezielte Ausrichtung der Controlling-Prozesse auf die BSC-Philosophie und -Systematik gewährleistet eine neue wertschöpfungsorientierte Qualität des Controllings. Auf der Basis inhaltlich und zahlenmäßig optimierter Daten werden Zusammenhänge offenbart, Gestaltung ausgelöst und nicht zuletzt auch Geschwindigkeitspotenziale identifiziert und ausgeschöpft.

3.4. Führung und Führungskomfort

Die Gestaltung und Steuerung von Veränderungsprozessen sowie die Integration der damit verbundenen Effekte des Wandels wird immer mehr zu einem wesentlichen Element der Führung. Einerseits ist das Ziel, eine erfolgreiche Entwicklung der Geschäftsprozesse zu gewährleisten, andererseits sollen Mitarbeiter in ihrem Denken und Handeln intensiv als Träger der Veränderung mobilisiert und motiviert werden. Die Bedeutung der Balanced Scorecard für die Förderung und Unterstützung der maßgeblichen Rolle von Führungskräften in Veränderungsprozessen lässt sich vor dem Hintergrund einer logischen Kette von Einflussfaktoren auf den erfolgreichen Wandel verdeutlichen.

Zunächst muss ein Impuls von einer Vision ausgehen und in greifbare strategische Ziele übersetzt werden, um Wandel konsistent und zielgerichtet gestalten zu können. Um diese Perspektiven in die Realisierung zu führen, ist bei Führungskräften und Mitarbeitern auf der Basis eines Orientierungsrahmens ein entsprechendes Set an Kompetenzen und Qualifikationen erforderlich, die durch geeignete Anreizsysteme nachhaltig mobilisiert werden müssen. Ein weiterer Faktor ist das Vorhandensein von und der sinnvolle Umgang mit notwendigen Ressourcen. Die zweckmäßige und gezielte Ausrichtung dieses Fundaments an Einflussfaktoren mittels eines Aktionsplanes ist eine letzte Grundvoraussetzung für strategieorientierten, erfolgreichen Wandel.

In diesem Rahmen bietet die BSC-Systematik zahlreiche Ansatzpunkte für eine nachhaltige Unterstützung der Steigerung von Führungswirkung und Führungskomfort.

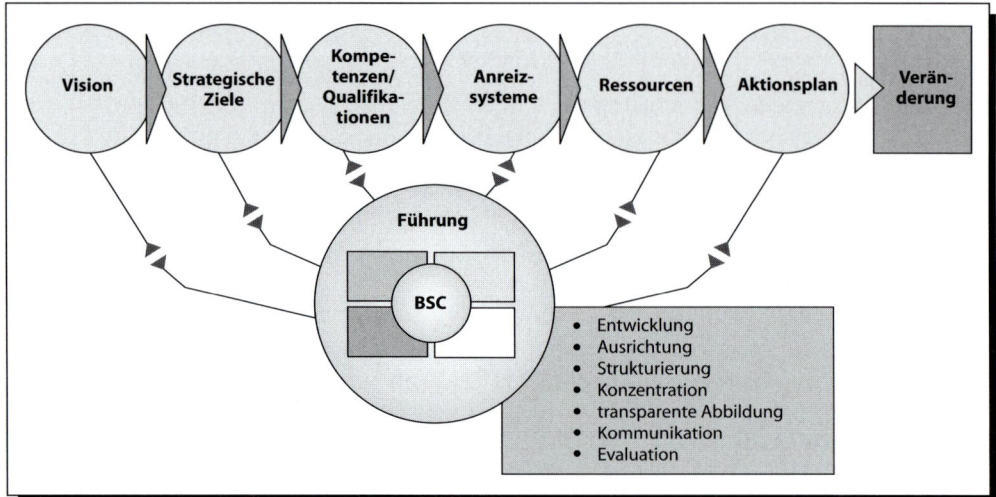

Abb. 4: Elemente strategieorientierter Veränderungsprozesse

Ein moderatives Element der Mitarbeiterführung ist die Balanced Scorecard in der Formulierung und Konkretisierung von Visionen und Strategien zu greifbaren Zielen bis in die operativen Ebenen, um fordernde Zielsetzungen anzuregen und Horizonte zu öffnen, ohne dabei den Bezug zur Realisierbarkeit außer Acht zu lassen. Hier kommt die BSC auch als effizientes Kommunikations- und Informationsinstrument zum Tragen, da eine klare Zielformulierung und ein transparenter und akzeptierter Orientierungsrahmen nicht nur Spannungsfelder der Führungsdisposition und des Führungsverhaltens, sondern auch die Einbindung der Mitarbeiter in die Zielentwicklung positiv beeinflussen.

Wichtige Steuerungs- und Planungsmomente für Führungskräfte stellen die Faktoren der stark mitarbeiterorientierten Entwicklungsperspektive dar. Substanzielle Ansatzpunkte eröffnen sich beispielsweise bezüglich der Kompetenzbilder und des Qualifikationsgrades sowie dem daraus ableitbaren Qualifizierungsbedarf der Mitarbeiter. Über einen Mitarbeiterzufriedenheits-Index zum Beispiel gelangt man in gleichem Maße zu einer direkten und in Kausalitäten zu bewertenden Aussage zum Mobilisierungs- und Motivationsgrad der Mitarbeiter – eine wertvolle Basis für funktionierende Anreizsysteme.

Die klare Aufgliederung der strategischen Vorgaben in der Struktur der Balanced Scorecard zwingt die Führungskräfte, sich mit den Gegebenheiten des operativen Geschäfts, seinen Chancen und Barrieren auseinander zu setzen. Die BSC diszipliniert in gewisser Weise die Führungskräfte in ihrem Planungs- und Steuerungsverhalten, nicht zuletzt – durch eine kontinuierliche »Bewertung« im Kreislauf der Perspektiven Entwicklung, Prozesse, Kunden und Finanzen –in Zusammenhang mit einem neuen Bewusstsein für die wertschöpfende Bedeutung von Ressourcen im Veränderungsprozess. Im Rahmen der Aktionsplanung gewährleistet das Fundament der BSC schließlich inhaltliche Konsistenz, Struktur und Transparenz, was die gezielte Steuerbarkeit der Geschäftsprozesse im Wandel durch die Führungskräfte erhöht.

Die BSC-Methodik beeinflusst neben diesen Faktoren aber auch den Planungsaufwand als solchen positiv. Verschiedene Effekte einer etablierten Balanced Scorecard reduzieren den Zeitaufwand einer Führungskraft für die Jahresplanung entscheidend. Die wichtigsten:

❏ Eine Neugestaltung des Planungsprozesses bricht alte Rituale auf und übersetzt die Zuordnung von Verantwortung und Zuständigkeit der Führungskraft konsequent in ein konzentriertes Planungsverhalten.

❏ Die Fokussierung auf strategierelevante Durchbruchsziele und Schlüsseldaten erlaubt eine Differenzierung von wichtigen und notwendigen Planungsinhalten sowie entwicklungsrelevanten Maßnahmen.

❏ Die Konzentration des Informations- und Kommunikationsflusses und die Berücksichtigung von Wechselwirkungen im eigenen und zu angrenzenden Bereichen verringern den »Vorbereitungs- und Nachbesserungsaufwand«.

❏ Eine stark auf »Ergebnisse« ausgerichtete Planung mit einer Prämisse für die proaktive Gestaltung der Geschäftsprozesse fokussiert die Arbeit.

Um dieses Moment des Führungskomforts der Balanced Scorecard – die Konzentration auf das Wesentliche – zu unterstreichen, lassen sich die Ergebnisse einer Untersuchung des Jahresplanungsprozesses in großen und mittelständischen Unternehmen heranziehen.

	Schritte	Inhalte	Ø Tage	Betroffene FK in %	bei 20 FK Ø Tage
1	Anforderung und Vor-bereitung	Sammlung von Informa-tionen, Jahresberichten, Vorjahresplanung etc.	1–2	80%	24
2	Grobplanung	Vergleich der Vorjahres-werte, Plan/Ist-Ermitt-lung der Abweichung, Übersetzung für aktuelle Planung	2	80%	32
3	Abstimmung informell	Sicherung der eigenen Erkenntnisse durch Ge-spräche mit Kollegen und Mitarbeitern	1 – 2	60%	18
4	Feinplanung	Erarbeitung der Jahres-planung	2	80%	32
5	Planungssitzung	Meeting zur Abstimmung der Einzel-Planung mit Diskussion zu notwendi-gen Anpassungen/Kor-rekturen	1	40%	8
6	Korrektur	Einarbeitung der gewon-nenen Erkenntnisse	1	80%	16
7	Verabschiedung	Meeting zur Verabschie-dung der endgültigen Planung	1	40%	8
8	Verdichtung	Zusammenführung der Einzel-Planungen zur Unternehmensplanung	2	15%	6
9	Vorstellung der Unter-nehmensplanung (aus 8)	Meeting zur Vorstellung der Ergebnisse der Pla-nung, Abstimmung der abzuleitenden Maßnah-men	1	40%	8
10	Konkretisierung	Erstellung von Budgets, Zielvereinbarungen und Maßnahmenkatalogen etc. zur Umsetzung der Planung	2–3	100%	50

	Schritte	Inhalte	Ø Tage	Betroffene FK in %	bei 20 FK Ø Tage
11	Korrekturen	Unterjährige Korrekturen (z. B. quartalsweiße) zur Integration der Zwischenergebnisse und auftretender, unvorhersehbarer Ereignisse	4 – 6	60%	60
12	Anpassung	Anpassung der Budgets, Zielvereinbarungen etc. zur Realisierung der Korrekturen	2 – 3	100%	50
		Summen:	20 – 26	70%	312

Abb. 5: Führungskomfort – Zeitaufwand je Führungskraft für die Jahresplanung

Nach der Differenzierung in die einzelnen typischen Planungsschritte wurde dafür ein durchschnittlicher Aufwand an Tagen definiert. Da nicht alle in jeder Phase gleichermaßen involviert sind, wurde ein entsprechender Prozentwert der betroffenen Führungskräfte ermittelt. Um den Planungsaufwand greifbar zu machen, wurde für eine Gruppe von 20 Führungskräften ein Durchschnittswert an Tagen errechnet.

	Schritte		Ø Tage	Betroffene FK in %	bei 20 FK Ø Tage
1	Festlegung der Unternehmensziele	Workshop im Management zur gemeinsamen Formulierung der Planungsziele	1	20%	4
2	Einarbeitung Bereichsplanung	Formulierung der Bereichsziele und Kennzahlen zur Erreichung der Planungsziele und Ergebnisse	1	20%	4
3	Feinplanung der Bereiche/Abteilungen	Einarbeitung der Jahresplanung mit jeweiligen Zielsetzungen und Kennzahlen	2	80%	32

	Schritte		Ø Tage	Betroffene FK in %	bei 20 FK Ø Tage
4	Planungssitzung	Meeting zur Abstimmung der Bereichs-, Abteilungs- und Führungskräfteplanung	1–2	40%	12
5	Verdichtung	Zusammenfügung der Einzelplanungen zur Unternehmensplanung	2	15%	6
6	Vorstellung der Jahresplanung	Meeting zur Vorstellung der Ergebnisse der Planung, Abstimmung der abzuleitenden Maßnahmen	1	40%	8
7	Korrekturen und Anpassungen	Quartalsmäßiges Controlling und ggf. Anpassung der Planungsinhalte an die dynamischen Wechselwirkungen	4–6	80%	80
	Summen:		12–15	60%	146

Abb. 6: Führungskomfort »Konzentration aufs Wesentliche« mittels BSC

Der etablierte BSC-Planungsprozess bedeutet zum einen eine erhebliche Reduzierung der einzelnen Planungsschritte und der damit verbundenen aufgewendeten Tage. Da in der Planungsphase im Durchschnitt auch weniger Führungskräfte beteiligt sind, ergibt sich zusätzlich eine zum Teil eklatante Differenz an Manntagen, die Führungskräfte in der Jahresplanung gebunden sind.

Im Rahmen der Führungswirkung kann die Methodik der Balanced Scorecard also wesentliche Impulse, Anknüpfungspunkte und Hilfsmittel hinsichtlich der Geschäftsprozesse vorweisen. Führung, die kontinuierlich im Licht der vier interdependeten BSC-Perspektiven hinterfragt wird, erlangt eine höhere Qualität und gewährleistet eine transparentere Argumentierbarkeit gegenüber den Mitarbeitern. Führungsleitgedanken und Leitbilder werden greifbar und lebbar. Die Balanced Scorecard fordert und fördert die systematische Führungsarbeit, wobei kooperatives Führungsverhalten intensiv beansprucht wird. Die gezielte Entlastung von Führungskräften in der strategischen sowie operativen Planung und Steuerung ist ein weiterer entscheidender Nutzfaktor.

3.5. Rolle und Position des HR-Management

Im Zeitalter des share- und stakeholder-value-Ansatzes steht der Wertschöpfungsbeitrag einzelner Unternehmensbereiche immer mehr im Vordergrund. Das HR-Management nimmt eine zunehmend wichtigere Rolle ein, da es einen direkten Konnex zu den maßgeblichen Einflussgrößen auf den Unternehmenswert und die Wertschöpfung zu Gunsten der verschiedenen Anspruchsgruppen hat. Dabei kommen vor allem die Schnittstellen zu Führungskräften und Mitarbeitern, Wissens- und Kompetenzstrukturen sowie Lern- und Entwicklungsprozessen zum Tragen. Alle relevanten Interessens- und Anspruchsgruppen sind in der BSC-Systematik interdependent abgebildet.

Wie kann die Balanced Scorecard darüber hinaus die vor diesem Hintergrund entstehenden Rollenbilder des HR-Management fördern bzw. deren Umsetzung positiv vorantreiben? Im Wesentlichen stehen dabei drei Rollen im Blickfeld:

1. als strategischer Partner der Unternehmensführung
2. als Change Agent zur Gewährleistung von Kompetenzen und Kapazitäten für Veränderungsprozesse und
3. als wertschöpfungsorientierter Dienstleister im Unternehmensumfeld

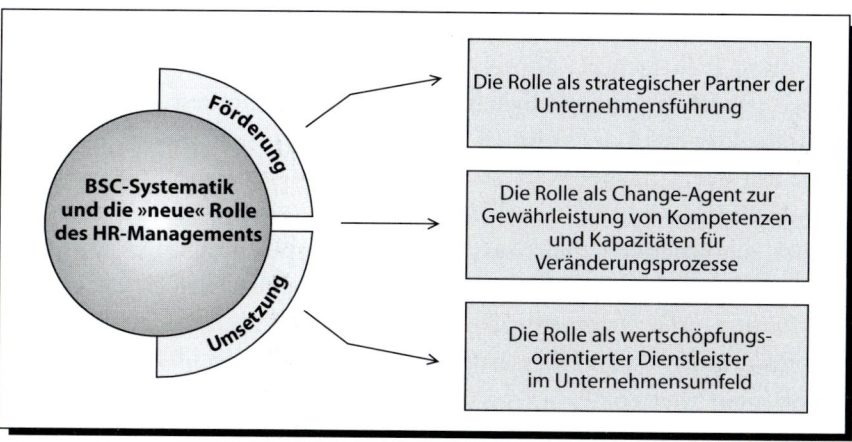

Abb. 7: BSC im HR-Management

Das Bild des HR-Management als strategischer Partner der Unternehmensleitung trägt insbesondere der Herausforderung eines hohen Unternehmenswertes Rechnung. Der Mitarbeiter – seine Kompetenzen, sein

Engagement und Commitment – als nicht kopierbares Element der Wettbewerbsfaktoren macht eine Beteiligung des HR-Managements an strategischen Entwicklungsprozessen des Unternehmens unabdingbar. Nicht zuletzt über die strategische Personal- bzw. Personalentwicklungsplanung agiert der Personalbereich im Umfeld des Employability-Gedankens als Vermittler zwischen Unternehmensstrategie und autonomer Kompetenzentwicklung auf individueller Ebene.

Der Beitrag des HR-Management zur Steigerung des Unternehmenswertes liegt also in erster Linie in der Stärkung des »Intellectual Capital«, das sich zum einen aus den Kompetenzen der Mitarbeiter – Wissen, Fähigkeiten, Qualifikation und Motive – zum anderen aus deren Engagement und Commitment – Mobilisierungs- und Zufriedenheitsgrad, Identifikation und Loyalität – zusammensetzt. Das Ziel ist also, möglichst leistungs- und beschäftigungsfähige Führungskräfte und Mitarbeiter zu entwickeln und zu binden, die sich der Kultur, den Werten und übergeordneten Zielen des Unternehmens verbunden und verpflichtet fühlen. Zur Institutionalisierung dieses Selbstverständnisses von HR-Management leistet die Balanced Scorecard einen nachhaltigen Beitrag. Zudem macht die BSC-Systematik als Bewusstseins-, Kommunikations- und Infrastruktur der strategischen Partnerschaft aus Unternehmensleitung und Personalmanagement alle genannten immateriellen Einflussfaktoren erst wirklich greifbar, messbar und entsprechend steuerbar.

Ein schon mehrfach erwähnter Indikator für die Unternehmensperformance ist die Leistungsfähigkeit in Veränderungsprozessen. Key Player in diesen Prozessen des Wandels ist in vielerlei Hinsicht das HR-Management mit der Aufgabe, Werteströmungen zu identifizieren und entsprechende Kultur- und Systemeffekte zu integrieren bzw. die Ausrichtung danach zu initiieren. Um prozess-optimale Kompetenzen und Kapazitäten zu gewährleisten müssen frühzeitig Risikomomente – wie Demotivation, Fluktuation oder Kompetenzengpässe – und Chancen – beispielsweise Mobilisierungs- und Verbesserungspotenziale oder nachhaltige Loyalität – antizipiert werden.

Diese Rolle des HR-Managements als Change Agent kann durch die Balanced Scorecard im Hinblick auf Strukturiertheit, Ergebnisorientierung und Steuerungsqualität entscheidend verbessert werden. Frühwarnsysteme – über die strategischen Schlüsselkennzahlen integriert – erlauben eine flexible und proaktive Personalarbeit. Die Möglichkeit, im Zeitablauf ein qualitatives und wertorientiertes Benchmarking- und Best Practice-System zu etablieren, das Trends und Veränderungsprozesse einschätzbarer macht, unterstützt ebenfalls die geforderte bedarfsorientierte und von Wirtschaftlichkeit getriebene Personalarbeit als wertschöpfungsorientierter Dienstleister im Unternehmensumfeld. Antizipation als Basis zur Entwicklung einer wertschöpfenden Performance, Reflexion als Fundament einer gesteigerten Professionalität und Transparenz im Verantwortungs- und Zuständigkeitsbild der HR-Aufgaben zur Differenzierung von originärer Personalarbeit und eigentlichen Führungsaufgaben sind dabei die wesentlichen Orientierungspunkte auf dem Weg zu einer höheren und konzentrierten Dienstleistungswirkung.

Entscheidende Handlungsfelder und gleichsam Bewertungskategorien für das HR-Management sind vor diesem Hintergrund drei Faktoren:

1. **Qualität:** Hier kommen vorrangig prozessbezogene Input-, Throughput- und Output-Kenngrößen zum Tragen, die qualitative Aussagen zu Methoden, Instrumenten und Vorgehensweisen in der Personalarbeit zulassen.
2. **Kundenzufriedenheit:** Neben gängigen Hygienefaktoren wie korrekte Vergütungsadministration stehen hier beispielsweise Beratungs- und Betreuungskompetenzen, Zuverlässigkeit und Diskretion sowie Flexibilität im Blickpunkt.
3. **Rollenverständnis als strategischer Steuerungsbereich und als Promoter im Relationship-Management:** Hier gilt es, das Engagement und Commitment der Mitarbeiter zu analysieren und entsprechend auszurichten bzw. positiv zu beeinflussen.

Ein intensives Bewusstsein für eine prozessuale Betrachtungsweise des eigenen Wirkungsfeldes bildet einen weiteren Treiber für eine höhere Wertschöpfungsorientierung in den HR-Services. Werden die Kernfunktionen des HR-Management als Kreislauf aus Entdecken, Binden, Entwickeln, Fördern und Trennen interpretiert, muss zunächst den einzelnen Kernfunktionen eine klare Ziel- und Inhaltsdefinition zugeordnet werden (vgl. Abb. 8 am Beispiel Entdecken und Binden). Darauf aufbauend sind die einzelnen Phasen des Prozessablaufs zu bestimmen und im letzten Schritt mit geeigneten Methoden und Instrumenten zu verbinden.

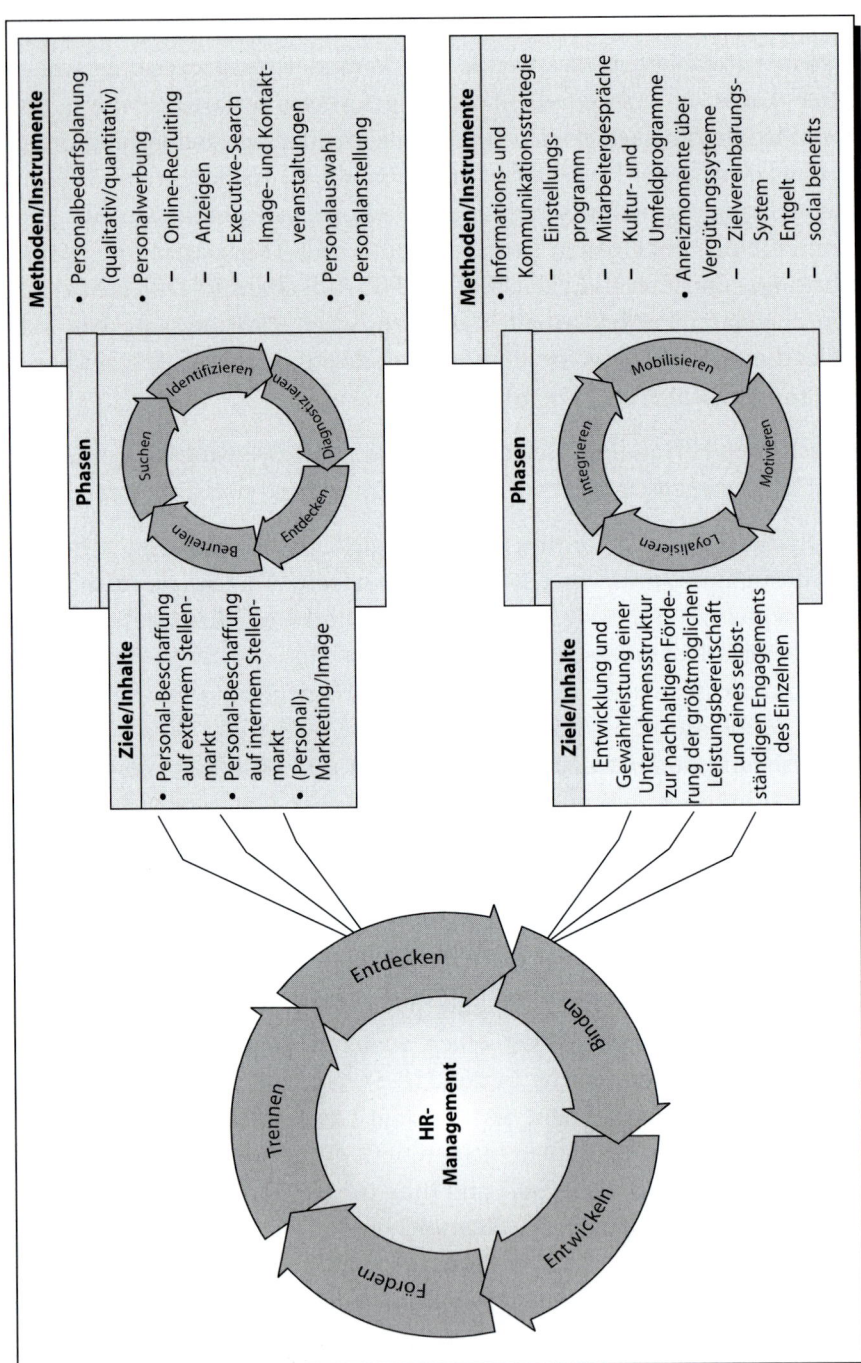

Abb. 8: Kernfunktionen des HR-Management

Die BSC-Methodik kann auch die Positionierung des HR-Management als professioneller und effektiver interner Dienstleister und als akzeptierter Wertschöpfungsbereich nachhaltig positiv beeinflussen und fördern. Die interdependente Perspektive der Balanced Scorecard gewährleistet die Ausrichtung der HR-Aktivitäten und -Investitionen auf die Schlüsselziele der anderen Unternehmensbereiche. Die entscheidenden Handlungsfelder Qualität, Kundenzufriedenheit, Engagement und Commitment können in der BSC abgebildet und so über gezielte Handlungs- und Maßnahmenprofile aktiv gesteuert werden. Über die Funktion der Fokussierung und Reduktion, über die Abbildung von Ursachen- und Wirkungszusammenhängen und über die Prozessperspektive fördert die BSC-Systematik die Kernprozesse des HR-Management.

4. Vielfalt als Fazit

Das in diesem Kapitel gezeichnete Bild des breiten Fächers der Nutzen-Elemente des BSC-Ansatzes vermittelt einen ersten Eindruck, welche Management-Value-Potenziale die spezifische Integration dieser Methodik für das Unternehmen freisetzen kann. Die BSC-Systematik begegnet den unterschiedlichsten Herausforderungen, denen sich Unternehmen und insbesondere das HR-Management heute gegenüber sehen, mit einem hohen Grad an pragmatischer Anpassungsfähigkeit. Die BSC ist ein Management-Instrument, das sich durch vielfältigste Einsatzmöglichkeiten auszeichnet.

Neben der überlagernden Funktion der BSC als ganzheitliches, strategisches und wertorientiertes Planungs- und Steuerungstool stehen auch zentrale »Personalthemen« im Vordergrund: Die BSC ist

❑ ein effizientes Informations- und Kommunikationsinstrument im Zusammenwirken verschiedener Ebenen des Unternehmens
❑ ein rahmengebendes, forderndes und förderndes Element der Führung und Führungswirkung im Geschäftsprozess
❑ ein Projektmanagement-Instrument, das sowohl in breit aufgesetzten, umfangreichen Projektlandschaften – beispielsweise im Change-Management – als auch im Bereich des individuellen Selbstmanagement seinen ausrichtenden Einfluss entfaltet
❑ die logische Fortführung bzw. sinnvolle Unterstützung von etablierten EFQM- oder »value-based-management«-Ansätzen.

Mittels der BSC-Methodik können – neben der Sensibilisierung für die Schaffung von Werten – Erfolgskriterien veranschaulicht, Prozesse, Produkte und Services einem Review unterzogen und entsprechende Schritte des Lernens und Verbesserns ab- und eingeleitet werden. Die BSC fördert damit nachhaltig die Kernprozesse der Unternehmung.

Um dieses breit gefächerte Bild der vielfältigen Einsatzmöglichkeiten und Nutzen des BSC-Management-Systems mit Leben zu füllen und somit greifbar zu machen, finden sich ausgewählte Praxis- und Erfahrungsberichte im Hauptteil dieses Buches.

III. Balanced Scorecard – Philosophie und Methodik

im Lichte des HR-Management

Von Prof. Dr. Silke Wickel-Kirsch,
Fachhochschule Mainz

Seit einiger Zeit wird in Artikeln und Büchern immer wieder über ein Instrument geschrieben und auf Kongressen gesprochen: Die Balanced Scorecard. Sie übt eine eigene Faszination aus, der hier nachgegangen werden soll.

Zunächst wird die Philosophie erläutert, die hinter dem Instrument steht. Im Anschluss wird das Instrument vor allem aus Sicht der Personalarbeit detailliert erklärt.

1. Philosophie der Balanced Scorecard

Die Balanced Scorecard ist ein Instrument aus der Tradition des strategischen Managements bzw. der strategischen Unternehmensführung. Zugleich folgt sie der Philosophie der wertorientierten Unternehmensführung und damit dem Shareholder Value Ansatz als »Nachfolgephilosophie« der strategischen Unternehmensführung. Ein Problem nämlich stellt sich vielen Unternehmen: Die Umsetzung des Shareholder Value Denkens in konkrete Maßnahmen der Unternehmenspraxis, die dazu beitragen, den Wert des Unternehmens zu steigern. Ein solches wertorientiertes Denken im Sinne finanzieller Größen kann mit Hilfe der Balanced Scorecard in das Unternehmen getragen werden, da sie die Potenziale zur Verknüpfung von strategischer Denkweise und konkreter Umsetzung bietet.

Die Philosophie der BSC umfasst jedoch über die rein wertorientierte, finanzielle Sichtweise hinausgehende Perspektiven. Zwar steht der finanzielle Aspekt im Vordergrund, aus dem sich Maßnahmen und Handlungen ableiten lassen. Aber die Balanced Scorecard bezieht auch qualitative Sichtweisen mit ein, die zur Verwirklichung strategischer Ziele wichtig sind.

Die BSC erlaubt es Unternehmen oder Unternehmenseinheiten, sich schnell an veränderte Marktanforderungen anzupassen und auf neue Situationen zu reagieren. Dem Instrument kommt zugute, dass es sehr stark proaktiv ausgerichtet ist. Es kann im Sinne eines Frühwarninstruments eingesetzt werden, wodurch sich Unternehmen nicht reaktiv verhalten müssen. Vielmehr werden sie in die Lage versetzt, aktiv den Markt zu gestalten, Potenziale früher zu nutzen oder Gefahren zu vermeiden. Zu Beginn stellte die BSC ein klassisches Instrument des strategischen Managements dar. Allerdings geht die Anwendung inzwischen über die strategische Planung hinaus. Durch den Einsatz der Balanced Scorecard findet ein Ausgleich zwischen langfristiger Strategie und notwendigen Maßnahmen statt, der, wenn er fehlt, häufig der Grund für das Scheitern des strategischen Managements darstellt. Diese Gefahr des Scheiterns hat Kirsch (1989) im Blick, wenn er von strategischer Mobilisierung operativer Führungskräfte spricht. Eine ähnliche Problematik thematisieren Horvath/ Kaufmann (1998), wenn sie über häufig geringe Akzeptanz von strategischen Instrumenten im Unternehmen klagen und darauf hinweisen, dass mit hohen Sickerverlusten bei der Transformation von strategisch Gewolltem in operative Maßnahmen zu rechnen ist. Die BSC als ein auf Umsetzung fokussiertes Planungs- und Steuerungsinstrument kann dazu dienen, diese Problematik zu lösen.

2.   Das Instrument Balanced Scorecard

Die Balanced (= ausgewogen) Scorecard (= Punktetafel) ist ein Instrument, das vergangenheitsbezogene Finanzkennzahlen mit zukunftsorientierten Perspektiven verbindet. Diese Perspektiven beziehen sich auf für die Unternehmenssteuerung relevante Bereiche, in denen das Unternehmen sowohl intern wie extern Leistungen erbringen muss. In der BSC werden die wichtigsten Leistungsperspektiven miteinander vernetzt (vgl. Kaplan/Norton, 1996 a, S. 8).

2.1. Zusammensetzung der Balanced Scorecard

Die Leistungsperspektiven, die in die BSC aufgenommen werden, sind Finanzwirtschaft, Kunden, Geschäftsprozesse und Mitarbeiter/Lernen (vgl. Horvath/Kaufmann, 1999, S. 41). In unterschiedlichen Veröffentlichungen wurden verschiedene Begriffe verwendet. So findet man auch »Entwicklunges«- oder »Wissensperspektive«. Damit wird sowohl die Innenperspektive des Unternehmens erfasst, z. B. in Form von Mitarbeitern, als auch die Außenperspektive beleuchtet, z. B. die externen Kunden des Unternehmens (siehe Abbildung 1).

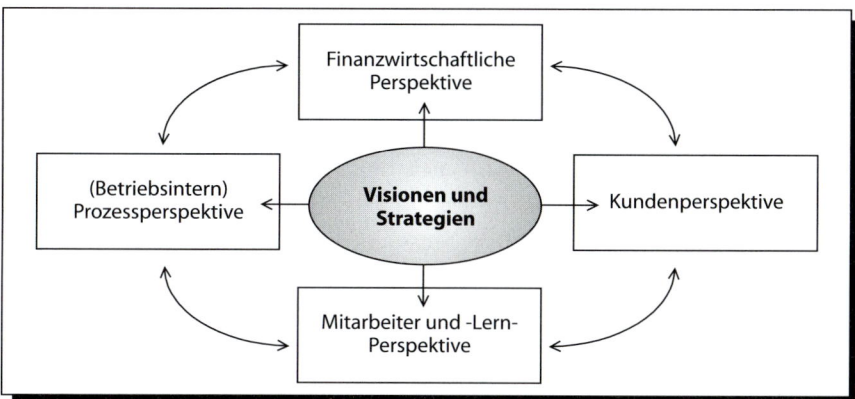

Abb. 1: Balanced Scorecard[1]

Zweierlei wird schon in der graphischen Darstellung deutlich: Die gewollte Gleichordnung der einzelnen Perspektiven sowie die Vernetzung und Interaktion zwischen den Perspektiven. Typische Unzulänglichkeiten klassischer Kennzahlensysteme wie eine Top-down-Orientierung und die kausale Ableitung in nur eine Richtung werden hier umgangen. Die BSC weist vielmehr gegenseitige Abhängigkeiten der einzelnen Elemente auf. In der Realität findet sich jedoch häufig eine Ausrichtung auf die finanzielle Perspektive. Auf diesen Zusammenhang weisen auch Kaplan/Norton hin.

2.2. Inhalte der einzelnen Perspektiven

Die einzelnen Perspektiven in einer Balanced Scorecard können wie folgt interpretiert werden: Unter **finanzieller Perspektive** ist die Frage nach der Profitabilität des Ressourceneinsatzes und nach der Wertsteigerung des Unternehmens zu subsumieren. Folgende Messgrößen können dabei Verwendung finden:

❑ Entwicklung des Umsatzes oder Marktanteils
❑ Entwicklung des Unternehmenswertes
❑ Profitabilität von Kundenverbindungen
❑ Entwicklung der Eigenkapitalverzinsung

1 nach Kaplan/Norton, 1996, S. 76

Die **Kundenperspektive** beinhaltet die Wahrnehmung des Unternehmens und seiner Produkte/Services durch die internen und externen Kunden. Als Messgrößen können angewandt werden:

❑ Kundenzufriedenheit
❑ Umsatzanteil neu entwickelter Produkte
❑ Anteil der von extern bezogenen Leistungen (bei internen Kunden)

Die **Prozessperspektive** richtet den Blick auf die effiziente und effektive Ausübung der Prozesse im Unternehmen. Darunter werden auch die Schnittstellen zu Prozessen außerhalb des Unternehmens verstanden. Durch die Analyse der Geschäftsprozesse kann die Leistungserstellung optimiert werden. Als Messgrößen dienen beispielsweise:

❑ Durchlaufzeiten
❑ Ausschussquoten
❑ Kapazitätsauslastung
❑ Prozesskosten

Bei der **Mitarbeiter-/Lernperspektive** (häufig auch als Potenzial- oder Wissensperspektive bezeichnet) geht es darum, für das Unternehmen wettbewerbsrelevantes Wissen aufzubauen und zu erhalten. Darüber hinaus steht die Frage im Vordergrund, ständig das für den Markterfolg notwendige Wissen im Unternehmen zu schaffen. Die Bezeichnung als Lernperspektive stellt auf das geistige Potenzial der Mitarbeiter ab, das notwendig ist, um die aktuellen und zukünftigen Aufgaben am Arbeitsplatz zu erfüllen. Im Fokus steht dabei die Mitarbeiterqualifikation und -motivation. Messgrößen sind z. B.:

❑ Anzahl der Schulungs- und Weiterbildungstage pro Mitarbeiter
❑ Anzahl der Verbesserungsvorschläge pro Mitarbeiter
❑ Mitarbeiterzufriedenheit

2.3 Übertragbarkeit und Übertragung auf einzelne Unternehmensbereiche

Die bislang vorgestellte Interpretation der Balanced Scorecard bezog sich auf das Gesamtunternehmen und die Gesamtstrategie. Das Instrument bietet aber zusätzlich die Möglichkeit, im Kaskadenverfahren die Inhalte auf einzelne Einheiten wie Unternehmensbereiche, Abteilungen, Gruppen oder sogar einzelne Mitarbeiter zu übertragen und herunterzubrechen.

Die vier Perspektiven werden dann jeweils aus Sicht der organisatorischen Einheit interpretiert. Abbildung 2 zeigt diese Vorgehensweise am Beispiel des Unternehmensbereichs »Softwaresparte« auf. Was bedeutet aus dieser Sicht finanzielle, Kunden-, Prozess- und Mitarbeiterperspektive und mit welchen Messgrößen können die strategischen Ziele gesteuert werden?

Perspektive	Strategisches Ziel	Messgröße	Ausprägung
Finanziell	Cash-Flow steigern	Discounted Free-Cash-Flow	Zuwachs von 15 % p. a.
Kunden	Vorzugslieferant sein	Umsatzanteil durch Stammkunden	Anteil > 50 %
Prozess	Entwicklung des Regionalmarktes	Anzahl Neukunden in Region A	Anstieg um 30 % p. a.
Mitarbeiter	kontinuierliche Verbesserung	Halbwertszeitindex	jährliche Verbesserung > 10 %
	hohe Mitarbeiterzufriedenheit	• Index Mitarbeiterzufriedenheit • Anzahl Verbesserungsvorschläge je Mitarbeiter	• Zufriedenheitsindex über 80 % • mehr als 20 Vorschläge pro Mitarbeiter p. a.

Abb. 2: Auszug aus einer BSC am Beispiel einer Softwaresparte[2]

Aus der Abbildung geht hervor, dass der Prozess bei der Entwicklung einer Balanced Scorecard nicht an dem Punkt abgebrochen werden darf, an dem die strategischen Ziele festgelegt wurden. Vielmehr müssen auch der nächste und übernächste Schritt gegangen werden, nämlich Messgrößen für die strategischen Ziele festzulegen und die konkrete Ausprägung dieser Messgrößen zu definieren. Dann wird der Einsatz der BSC mit hoher Wahrscheinlichkeit ein Erfolg. Denn das Scheitern strategischer Pläne ist häufig darauf zurückzuführen, dass keine operationalen Messgrößen entwickelt und vorgegeben werden.

---

2 abgewandelt nach Kaufmann, 1997, S. 423

2.4. Einsatz der Balanced Scorecard aus Sicht der Personalarbeit im Unternehmen

Die Balanced Scorecard kann in verschiedener Hinsicht für die Personal-funktion eingesetzt werden. So kann sie die Personalarbeit aus der Sicht des Gesamtunternehmens strukturieren und die wichtigsten, personal-wirtschaftlich relevanten Steuergrößen zum Prozess der Unternehmens-steuerung beitragen. Insbesondere bei der Ausdifferenzierung der Per-spektive »Mitarbeiter/Lernen« wird die Mitwirkung des Personalbereichs unabdingbar sein. Aber auch bei der Definition und Festlegung der Grö-ßen für die anderen Perspektiven einer BSC ist das Know-how und die Mitarbeit des HR-Managements von entscheidender Bedeutung für den späteren Erfolg.

Um aussagekräftige Kennzahlen in der Perspektive »Mitarbeiter/Lernen« abzuleiten, stellt sich vor allem die Frage, welchen Beitrag die Mitarbeiter zur Sicherung des Unternehmenserfolgs leisten. Gängige Größen für die Ausgestaltung dieser Perspektive wurden bereits genannt.[3] Bevor die Kennzahlen festgelegt werden, sind insbesondere die Rollen unterschied-licher Gruppen von Mitarbeitern für das Unternehmen zu konkretisieren. Gruppe kann dabei sowohl im Sinne von organisatorischen Einheiten als auch von Mitarbeitertypen wie gewerbliche, leitende Angestellte etc. gese-hen werden.

2.5. Balanced Scorecard als Instrument zur Effizienz- und Effektivitätssteigerung im Personalbereich

Eine Personal-BSC (oder Personal Scorecard), die den HR-Bereich als or-ganisatorische Einheit repräsentiert und ihn in seinem eigenen Control-ling voranbringt, muss jedoch anderen Anforderungen genügen als eine Balanced Scorecard auf Unternehmensebene. Sie muss die Personalstrate-gie als obersten Maßstab betrachten und auf dieser Basis die Größen der BSC des Gesamtunternehmens auf die Personalabteilung übertragen. Fi-nanzielle Größen können die Kosten für den Personalbereich selbst, also das zur Verfügung stehende Budget für die Personalarbeit und/oder die Kosten für alle Mitarbeiter (im Sinne von Gehaltskosten) in allen Berei-chen des Unternehmens darstellen. In dieser Sichtweise sind die anderen

---

3 vgl. zusätzlich Wunderer/Jaritz, 1999, S. 332 f

Unternehmensbereiche oder Tochtergesellschaften, die Personaldienstleistungen nachfragen oder anfordern, als interne Kunden zu betrachten.

Die internen Geschäftsprozesse des Personalbereiches sind z. B. »Einstellung«, »Versetzung« oder »Entlassung«, um nur einige zu nennen. Diese Prozesse müssen durch Prozessanalysen erhoben, festgeschrieben, eventuell effizienter gestaltet und messbar gemacht werden. Hier bietet sich eine Bewertung in Preisen an.

Die Mitarbeitersicht schließlich bezieht sich in dieser übertragenen Perspektive auf die Mitarbeiter des Personalbereichs, die mit den anderen Unternehmensbereichen verhandeln und für diese als Dienstleister fungieren. In einer erweiterten Sichtweise kann die Mitarbeitersicht aber auch alle Mitarbeiter des Unternehmens umfassen. Eine Personal-Balanced Scorecard kann also folgendermaßen aussehen:

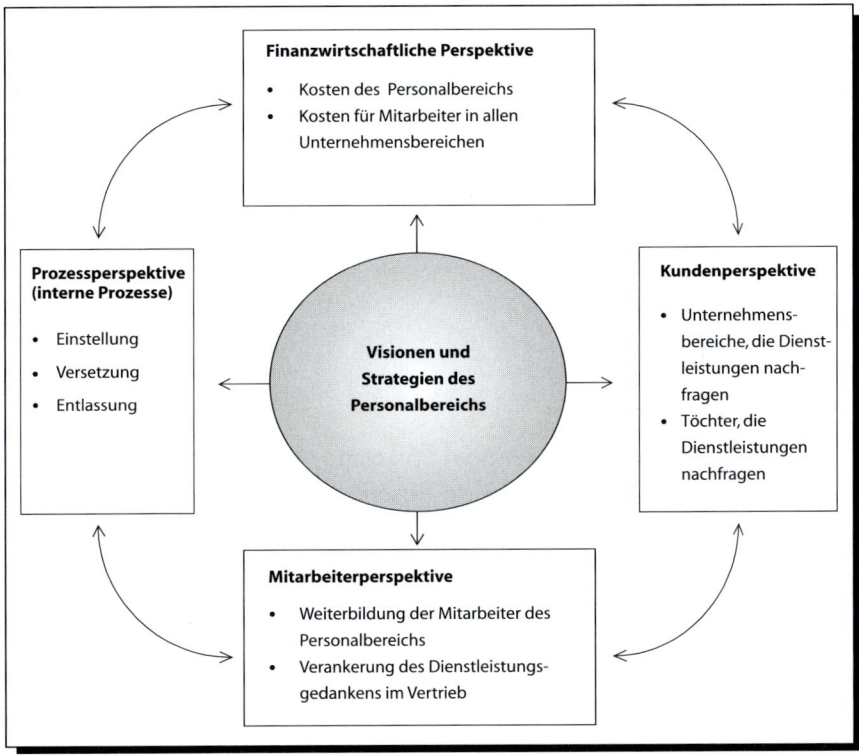

Abb. 3: Personal-Balanced Scorecard

2.6. Der Nutzen einer Personal-Balanced Scorecard

Der Personalbereich kann sich an Hand der Balanced Scorecard klarma-
chen, welche Strukturen, Prozesse und Kosten im Personalbereich existieren. Allein durch dieses zielgerichtete Durchleuchten des gesamten Bereichs wird die Transparenz gefördert, wodurch meist schon die Effizienz
erhöht werden kann. Weiterhin erfordert das Aufstellen einer Personal-
Balanced Scorecard eine quantitative Konkretisierung der Personalstrategie hinsichtlich mehrerer Dimensionen der Personalarbeit. Zusätzlich hat
dieses Vorgehen den Vorteil, dass sich das Personal-Management intensiv
mit der Unternehmens- und Personalstrategie auseinandersetzen muss.

3. Fazit

Die BSC ist ein anschauliches Instrument, das den Personalbereich für sich
und auch andere Bereiche transparenter macht. Sie bietet dem Personal-
Management außerdem die Chance, sich in der Unternehmensführung
den Platz zu sichern, der der Personalfunktion eigentlich zukommen sollte. Zusätzlich fördert sie das Verständnis für Zahlen bei Personalfachleu-
ten, die immer noch häufig Berührungsängste mit Controlling bzw. Quan-
tifizierbarkeit haben. Sie dient außerdem der strategischen Mobilisierung
aller Führungskräfte. Last, not least müssen bei Anwendung der Balanced
Scorecard Personalprozesse langfristig betrachtet bzw. die Fragen auf-
geworfen werden, ob im Personalbereich die richtigen Dinge getan werden.

Literaturverzeichnis:

Horvath, P./Kaufmann, L.: Balanced Scorecard – ein Werkzeug zur Umset-
zung von Strategien, in: Harvard Business Manager, 5/98, S. 39–48.
Kaplan, R. S./Norton, D. P.: The Balanced Scorecard – Translating Strategy
into Action, Boston, 1996, Dt. Übersetzung 1997.
Kaufmann, L.: Balanced Scorecard, in Zeitschrift für Planung, Bd. 8, 1997,
S. 421–428.
Kirsch, W./Maaßen, H.: Einleitung: Managementsysteme, S. 1–22, in :
Kirsch, W./Maaßen, H.(Hrsg.): Managementsysteme , München, 1989.

Strategie- und wertorientiertes HR-Management in der Unternehmenspraxis: Erfahrungsberichte

I. Die Balanced Scorecard bei Bosch Rexroth

Überlegungen eines Projektleiters

Von Carsten Löffelholz,
Bosch Rexroth AG

1. Vorbemerkung

»*Mit der Balanced Scorecard macht Ihr doch nichts anderes als Personalmanagement!*« Mit diesen Worten eines Personalmanagers unseres Unternehmens wurde der Verlauf unseres ersten Balanced Scorecard Pilotprojektes kommentiert. Dabei gelang es, eine kleinere Einheit des Konzerns auf einen Weg zu bringen, der heute an verschiedenen Stellen als Turnaround bezeichnet wird und langfristig das Bestehen dieser Einheit sicherte. Doch wie ist die zitierte Wertung einzuordnen; ist die BSC ein Instrument der Personalabteilung, oder sollte sie es sein?

Nach meiner Ansicht eindeutig nein. Mit der Balanced Scorecard werden zwar »nur« allgemein bekannte Methoden in einem ganzheitlichen Ansatz zusammengefasst – den entscheidenden Vorteil erzielte man im vorliegenden Fall aber durch das *gemeinsame* Durchlaufen des vollständigen Prozesses zur Erarbeitung einer BSC. Dadurch bildete sich ein Management-*team*, das sich im Bewusstsein seiner Kompetenz – aber auch Verantwortung – gemeinschaftlich den Aufgaben stellte. Dies ist nicht zuletzt eine Aufgabe des Personalmanagements.

Der vorliegende Beitrag über die BSC kann keine neuen Methoden oder Rezepte für die Einführung liefern. Schwerpunktmäßig wird auf den Aspekt der Menschen eingegangen, die in den Prozess involviert sind: Einerseits diejenigen, die aufgrund ihrer Position im Unternehmen eine wichtige Rolle spielen, zum anderen die eigentlichen Adressaten der Balanced Scorecard – die gesamte Belegschaft. Die Ausführungen basieren dabei nicht auf Erfahrungen aus abteilungsbezogenen BSCs oder einer speziellen BSC der Personalabteilung. Das Verständnis des Autors geht vielmehr von einer integrierten Sichtweise aller Unternehmensfunktionen im Balanced Scorecard Prozess aus. Die Frage der Bereitstellung von Ressourcen für die Strategieumsetzung wird in allen Unternehmensfunktionen, z. B. Materialwirtschaft, Finanzen und Human Resources in ähnlicher Weise bearbeitet. Im Rahmen der BSC spielt die Frage nach einem in die Strategie integrierten Weg zur Feststellung des erforderlichen Bedarfs der Ressourcen die wesentliche Rolle. Allein aus Sicht der Human Resources kann diese Aufgabenstellung kaum bewältigt werden – ebenso wenig kann die Materialwirtschaft ohne Bedarfsplanung und Disposition aus Vertrieb und Fertigung ihre Aufgabe erfüllen.

Nach dem bereits angesprochenen Pilotprojekt befinden wir uns seit einem weiteren Jahr in einer Einführung und Arbeit mit der BSC für einen gesamten Geschäftsbereich des Konzerns.

Ausgangssituation

BSC – ein Instrument zur durchgängigen Ableitung von Vision und Mission über Strategie bis hin zum operativen Geschäft

Warum besteht überhaupt der Zwang zu strategischem Handeln? Die im ersten Moment vielleicht akademisch anmutende Frage hat durchaus ihre Berechtigung: Ohne die Erkenntnis der Notwendigkeit dafür könnten wir die Arbeit in den Organisationen um vieles einfacher gestalten und versuchen, die bestehenden Prozesse zu optimieren, die Effizienzen weiter zu steigern – und den deutlich sicht- und spürbaren Wandel außerhalb des Unternehmens in Ruhe betrachten. Das ist leider eine gefährliche Illusion: Die Einbettung der Unternehmen in Märkte und der Zwang zu wirtschaftlichem Erfolg, ohne den die Existenz des Unternehmens gefährdet ist, machen die Bereitschaft, strategisch zu handeln, zu einer (Über-)lebensnotwendigkeit.

In den Beschaffungs- und Vertriebsmärkten finden Konzentrationsprozesse statt, bestehende Produkte und Dienstleistungen garantieren immer weniger einen dauerhaften Wettbewerbsvorsprung: Die Innovationszyklen verringern sich radikal, die Technologien schreiten weiter voran – daraus ergeben sich immer kürzere Produktlebenszyklen. Klar erkennbare Alleinstellungsmerkmale, kundenorientiertes Handeln, Veränderungen in der Gesellschaft und auf dem Arbeitsmarkt sowie der Zwang zu einer entsprechenden Verzinsung des eingesetzten Kapitals werden immer mehr zu normativen Rahmenbedingungen, innerhalb derer wir in unserer Organisation agieren. Strategisch zu handeln bedeutet, diese Rahmenbedingungen soweit möglich zu gestalten und die bestehenden Freiräume geschickt zielorientiert zu nutzen – erst das ermöglicht die Schaffung und Erhaltung von Erfolg. Natürlich gehören effiziente operative Umsetzungen ebenso zwingend zu erfolgreichen Unternehmungen dazu. Strategische Entscheidungen charakterisieren sich demzufolge als zukunftssichernd, impulsgebend und effektivitätssteigernd.

Mit diesem Zwang zum strategischen Handeln sind zunehmend alle Unternehmen konfrontiert. Die wachsende Geschwindigkeit von Veränderungen verlangt ein erhöhtes Maß an Flexibilität und Kreativität bei der Lösungsfindung. Das liegt allerdings nicht in der Natur des Menschen, der sich – in unterschiedlich starkem Ausmaß – nach Routinen, Bekanntem, einem Gefühl der Sicherheit und Geborgenheit sehnt. Während sich die meisten Unternehmensführer mit den Anforderungen nach permanenter Veränderung laufend auseinandersetzen, greift die Dynamik der Märkte auf immer mehr Ebenen in die Organisationen ein – und erzeugt einen steigenden Druck für Veränderungsbereitschaft auch in Abteilungen und Funktionen, die damit bisher nicht konfrontiert waren.

In dieser Situation kristallisiert sich für die Unternehmensleitung mehr und mehr heraus, wie notwendig es ist, den geplanten Weg zu erläutern und plausibel zu schildern. Der Wandel zum Wohle des Unternehmens und damit auch der Mitarbeiter muss aktiv gestaltet werden: Das Management ist auf *Vertrauen* angewiesen. Mangelt es daran, nimmt die Effizienz in den operativen Prozessen zwangsläufig ab – viele gute strategische Ausrichtungen scheitern an der operativen Umsetzung. Die oft propagierte Delegation von Verantwortung auf einen größeren Kreis von Mitarbeitern findet faktisch ohne unser Zutun statt, in viele Veränderungsprojekte müssen immer mehr Mitarbeiter involviert werden. Je mehr Verständnis für den strategischen Pfad des Unternehmens und je mehr Vertrauen in seine Richtigkeit besteht, desto effizienter werden die Aufgaben bewältigt und die konkreten Lösungen ausfallen. Die Balanced Scorecard übernimmt hierbei die Aufgabe der Strukturierung und Priorisierung der Veränderungen – *BSC als Instrument des Change Managements.*

Aus den Erfahrungen der Praxiseinführungen folgt, dass nicht die Forderung aufgestellt werden kann, die Strategie müsste von der *gesamten* Belegschaft im Detail verstanden werden – dies ist ja auch umgekehrt nicht der Fall: Die Unternehmensführung ist vom Verständnis der operativen

Gegebenheiten oft erschreckend weit entfernt. Die Mitarbeiter sollten vielmehr je nach Aufgabe, Kompetenz und Qualifikation auch die Chance haben, sich nur auf das zu konzentrieren, wofür sie letztendlich entlohnt werden. Aber: Die Vision und die Leitbilder müssen verstanden werden, sie sind Elemente der Identifikation mit dem Unternehmen und spielen im täglichen Geschäft sehr wohl eine Rolle. Die Kommunikation der Strategie muss deshalb so klar und schlüssig sein, dass man bei den Führern der Organisation spürt: Sie sind überzeugt davon, sie haben es verstanden – und offensichtlich interpretieren sie es sogar in der gleichen Weise. Dann haben sie die besten Chancen, auch Vertrauen von den Mitarbeitern zu bekommen – *BSC als Instrument zur Kommunikation und Vertrauensbildung.*

Der stete Wandel, dem die Unternehmen unterliegen, lässt sich weit besser ertragen, wenn er aktiv (mit)gestaltet wird. Hierzu bedarf es einiger Voraussetzungen, die ein strategiekonformes Handeln ermöglichen. Doch leider stellt sich die Ausgangssituation in vielen Unternehmen anders dar:

❑ Sowohl die Vision als auch die Mission (oder Leitsätze) sind unklar. Die Frage nach deren Existenz wird zwar zu über 90 Prozent bejaht, doch spätestens die Mitarbeiter kennen oder verstehen sie nicht. Gleiches gilt für die Strategie: Oft gibt es schon in Leitungsebenen Schwierigkeiten mit dem Verständnis. In der Konsequenz fehlt es dann auch an einer ausreichenden Konkretisierung.

❑ In der Stategie-Planung findet kein »innovativer Dialog« statt. Man begnügt sich mit der Fortschreibung der Formulierungen aus dem Vorjahr – eine Tätigkeit, mit der nicht selten ganze Stäbe beschäftigt werden.

❑ Nach der Strategie-Formulierung geht man wieder »zu den harten Fakten« zurück: Das Management fokussiert häufig nur finanzielle Ergebnisse. Oft fehlt das Bewusstsein, auch für die zukünftige Entwicklung des Unternehmens verantwortlich zu sein – und dass dies mit vergangenheitsorientierten Finanzkennzahlen kaum bewerkstelligt werden kann.

❑ In vielen Diskussionen des oberen Managements lassen sich nur wenige wirklich strategierelevante Größen identifizieren – eine Folge fehlender oder unzureichender Priorisierung und Trennung zwischen dringenden und strategisch notwendigen Themen. Aber gerade das ist eine kritische Erfolgsgröße in vielen Unternehmen und keine triviale Aufgabe.

❑ Auch die beste Strategie ist wertlos, wenn sie nicht umgesetzt wird. Um überhaupt eine Chance auf Realisierung zu haben, muss sie kommuniziert und erläutert werden. Andernfalls ist eine gewisse Strategieneutralität von Mitarbeitern, Berichtswesen und operativer Planung zu beobachten – fehlende Information und in der Folge mangelndes Vertrauen in die strategische Ausrichtung des Unternehmens sind meist die Ursachen.

❑ Die individuellen Ziele stehen oft nicht im Einklang mit den Unternehmenszielen.

❑ Da keine Messgrößen definiert sind, ist ein Controlling der Umsetzung der Maßnahmen und Zielerreichung nicht möglich (»if you can't measure it, you can't manage it«).

2. Die Entscheidung zur Einführung der BSC – und die Erwartungen

Balanced Scorecard als wohlüberlegte Entscheidung – ein Allheilmittel?

In Konfrontation mit und im Bewusstsein der beschriebenen Ausgangssituation setzt sich die Balanced Scorecard in vielen Unternehmen durch. Wahrscheinlich sind es jedoch ganz unterschiedliche Motivationen, die zu einer positiven Einführungsentscheidung führen. Mit der Art und Weise, wie die Entscheidung für die BSC-Methodik getroffen wurde, lassen sich bereits interessante Hypothesen formulieren:

❑ »Führer-Entscheidungen« werden häufig von Unternehmensleitern getroffen, die ihre Position neu bekleiden und nicht aus der eigenen Organisation stammen. Sie sehen sich mit einem mehr oder weniger funktionierenden, jedoch sehr undurchsichtigen formellen und informellen Netzwerk konfrontiert, in dem die Balanced Scorecard vor allem Hoffnung auf Entwirrung und Übersichtlichkeit bringt – und wenn schon nicht Reduzierung der Komplexität, dann zumindest Steigerung der Transparenz. Nicht zu unterschätzen ist in dieser Situation auch der erhoffte Beitrag zur besseren Einschätzung der Managementfähigkeiten in der Führungsetage.

❑ »Experimentierfreude« veranlasst Unternehmensleitungen ihre Zentralfunktionen, oftmals Controllingstellen, mit der Implementierung einer BSC zu betrauen – aus zwei Motivationen: Abgesehen vom marketingfördernden Aspekt, sich neben allen anderen Moden auch damit zu beschäftigen, werden daran vor allem Erwartungen an eine Reduzierung des Berichtswesens sowie an eine geringe Betroffenheit der eigenen Person geknüpft.

❑ »Kennzahlen-Fetischisten« überspringen oft die schweren Schritte einer fundierten Einführung: Diskussionen über Vision und Strategien und die Formulierung strategischer Ziele und Maßnahmenprogramme hindern nur bei der Erarbeitung und dem Aufbau eines möglichst umfassenden und mathematisch in sich verwobenen Kennzahlensystems. Unter Umständen lassen sich die notwendigen Gespräche überhaupt nicht führen, wenn die BSC aus dem Kristallisationspunkt einer Teilfunktion heraus entwickelt werden soll, die gar nicht den notwendigen strategischen Handlungsspielraum hat. Das Schlagwort »what gets measured gets done« beinhaltet zwar einen wahren Kern, sollte jedoch nicht zum Glauben an einen zwingenden Automatismus führen.

Neben diesen – wie auch immer zu bewertenden – Befürwortern gibt es natürlich auch weniger positive Stimmen. Diese bewahren zumindest davor, falsche Erwartungshaltungen zu wecken, die auch mit viel Aufwand nicht zu befriedigen sind. Die Auseinandersetzung mit und Beantwortung von Fragen nach

❑ dem Konkretisierungs- und
  dem Bekanntheitsgrad der Strategie,
❑ der Durchgängigkeit des strategischen Denkens,
❑ strategisch abgeleiteter Ressourcen-Allokation,
❑ logisch konsistenten Zielhierarchien,
❑ strategisch ausgerichteter Informationsversorgung sowie nicht zuletzt
❑ dem Vorhandensein einer Strategiekontrolle

klärt, ob das Unternehmen aus der Einführung des BSC-Managementprozesses profitieren kann oder nicht.

Die Erwartungen an einen Balanced Scorecard Prozess sind dementsprechend unterschiedlich: Realistisch kann insbesondere mit einer erhöhten Steuerbarkeit und einer gesteigerten Ausrichtung der Führungsmannschaft gerechnet werden. Zusätzlich erfährt der Steuerungsprozess durch die Messbarkeit einen signifikanten Motivationsaspekt der Beteiligten.

3.   Der Einführungsprozess

Jeder einzelne Schritt hat seine Tücken, aber überspringen bringt nichts

Eine BSC im Unternehmen langfristig erfolgreich zu installieren, ist ein anspruchsvolles Vorhaben, für dessen Erfolg es keine Garantie gibt. Es liegen jedoch einige Erfahrungswerte vor, deren Berücksichtigung notwendig, aber leider noch nicht hinreichend ist. Die Erfahrungen aus zwei

Einführungsprojekten sowie Beobachtungen aus anderen Balanced Score-card-Implementierungen in der Praxis bestätigen eindeutig folgende Grundregeln bei der Vorbereitung der Implementierung:

❑ Die Erarbeitung von Vision und Strategie ist nicht delegierbar, sondern Chefsache.
❑ Ein starker, methodensicherer und erfahrener Moderator ist erforder-lich.
❑ Ein Team aus Führungskräften wird mit der Lenkung des Projektes betraut. Ein weiteres Team sollte methodische Unterstützung leisten und auch administrative und aufbereitende Aufgaben im Prozess wahr-nehmen.

Mit dem Ziel, einen dauerhaften Managementprozess zu etablieren, der die oben angesprochenen Erwartungen erfüllt, empfiehlt sich die Einfüh-rung in Projektform. In der Mehrzahl der Fälle tritt man mit dieser Ent-scheidung in einen Wettbewerb um die internen Ressourcen mit anderen Projekten, die ebenfalls »nicht delegierbar« sind, »volle Management at-tention« und »die besten Mitarbeiter« benötigen.

Ist einmal die Einführungsentscheidung herbeigeführt, schließt sich die Strukturierung des Einführungsprojektes an. Hier haben sich – in recht enger Anlehnung an die Originalliteratur von Kaplan/Norton – die im folgenden erläuterten Schritte bewährt.

Erarbeiten von Vision und Leitbild

Obwohl die Festschreibung von Vision und Leitbild – auch Mission State-ment genannt – einen Prozessschritt darstellt, der nicht zur Balanced Sco-recard im engeren Sinne gehört – der klassische Ansatz beginnt nach der Strategieformulierung – ist er in der Regel im BSC-Projekt notwendig. Dieser Schritt weist eine besondere Problemqualität auf. Ein Team aus den führenden Managern wird sich erfahrungsgemäß mit einer schnellen Beschlussfindung schwer tun, wenn es nicht in das Thema eingeführt wird. Um die Berührungswiderstände abzubauen, kann eine Aufgaben-stellung wie »Validierung der Vision« den Zugang zum Thema erleichtern; unabhängig davon, ob eine grundlegende Überarbeitung bereits als er-forderlich erkennbar ist oder nicht.

Der Hinweis, den Schwerpunkt auf die Inhalte zu legen, kann helfen, der Versuchung zu widerstehen, in eine semantische Diskussion über Vision und Mission abzudriften. Darüber hinaus bietet eine Negativabgrenzung von Themen, die nicht Bestandteil eines Idealzustands sein sollen, die erforderliche Beschränkung auf die Dinge der höchsten Wichtigkeit. Als Beispiele können die Visionen anderer Unternehmen zwar hilfreich, aber auch bei der Kreativität hinderlich sein, indem sie bereits Elemente zeigen, die dann vermeintlich nur noch angepasst werden müssen.

Je größer der Kreis der Beteiligten, umso schwieriger sind in der Regel die Abstimmungsprozesse. Der Moderator hat vor allem die wichtige Aufgabe, in diesem kreativen Prozess Hierarchien auszublenden. Es sind Unternehmer in diesem Prozess gefragt, die in klar abgegrenzten Rahmenbedingungen nach kreativen Lösungen suchen.

Vielleicht im Unterschied zu vergangenen Tagen bearbeitet das Team jetzt gemeinsam diese hoheitliche unternehmerische Aufgabe. Das Ergebnis ist ein Idealbild der Unternehmung für einen Zukunftshorizont von etwa 10 bis 15 Jahren. Kennzeichen einer guten Vision sind keine Allgemeinplätze, sondern Formulierungen, denen anzumerken ist, dass um jedes Wort gerungen wurde. Obwohl die Vision nicht sehr konkret sein kann, trifft sie sehr spezifisch auf die Einheit zu. Das gemeinsame Verständnis der Vision zeigt sich auch in der einheitlichen Kommunikation durch den Führungskreis, was insbesondere durch den gemeinsamen Erarbeitungsprozess an Authentizität gewinnt. Eine solche Vision und die entsprechenden Leitsätze haben eine besonders hohe Bedeutung für die Identifikation der Mitarbeiter mit dem Unternehmen.

Strategieformulierung

Nach der Formulierung der Vision und des Leitbildes stellt sich die Frage nach dem Weg dorthin. Zur Beantwortung dieser Frage sollten die vorhandenen Stärken und Schwächen der eigenen Organisation sowie die Chancen und Risiken der zukünftigen Entwicklung im internen und vor allem externen Bereich berücksichtigt werden. Im Gegensatz zum ersten visionären Schritt stehen für diese Phase einige Ansätze aus der Managementliteratur zur Verfügung: Mit der SWOT-Analyse nach Porter[1] beispielsweise kann eine gewisse Vollständigkeit sichergestellt werden. Dieser

---

1 Porter, M. E. Competitive Strategy: Techniques for Analyzing Industries and Competitors (New York, Free Press, 1980)

ebenfalls ganzheitliche Ansatz bietet sich für die Erarbeitung der Strategieformulierung geradezu an.

In den Workshops zur Strategieformulierung werden wahrscheinlich zuerst bereits bestehende Strategieelemente benannt – das ist im ersten Schritt auch durchaus in Ordnung, schließlich wird in den wenigsten Fällen ein neues Unternehmen auf der grünen Wiese gebaut, sondern vielmehr in lebenden Organisationen gearbeitet. Der umfassende Ansatz der SWOT-Analyse bietet jedoch eine gute Gelegenheit, diese unter Umständen dogmatisch gepredigten Aussagen auf den eigentlichen Inhalt zu überprüfen. Erfahrungsgemäß werden sogar Dogmen, die nahezu die Identität eines Bereiches ausgemacht haben, in ihren Inhalten sehr unterschiedlich beschrieben. Dass bis dato niemand über den Inhalt der Sätze diskutiert hatte, lässt erahnen, welche Spannungen durch diese Missverständnisse entstehen mussten – und wie es um den Grad der Strategieumsetzung bestellt war.

In dieser Phase kommt das Team unter Umständen in Versuchung, erst einmal viele Analysen anzustoßen, bevor Aussagen getroffen werden können. Dies ist eine für den weiteren Prozessfortschritt nicht ganz ungefährlichen Situation. Da eine vollständige Sicherheit nicht erreichbar ist, sollte auf der Basis des im Team vorhandenen Wissens eine unter diesen Bedingungen beste Lösung formuliert werden. Das schafft einerseits Verantwortungsbewusstsein, zum anderen steigt die Bereitschaft, vorhandenes Wissen zu teilen. Man sollte die in solchen Teams vorhandenen Kenntnisse nicht unterschätzen, da sie in der Regel nicht auf den eigenen Zuständigkeitsbereich beschränkt sind.

Hier ist es wieder Aufgabe des Moderators, Befindlichkeiten auszuräumen und zwischen Bereitstellen von Know-how, Treffen der Entscheidung und Übernahme der Verantwortung zu trennen. Es wird eine unsichtbare Weiche für das weitere Gelingen des Gesamtprozesses gestellt: Wenn es gelingt, eine möglichst weitgehende, vorbehaltlose Mitarbeit und Identifikation mit der Gesamtaufgabe herzustellen, können auch kreative, neue und erfolgversprechende Strategien entstehen. Ein Unternehmensführer, der das vorleben will, hat an dieser Stelle eine einzigartige Chance zu verdeutlichen, in welcher Weise Management im Unternehmen in Zukunft betrieben wird. Mit der dringend erforderlichen Öffnung der Strategiediskussion über den eigenen Zuständigkeitsbereich hinaus geht andererseits keine geringere Verantwortung für die in den entsprechenden Bereich fallenden Aufgaben einher, im Gegenteil: Schuld für Verzögerungen oder das

Scheitern von Maßnahmen kann durch diesen Prozess kaum noch in andere Verantwortungsbereiche verschoben werden.

Ableitung der Ziele

Die in wenigen prägnanten Aussagen zusammengefasste Strategie wird vor den Fragestellungen der vier Perspektiven (Finanzen, Kunden, Prozesse, Lernen & Innovation) in Zielen operationalisiert – was erfahrungsgemäß in eine sehr umfangreichen Sammlung von Vorschlägen mündet. Bei der Reduzierung auf einige wenige Ziele besteht auch hier die Herausforderung in der Trennung und Betonung von wesentlichen Zielen gegenüber unwichtigeren Vorstellungen. Voraussetzung für die Identifizierung mit dem Prozess und den Ergebnissen und weiteres Engagement aller Beteiligten ist ebenfalls eine klare, offene und möglichst faire Kommunikation. Empfehlenswert ist in Anlehnung an einen Vorschlag von Horvath & Partner die Einordnung der Ziele in eine Matrix aus den Achsen »Strategische Bedeutung« – um einen Wettbewerbsvorteil zu erzielen– und »Handlungsnotwendigkeit« – um das Überleben des Unternehmens sicherzustellen. Durch dieses Filter lassen sich die notwendigen Diskussionen zielgerichteter führen.

Auch wenn es im Team vorher anders vereinbart wurde: Immer wieder wird die Tendenz entstehen, möglichst viele Ziele in dem oberen rechten Quadranten (hohe Handlungsnotwendigkeit und hohe strategische Bedeutung) zu plazieren, so dass sie in der aufzubauenden Balanced Scorecard Berücksichtigung finden. In dieser Phase der Grundlagen-Arbeit in den BSC-Perspektiven wird nicht nur die hohe Bedeutung des Bereiches »Lernen & Innovation« oder »Potenziale« recht deutlich: Gleichzeitig wird auch erkannt, dass es ungewohnt und schwierig ist, die Vorstellungen in dieser Perspektive ausreichend in Zielformulierungen zu präzisieren – und dass es viel mehr Zeit als erwartet erfordert.

Bildung des Geschäftsmodells

Das so genannte Geschäftsmodell ist in diesem Zusammenhang als graphische Darstellung der wesentlichen zwischen den Zielen bestehenden Ursache-Wirkungszusammenhänge zu verstehen. Die Darstellung des Geschäftsmodells ist ebenfalls in der Struktur der Perspektiven aufgebaut. In dieser Phase der Einführungsprozesse wird erfahrungsgemäß die Logik der

Perspektiven am anschaulichsten: Der Aufbau der Ziele in Form einzelner Ursache-Wirkungsketten, die dann zum gesamten Netz zusammenwachsen, zeigt, welcher Hintergrund mit dem Balanced Scorecard-Ansatz verfolgt wird.

Bei der Darstellung hat sich entsprechend der inhaltlichen Logik ein Aufbau in vier übereinanderliegenden Schichten, der Perspektiven, als vorteilhaft erwiesen.

Im unteren Bereich der Innovations- und Lernperspektive werden vor allem die geschäftsspezifischen, wettbewerbsentscheidenden Leistungstreiber aufgeführt – sie besitzen einen sehr stark die Zukunft bestimmenden Charakter, d. h. sie sind zeitlich vorlaufend. Deren Potenziale sind in der Prozessperspektive in Ziele umzusetzen, was dann über erfolgreiches Agieren in der Kundenperspektive zu erreichten Finanzzielen führt – die dann meist vergangenheitsorientiert und damit nachlaufend sind. Das detaillierte Gesamtverständnis dieses zeitlich-logischen Aufbaus vereinfacht und erleichtert die Gespräche zur Erarbeitung der Ursachen-Wirkungskette ungemein. In diesem Rahmen ist wiederum eine Fokussierung auf die wesentlichen Zusammenhänge notwendig: Gerade in der Lernen- und Innovationsperspektive werden oft Ziele formuliert, die auf fast alle anderen der übergeordneten Perspektiven Einfluss haben. Im Hinblick auf eine gewisse Übersichtlichkeit sollten nicht alle diese Zusammenhänge graphisch berücksichtigt werden.

Eine weitere Herausforderung besteht in der Einbettung konträrer Zielbeziehungen in das Geschäftsmodell. Das ist jedoch kein Indiz für eine fehlerhafte Bearbeitung der vorgelagerten Phase der Strategieformulierung oder Zielfindung, sondern ein Zeichen für die entstehende, wertvolle Transparenz: Die Darstellung macht bestehende Konfrontationen zwischen Vorstellungen deutlich, die separat diskutiert Sinn machen und nach Umsetzung verlangen, aber im ganzheitlichen Kontext eine andere Wertung erfahren. Die komplette Ursachen-Wirkungskette zeigt in einfacher Weise diese komplexen Zusammenhänge – ein wichtiges Zwischenergebnis für den Einführungsprozess und in der Regel die Grundlage für die Kommunikation der Strategie an alle Mitarbeiter des Unternehmens. Die zusätzliche Beschreibung der wesentlichen Zusammenhänge im Geschäftsmodell in Worten stellt gleichzeitig eine dokumentierte Form des gemeinsamen Verständnisses des Führungsteams dar.

Aufbau der Messgrößen, Vereinbaren und Umsetzen der Maßnahmenpläne

In den anschließenden zwei Phasen steht vor allem der sorgfältige disziplinierte Einsatz der in den meisten Organisationen vorhandenen Instrumente des Projektmanagements im Vordergrund. Schwierigkeiten im ersten Schritt, beim Aufbau der Messgrößen, bestehen zweifellos bei den »weichen«, schwer quantifizierbaren Zielen der Prozess- und Lernen- bzw. Innovationsperspektive. Aber gerade dort sind durch den Zwang zur Konkretisierung Vorteile zu erwarten, auch wenn zumeist nur Indikatoren gefunden werden, die zwar Rückschlüsse auf Zielerreichungen zulassen, aber keinen vollständigen Abdeckungsgrad für das Ziel darstellen. Nach einer gewissen Übungsphase wird mit zunehmender Qualität der Messgrößen mehr und mehr über den wesentlichen Kern, nämlich den Grad der Zielerreichung, statt über die Messgrößen-Mechanismen diskutiert.

Da es sich bei der Einführung des Balanced Scorecard-Ansatzes um Managementprozesse real existierender Organisationen handelt, sind für die Vereinbarung und das Umsetzen der Maßnahmenpläne in Aktionsprogramme vor allem vorhandene Projekte auf ihre Eignung zur Zielerreichung zu prüfen. Einige Maßnahmen müssen sicher hinzugefügt werden – die anspruchsvollere Führungsaufgabe besteht aber darin, bestehende Projekte, die zurückgestuft werden oder die Eignungsprüfung nicht bestehen, zu beenden bzw. zu verschieben. Das beinhaltet den unangenehmen Nebeneffekt eines großen Demotivationspotenzials für die in das betreffende Projekt involvierten Personen, kann andererseits allerdings auch befreiend wirken. Keinesfalls dürfen diese Projekte jedoch aus Scheu vor der erforderlichen Entscheidung aufrechterhalten werden: Das gefährdet stark die Glaubwürdigkeit des neu aufgebauten Prozesses und bedeutet für die Betroffenen nichts anderes als eine Beschäftigungstherapie.

Mit der Veröffentlichung der Balanced Scorecard sowie der Überführung und Umsetzung der Maßnahmenpläne klingt die Einführungsphase aus und geht in einen laufenden Managementprozess über. In den regelmäßigen BSC-Sitzungen des Führungskreises wird immer wieder der Stand der Zielerreichung, der Umsetzung laufender sowie der Einleitung notwendiger zusätzlicher Maßnahmen diskutiert werden. Hier empfiehlt sich die Bildung von Schwerpunktthemen aus der BSC, die neben den periodischen Monitoring behandelt werden. Je nach Umfang und Komplexität ist andernfalls ein realistischer Zeitrahmen der BSC-Sitzungen bei entsprechend qualifizierter Diskussion der einzelnen Zielerreichungen und Maßnahmenumsetzungen schwer einhaltbar.

In den in größeren Zeitabständen stattfindenden Review-Terminen wird gezielt die Kompatibilität der Messgrößen und der Maßnahmen mit den Zielen geprüft. Diese Gespräche sollten inhaltlich strikt von den Diskussionen in regelmäßigen BSC-Sitzungen getrennt werden, besonders aber von den etwa jährlich geforderten Erörterungen über die passende Strategie und die Umsetzung im Rahmen der BSC. Außer an diesem Termin herrscht quasi ein Strategie-Diskussions-Tabu – was natürlich nicht bedeutet, dramatischen Änderungen des Umfelds nicht entsprechend Rechnung zu tragen.

Hierarchische BSC – Strukturen

Konzern – BSC – sinnvoll und hilfreich?

Aus der Schilderung des BSC-Prozesses als ganzheitlichen Weg, der durchgängig – von der langfristigen Orientierung und Identität des Unternehmens bis hin zur Tagesarbeit – Transparenz schafft, wird die Frage nach dem Ansatz für die erste Einführung weitgehend obsolet. Besonders eindrucksvolle Erfolge konnten durch den Einsatz der Balanced Scorecard dann erzielt werden, wenn die Ausrichtung der gesamten Organisationseinheit, die zwar in den modernen Konzernstrukturen nicht mehr nur als rechtliche Einheit zu finden ist, aber eine möglichst vollstufige Ausstattung mit Unternehmensfunktionen besitzt, als Ausgangspunkt erarbeitet bzw. überprüft werden kann.

Je nach Führungsmodell im Konzern werden vor allem Zentralfunktionen – wie Steuer-, Rechts- und Finanzabteilungen (u. U. auch die Personalabteilung) – nur begrenzt in den direkten Zuständigkeitsbereich von Konzerntöchtern gehören. Wie ist in diesen Fällen mit der Forderung der Balanced Scorecard nach strategisch relevanten Spielräumen umzugehen? Falls strategischer Einkauf, M&A-Abteilungen oder zentrale Unternehmensplanung beispielsweise nicht zur eigenen Einheit gehören, besteht immerhin die Möglichkeit, nach der Festlegung der strategischen Ausrichtung in einen dokumentierten Prozess der Zielvereinbarung mit dem internen Dienstleister/Lieferanten zu gehen. Auch solche shared services können – je nach Unternehmensmodell – überraschend gut im Sinne der eigenen Ziele ausgerichtet werden. Der Vorteil der in Form der BSC entwickelten und dokumentierten Strategie liegt in der überzeugenden Argumentation für die Anforderungen, die an die Zentraleinheit gestellt werden.

Aus der Forderung, eine möglichst vollstufige Einheit mit dem Balanced Scorecard-Ansatz zu betrauen, resultieren aufgrund der Methodik einige Schwierigkeiten, einen Konzern mit der BSC zu führen. Die strategischen Überlegungen, die in der Konzernleitung eher an der Tagesordnung sind als in den geführten Einheiten, können zwar – abhängig von der Größe der Strukturen und der bearbeiteten Märkte – in ihren Zusammenhängen dargestellt und auch transparenter gestaltet werden. Ob sich jedoch der zuvor geschilderte motivierende Teambildungseffekt einstellt – im Sinne der Ausrichtung der Führungsmannschaft und dem Verständnis, dass jeder seinen Beitrag leisten kann und muss – bleibt fraglich. Eine formalisierte Abbildung der aktuellen realen Ziele einer Konzernleitung zum Zweck der internen Kommunikation erscheint ebenfalls fragwürdig. Meiner Ansicht nach außer Frage ist hingegen der zusätzliche Nutzen einer Konzern-BSC als Instrument zur Veranschaulichung und zur Priorisierung.

Für die Ausrichtung eines einzelnen alleinstehenden Unternehmens liegt der Balanced Scorecard-Ansatz hingegen geradezu auf der Hand: Die Manager des Führungskreises der 1. und 2. Ebene verantworten die Schnittstelle von der strategischen Ausrichtung in die operative Umsetzung. Die Problematik der erforderlichen, aber nicht unmittelbar verfügbaren Expertise über Details stellt sich nicht in dem Maß wie in Konzernen.

Die Balanced Scorecard und ihr Einsatz in einer Abteilung

Nach erfolgreicher Installation des zentralen BSC-Prozesses ist die Versuchung sehr groß, mit untergeordneten Balanced Scorecards zu agieren. Die involvierten Manager werden vorschlagen, diesen Prozess auch im eigenen Verantwortungsbereich zu installieren. Grundsätzlich lässt sich zu der Sinnhaftigkeit eines solchen Anliegens keine generelle Aussage treffen, es empfiehlt sich, folgende Fragestellungen bei der Entscheidung zu berücksichtigen:

❑ **Besteht in der Einheit ausreichender strategischer Handlungsspielraum?**
Erscheint das zweifelhaft, ist festzulegen, ab welcher Phase der oben dargestellte Prozess aufgesetzt werden kann. Diskussionen über Dinge,

die zwar entscheidend erscheinen, aber nicht in den Kompetenzbereich der Teilnehmer gehören, wirken eher kontraproduktiv.

❏ **Welche Aufgabenstellung hat die Einheit innerhalb des Unternehmens?**
Eine funktionale Einheit hat in der Regel fest vorgegebene Randbedingungen und Aufgaben. Eine ganzheitliche Beurteilung – und dementsprechend auch die Beantwortung vieler wichtiger im Prozess entstehender Fragen – kann kaum ohne Beteiligung der internen Kunden und Lieferanten geleistet werden.

❏ **Liegt ein übergeordneter BSC-Prozess in ausreichend präziser und stabiler Form vor?**
Daraus kann einiges als »strategische Leitplanke« für die untergeordnete Einheit abgeleitet werden.

❏ **Kann ein methodisch präzise ausgearbeiteter Maßnahmenplan die Erwartungen vielleicht besser erfüllen?**
Möglicherweise ist dieser Vorgehensweise der Vorzug gegenüber einem langen, u. U. inhaltslosen Weg der strategischen Standortbestimmung und Wegbeschreibung zu geben.

Für die Unternehmen, die eine prozessorientierte Organisationsform implementiert haben, bietet sich die Chance, diese ebenfalls in einer untergeordneten Balanced Scorecard abzubilden. In diesem Fall werden einige der in einer funktionalen Organisation im Zusammenhang mit der BSC-Einführung auftretenden Schwierigkeiten nicht zu erwarten sein. Leider liegen relativ wenige Erfahrungen aus solchen Projekten vor. Matrixorganisationen mit vielfach sehr anspruchsvollen Entscheidungsregeln können nicht pauschal auf eine Eignung für die Balanced Scorecard beurteilt werden.

Fazit

Authentische Führer erzielen durch die BSC den größten Mehrwert

In mehreren Einführungen hat sich die Balanced Scorecard bereits in der Praxis bewährt. Sie ist sicherlich kein Allheilmittel, aber schafft eine einzigartige Chance, im Management bestehende Potenziale zu realisieren. In der Umsetzung bietet sie äußerst breit gefächerte Möglichkeiten zur Anpassung an die eigenen Anforderungen, die zu nutzen allerdings ein tiefgreifendes Verständnis von der Wirkungsweise dieses Instruments erfordert. Der gezielte Einsatz einer Beratung zum Aufbau des Methoden-Know-hows im eigenen Haus hat sich als sinnvolle Investition erwiesen. Die Weiterentwicklung der BSC muss jedoch laufend erfolgen – in unserem Haus beispielsweise vor dem Hintergrund eines durchzuführenden Mergers. Wenn man alle Chancen nutzen will, die sie bietet, wird man die Balanced Scorecard nicht als abgeschlossenes Projekt beiseite legen können. Ein offenes Geheimnis hat sich auch im Rahmen der Balanced Scorecard Erfahrungen gezeigt: Der faire Einsatz des Instrumentes und eine nüchterne Erwartungshaltung sind die besten Voraussetzungen, um mit der BSC die Führung zu stärken. Letztlich sind es die Führungskräfte, die – ob durch Personalmanagement oder BSC oder beides – vor allem durch ihre Persönlichkeit Begeisterung schaffen können.

Von Dr. Joachim Englisch,
Heidelberger Druckmaschinen AG

1. Einführung der Balanced Scorecard

1996 wurde die Balanced Scorecard (BSC) in der Heidelberg-Gruppe eingeführt. Die gesamten Führungsmannschaft verwendet weltweit die BSC bei ihren Planungs-, Steuerungs- und Reviewprozessen. Der Erfahrungsbericht zeigt, wie die BSC – systematisch angewendet – effizientes Führen und Managen des Unternehmens ermöglicht.

Mit einem Umsatz von mehr als 8 Milliarden Mark bei rund 25.000 Mitarbeitern in mehr als 170 Ländern der Welt ist die Heidelberg-Gruppe Weltmarktführer in ihrem Geschäftsfeld – dem Angebot kompletter Produktionssysteme von der Druckvorbereitung über den Druck selbst bis zum Versand und Service. Fast jede der weltweit rund 250.000 Druckereien setzt heute mindestens ein Produkt von Heidelberg ein.

Die Balanced Scorecard wurde in der Heidelberg-Gruppe im Rahmen eines Total Qualtiy Management (TQM)-Programms weltweit bei über 600 Führungskräften eingeführt. Dieser Prozess startete 1996 im Anschluss an eine Restrukturierung des gesamten Unternehmens. Die erste Gruppe bestand aus den Vorständen und Geschäftsführern der Geschäftsfelder, die im Team diesen Prozess begonnen haben. Neben der Entwicklung der strategischen BSC für die Heidelberg-Gruppe wurden im Rahmen des TQM-Programms auch Management-Trainings durchgeführt, in denen Management-Methoden und -Tools besprochen werden, die für die Zusammenarbeit in der internationalen Heidelberg Gruppe die Basis bilden. Interne und zeitweise externe Berater unterstützen diesen Prozess.

Die Einführung der BSC startete Top-Down: Vorstände und Leiter der Geschäftsfelder begannen den Prozess in ihren eigenen Verantwortungsbereichen und trainierten ihre Führungskräfte selbst. Jedes Mitglied des

Führungsteams hat sich verpflichtet, mindestens zwei Tage pro Jahr ein Training zu leiten. Interne ausgebildete Moderatoren begleiten und unterstützen auch diese ersten Workshops und Trainings mit Themen wie Diagnose der Stärken und Schwächen der Bereiche, Entwicklung der BSC für den Geschäftsbereich durch das Managementteam, Durchführung von Verbesserungsaktivitäten unter Verwendung von systematischen Methoden (systematischer Problemlösungsprozess, Prozessverbesserungen) sowie Erweiterung der sozialen Kompetenzen (Teamarbeit und Führungsqualitäten).

Neben der strategischen Ausrichtung der Heidelberg-Gruppe lag eine weitere Intention zur Einführung der BSC darin, die vielen Aktivitäten, die zur Ausrichtung eines Unternehmens in sich wandelnden Märkten notwendig sind, effizient und effektiv vorzunehmen. Vermieden werden sollte, dass

❑ die falschen Dinge falsch oder
❑ die falschen Dinge richtig oder
❑ die richtigen Dinge falsch gemacht werden.

Das Motto zur Einführung der BSC lautete: **Die richtigen Dinge richtig machen!**

Ein wesentlicher Erfolgsfaktor für das Gelingen der Einführung war der Grundsatz, dass eine 80-prozentige Umsetzung im ersten Schritt ausreichen. In weiteren, koordinierten Schritten wurden die Prozesse bis heute abgestimmt und optimiert. Das Führungsteam blieb konstant bei dem Ziel, die Heidelberg-Gruppe auf Basis der BSCs zu führen. Nach circa vier Jahren haben fast alle Führungskräfte auf allen Unternehmensebenen eine BSC zur Leitung ihrer Bereiche und Abteilungen. In den oberen Führungsebenen des Unternehmens wird die BSC heute mit variablen Gehaltsbestandteilen gekoppelt.

2.   Die BSC: Management-Tool in Management-Prozessen

Die Balanced Scorecard ist ein <u>Management-Tool</u> für die Planung, Steuerung und den Review in allen Unternehmensbereichen. Bei diesen Prozessen gibt es unterschiedliche Zeithorizonte für

❑ Visionen: ca. 10 Jahre
❑ Strategien: ca. 5 Jahre

❑ operative Planung: 1 Jahr
❑ Projekte und Aktivitäten: je nach Plan
❑ Reviews: monatlich, viertel- / halbjährlich, jährlich etc.

Die Planungs-, Steuerungs- und Reviewprozesse laufen dabei in aufeinander abgestimmten Prozessen im Unternehmen ab, deren Bindeglied die BSC bildet, die als Tool in jedem Prozess verwendet wird.

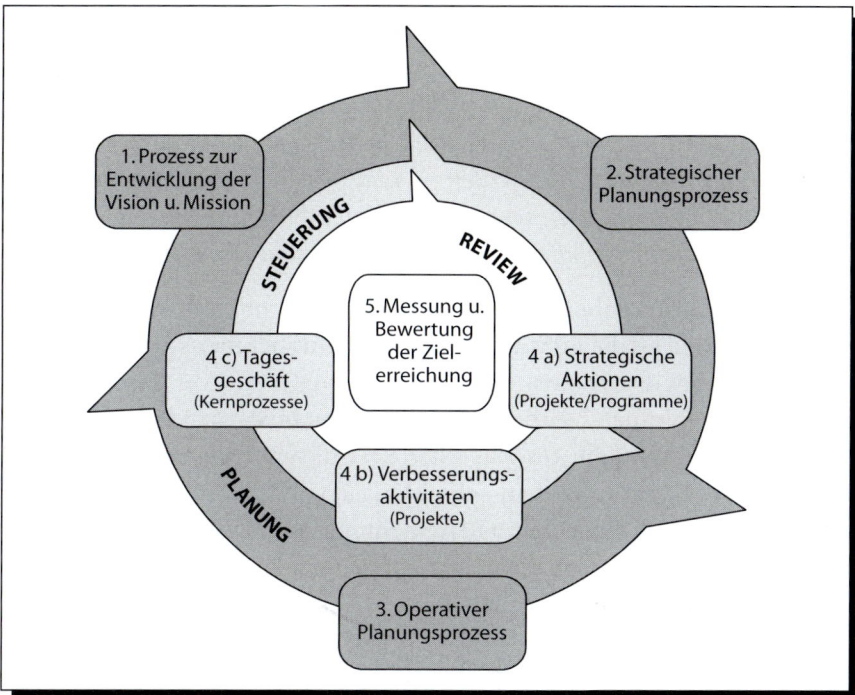

Abb. 1: Planungs-, Steuerungs- und Reviewprozesse

2.1. Prozess zur Entwicklung der Vision und Mission

Im ersten Schritt entwickelten die Vorstände die Vision für die gesamte Heidelberg-Gruppe:

Die Heidelberg-Vision ist es, zu jeder Zeit der Wunschpartner des Kunden sein zu wollen sowie der unangefochtene und erfolgreiche führende Lieferant von integrierten Lösungen für die weltweite Printing- und Publishing-Industrie. Wir wollen das Vertrauen der Kunden gewinnen, indem wir auf all unseren Geschäftsfeldern hervorragende Leistung erbringen. Wir werden schnell und

71

effizient auf die Anforderungen des Marktes reagieren und unseren Kunden Lösungen anbieten, die ihnen auf dem Markt Vorteile und Vorsprünge verschaffen. Wir werden Weltklasse-Produkte und Service liefern, um die Anforderungen der Kunden zu befriedigen – von der Datenaufbereitung der Druckvorstufe bis hin zum Druck, zur Weiterverarbeitung, Druckverbrauchsgüter und Service.

Unsere Lösungen basieren auf innovativer und zuverlässiger Ausrüstung und Software, die von hochqualifizierten und kompetenten Mitarbeitern mit dem größtmöglichen Wissen und Erfahrung geliefert werden. Wir werden für unsere Kunden neue Marktchancen ausfindig machen und entwickeln und ihnen damit auf dem Weg ins digitale Zeitalter Hilfestellung leisten, in Umsatz und Ergebnis zu wachsen. Unsere Mitarbeiter sollen stolz darauf sein, für Heidelberg zu arbeiten. Wir werden sie und unsere Teams darin bestärken, sich für unser Unternehmen verantwortlich zu fühlen und sich der Verpflichtungen in der Gemeinschaft, in der wir arbeiten und leben, bewusst zu sein.

Diese Vision wurde über einen separaten Prozess mit den Anteilseignern abgestimmt und an die Führungskräfte des Unternehmens kommuniziert. In einem Review-Prozess wurden Rückmeldungen und Verbesserungsvorschläge aufgenommen. Seitdem wird die Vision im Abstand von mehreren Jahren weiterentwickelt. Im Zuge der Restrukturierung der Heidelberg-Gruppe entwickelte außerdem jedes Management-Team für »seinen« Unternehmensbereich ein Mission Statement mit der Maßgabe, dass die Missionen der verschiedenen Bereiche voneinander deutlich unterscheidbar und abgrenzbar gehalten wurden.

2.2. Strategischer Planungsprozess

Im ersten und zweiten Jahr wurde der strategische Planungsprozess für jedes Geschäftsfeld durchgeführt. In den weiteren Jahren wurden die Strategien überarbeitet, Schwerpunkte herausgearbeitet und dann entschieden, welcher Bereich seine Strategie überprüfen und planen sollte.

Basis für die strategische Planung sind Analysen über

❏ Markt- und Kundenanforderungen
❏ Stärken
❏ Defizite (Gap Analysis)
❏ Trends (Economy, Markets, Technique, Environment) und
❏ Wettbewerb

Das Management Team bespricht die Ergebnisse der Analysen und leitet daraus notwendige Ziele und Aktivitäten ab: Die BSC und strategische Aktionspläne sind das Ergebnis dieses Prozesses, die Zielerfüllung und Meilensteine werden periodisch – zumindest jährlich – gemessen.

2.3. Operativer Planungsprozess

Im jährlichen operativen Planungsprozess in der Heidelberg-Gruppe werden – neben der BSC – detaillierte Planungen und Budgets für das folgende Geschäftsjahr aufgestellt. Außer strategischen Zielsetzungen und Aktionsplänen fließen auch Erkenntnisse aus jährlichen Analysen – z. B. Messung der Kundenzufriedenheit und -loyalität sowie der Mitarbeitermotivation – in diesen Prozess ein. In der operativen BSC werden die jährlichen Zielsetzungen festgeschrieben.

2.4. Tagesgeschäft und Projekte

Während des Geschäftsjahres finden im Unternehmen die geplanten Aktivitäten wie Entwicklungsprojekte und Verbesserungsaktionen statt. Das Management hat die Aufgabe, diese Aktivitäten neben dem Tagesgeschäft zielführend zu steuern.

– **Strategische Aktionen**
werden im strategischen Planungsprozess definiert und in der operativen Planung mit Meilensteinen innerhalb des Geschäftsjahres festgeschrieben – das sind z. B. Entwicklungsprojekte, die über mehrere Jahre durchgeführt werden.

– **Verbesserungsaktivitäten**
resultieren aus Erkenntnissen der jährlich stattfindenden Analysen oder aus allgemeinen Defiziten, die vom Management erkannt wurden.

– **Tagesgeschäft (Kernprozesse)**
stellt häufig die Hauptaktivität des Managements dar. Liegt hierauf die höchste und ausschließliche Priorität, bleibt oft nicht mehr genügend Kapazität für das Management der strategischen Aktionen und für notwendige Verbesserungsaktivitäten.

2.5. Messung und Bewertung der Zielerreichung

In definierten Abschnitten der Planungs- und Steuerungsprozesse wird in Reviews die Zielerreichung der BSC innerhalb des Unternehmens gemessen und bewertet. Zusätzlich werden Verbesserungsmöglichkeiten bei den Managementprozessen besprochen. Bindeglied für den aufeinander abgestimmten Ablauf der Planungs-, Steuerungs- und Reviewprozesse im Unternehmen ist die BSC, die als Tool in jedem Prozess verwendet wird.

3. Die BSC als Tool-Box

Innerhalb der Management-Prozesse wird die BSC als Toolbox mit den Elementen

❏ BSC als Zielrahmen
❏ Aktivitätenpläne
❏ Review-Sheets

verwendet.

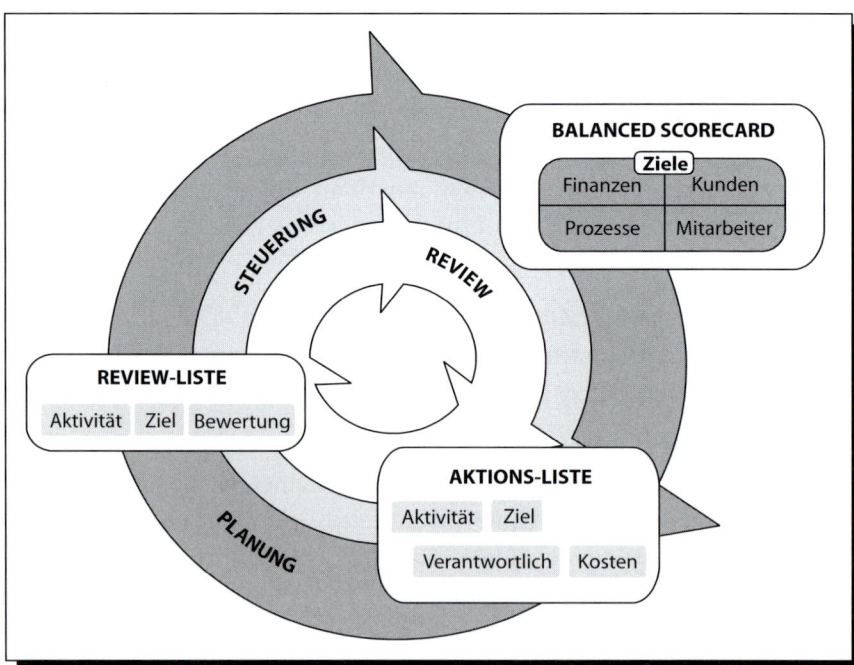

Abb. 2: Tools bei Planungs-, Steuerungs- und Reviewprozessen

Auf der Balanced Scorecard werden diejenigen Ziele abgebildet, von denen der Erfolg der Strategie und der Aktivitäten des Unternehmens abhängt. Die BSC wird für jeden Unternehmens- oder Funktionsbereich bis auf die Abteilungsebene beschrieben. Für eine ausgewogene Steuerung des Unternehmens werden auf der Balanced Scorecard die vier wichtigsten Zielperspektiven beschrieben, die so benannt wurden, dass alle Mitarbeiter sie verstehen. Pro Perspektive sollten nicht mehr als drei Ziele verwendet werden, da ansonsten die Managementkapazität zur Steuerung der Zielerfüllung nicht mehr ausreichend fokussiert werden kann.

Finanzielle Ziele	Kundenorientierte Ziele
Erhöhung des Return on Investments von 5 auf 10 % (vgl. Jahresplan)	**Erhöhung des Marktanteils** von 40 auf 50 %
Kostenreduzierung um 6 %	**Steigerung der Kundenzufriedenheit** von 45 auf 50 %
Prozessbeschreibung & Messbarkeit (vgl. ISO 9001 Zertifizierungsprozess)	**Personalentwicklung in neuen Produktbereichen** (vgl. strategischer Entwicklungsplan)
Verbesserung des Lieferservices von 58 auf 62 % (vgl. Befragung Kundenzufriedenheit)	**Steigerung der Mitarbeitermotivation / -zufriedenheit** von 68 auf 72 %
Prozessorientierte Ziele	**Mitarbeiterorientierte Ziele**

Abb. 3: Beispiel einer Balanced Scorecard

Bei der Definition der in der Balanced Scorecard berücksichtigten Ziele sollte das so genannte SMART-Prinzip beachtet werden. Das bedeutet konkret: Die Ziele müssen

S = spezifisch (nicht zu allgemein)
M = messbar (nicht vage)
A = akzeptiert (verstanden)
R = realistisch (erreichbar)
T = terminiert (kein open end) sein.

Die Ziele auf der Balanced Scorecard werden mit SMART-Zielen auf einem ergänzenden Blatt hinterlegt.

Finanzen	Messgrößen	IST	SOLL	Review	Endtermin
F1 Einhaltung Budget	MDM	442	442	monatlich	03/01
F2 Reduz. Lagerbestand	MDM	1,00	0,90	vierteljährlich	03/01
Kunden	**Messgrößen**	**IST**	**SOLL**	**Review**	**Endtermin**
C1 Erhöhung Kundenzufriedenheit	CSI (%)	76%	79%	vierteljährlich	09/00
C2					
Mitarbeiter / Lernen	**Messgrößen**	**IST**	**SOLL**	**Review**	**Endtermin**
E1 Erhöhung Mitarbeitermotivation	MZI (%)	68%	72%	vierteljährlich	09/00
E2					
Prozesse	**Messgrößen**	**IST**	**SOLL**	**Review**	**Endtermin**
P1 Einführung Call Center	Projektplan		< 2,3 MDM	vierteljährlich	12/00
P2 Verringerung Durchlaufzeiten	Stunden	48	24	monatlich	03/01

Abb. 4: SMART-Ziele (Beispiel)

3.1. Aktionspläne

Die strategische und operative Planung arbeitet mit der BSC auch die Aktionspläne zur Umsetzung der Ziele aus und definiert Meilensteine, Verantwortlichkeiten und die notwendigen Ressourcen.

No.	Aktivität	Ziel	Start	Ende	Meilensteine	ver-antw.	Kapaz.
F1	Red. Gemeinkosten	DM 250.000,-	04/99	03/00	10/99 DM 125.000,-	Clark	10 d
F1	Red. Überstunden	4%	07/99	03/00	monatl. Messung	John	
F2	Verkaufs-programm	–7,5% Bestand	03/99	12/99	06/99, 10/99	John	5 d
F2	Optimierung Dispo.	Einführung	01/99				

No.	Aktivität	Ziel	Start	Ende	Meilensteine	ver- antw.	Kapaz.
C1	Service- verfügbarkeit	90%	05/99	03/00	Projektplan 07/99	Teddy	10 d
C1	Verkäufer- trainings	100% Teiln.	07/99	11/99	09/99	Bob	40 d
C1	Release 2	Einführung	12/99	01/00	Testlauf 09/99	Nils	120 d

Abb. 5: Aktionsplan (Beispiel)

3.2 Review der Zielerreichung

Reviews steuern die Zielerreichung der BSC, optimieren die Planungs- und Steuerungsprozesse und bewerten die Zielerreichung. Bei den Reviews, die in der Heidelberg-Gruppe nach vorher definiertem Ablauf erfolgen, wird ein Schwerpunkt auf die Ziele und Aktivitäten gelegt, deren Erreichung gefährdet ist: Das Problem wird beschrieben, eine Ursachenanalyse durchgeführt und Lösungsvorschläge vorbereitet, die vom Management-Team beschlossen werden. Bei den Reviews sind neben den direkten Vorgesetzten oftmals auch Mitarbeiter aus anderen Funktionsbereichen anwesend, z. B. aus dem Controlling. In diesem Rahmen werden auch Themen des Tagesgeschäftes besprochen, zu denen eine Entscheidung des Managements notwendig ist, etwa bei Personalangelegenheiten oder Organisationsänderungen.

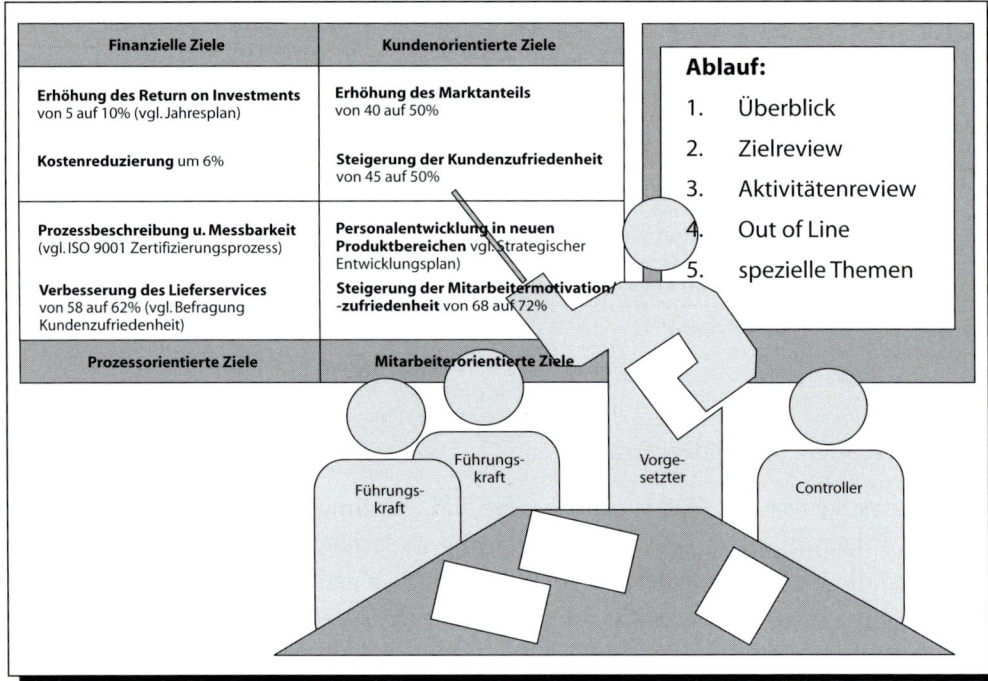

Abb. 6: BSC Review

4. Erfahrungen

Vier Jahre Erfahrungen mit der Balanced Scorecard in der Heidelberg-Gruppe lassen sich wie folgt zusammenfassen:

Bewährt hat sich ...

❏ Top-Down einführen
❏ Führungskräfte für die Einführung verantwortlich machen
❏ Planungs- und Steuerungsprozesse auf die BSC ausrichten
❏ Flexibilität in begrenztem Rahmen zulassen
❏ mit 60 bis 80 Prozent-Lösungen beginnen, später weiter verbessern
❏ Vergütungssysteme ankoppeln

Vermeiden sollte man ...

❑ Führen wie bisher
❑ mit Software-Lösungen beginnen
❑ Kennzahlen starr miteinander verketten

Die Rückmeldungen der Führungskräfte auf die Prozesse und Tools zur BSC sind sehr positiv. Hervorzuheben ist, dass systematischer geführt und eine Kommunikation der Ziele und Aktivitäten der Bereiche und Abteilungen erleichtert wird. Von den Führungskräften erfordert die Anwendung der BSC-Methoden und Tools zwar eine höhere Disziplin in der Planung und Steuerung ihrer Bereiche, aber die Führungsarbeit wird letztendlich erleichtert, u. a. durch die bessere Kommunikation.

Die Heidelberg-Gruppe verbessert die Anwendung der BSC im Unternehmen durch ständige Reviews weiter. Ein nächster großer Schritt wird die Verkettung der BSC mit den variablen Vergütungssystemen bei Führungskräften sein. Erfahrungen hierzu wurden in den letzten Jahren im Vertrieb der Heidelberg-Gruppe gewonnen.

III. Balanced Scorecard und Personalmanagement:

Die Erfahrungen in der Deutschen Bahn

von Jürgen Niemann,
Deutsche Bahn AG

1. Rolle der BSC bei der Bahn

Auch zukunftsgerichtete unternehmerische Führung kann auf vergangenheitsbezogene Daten nicht verzichten. Jedes unternehmerische Ziel ist immer auch eine Prognose über den zukünftigen Geschäftsverlauf, die Entwicklung der Märkte und der eigenen unternehmerischen Ressourcen. Diese Prognose fällt umso zuverlässiger aus, je eindeutiger der Unternehmer im Unternehmen vergangenheitsbezogene Daten interpretieren kann – wobei »Daten« in einem allgemeinen Sinn als jede relevante Information verstanden werden soll, ganz gleich, ob es sich um einen durchschnittlichen Personalkostensatz, den Rückfluss auf das eingesetzte Kapital oder das Mitarbeiter-Feedback zum eigenen Führungsverhalten handelt.

Das Problem der Unsicherheit bzw. des Risikos, das sich aus dem Zukunftsbezug der Führung einerseits und dem Vergangenheitsbezug der Unternehmensdaten andererseits ergibt, ist derzeit Gegenstand intensiver wissenschaftlicher Diskussion (zum risk management und zur corporate governance) und gesetzgeberischer Tätigkeit (KontrAG). Nach vorherrschender Meinung lässt sich das unternehmerische Risiko in dem Maß minimieren, in dem die Transparenz über das geführte Unternehmen gesteigert wird.

So notwendig diese Transparenz über das Unternehmen und seine Lage aus Sicht der Kapitalgeber und Mitarbeiter auch sein mag, dem Unternehmer bzw. Manager ist mit Transparenz *allein* noch nicht geholfen. Hohe Transparenz und sichere Zukunftsprognosen haben nicht zwangsläufig »gutes« Management zur Folge. Eine Führungshilfe sind nur solche Daten, die der Manager einerseits schnell versteht, die ihm andererseits seine aktuellen Eingriffs- und Veränderungsmöglichkeiten zeigen.

80

Die Balanced Scorecard möchte – bei der Bahn wie in jedem anderen Unternehmen – diesem Bedürfnis Rechnung tragen. Die BSC integriert daher Informationen aus dem Unternehmen (Prozess- und Mitarbeiterperspektive) und der Unternehmensumwelt (Kunden- und Marktperspektive) mit finanzwirtschaftlichen Kennzahlen, also dem Unternehmenserfolg in einer vergangenen Periode. Die entscheidende Information liegt in der Veränderung der erhobenen Kenngrößen zwischen zwei Zeitpunkten. Durch die Interpretation dieser Veränderung werden Ursache-Wirkungsbeziehungen zwischen den Perspektiven transparent. Diese Beziehungen und ihre Intensität zeigen dem Manager (und seinen Mitarbeitern), wo und in welcher Weise er (sie) steuernd, verändernd agieren kann (können).

Seit Ende 1999 sind BSCs in den Gesellschaften des DB Konzerns und deren regionalen Organisationseinheiten eingeführt worden; inzwischen wurden sie auch mit anderen Instrumenten weitgehend verzahnt, etwa dem Führungsgespräch mit Zielvereinbarung und dem Planungsprozess. Das bedeutet: Zielvereinbarungen müssen immer einen nachvollziehbaren Bezug zur BSC der jeweiligen unternehmerischen Einheit haben, die Kenngrößen auf den Feldern der BSC sind zugleich Planungsdaten.

Dem noch nicht vollständig abgeschlossenen Prozess der Einführung hat das Unternehmen dabei eine (mindestens) ebenso große Bedeutung zugemessen wie der späteren Anwendung der BSC selbst. Nur wenn im Zuge der Einführung der Austausch über die Erfolgsfaktoren einsetzt, wird die für den Erfolg der BSC im »Echtbetrieb« notwendige Lernerfahrung gemacht.

Auch wenn es im Jahr 2001 für eine abschließende Bilanz der Einführung noch zu früh ist, kann doch dreierlei festgehalten werden:

❑ Die BSC ist insgesamt auf Zustimmung gestoßen. Manager, mittlere Führungskräfte und Mitarbeiter haben darin überwiegend eine Chance zu zielorientierterem Arbeiten, mehr Transparenz über die Wirkungen und Erfolge der eigenen Arbeit und intensiverer Kommunikation gesehen.

❑ Ein mit dem Betriebspartner zu vereinbarender Rahmen für die Einführung, Ausgestaltung und Handhabung der BSC empfiehlt sich – schon um die Betriebsräte vor Ort einzubinden und typische Befürchtungen hinsichtlich Kontrolle von Leistung und Verhalten am Arbeitsplatz auszuschließen. Dass dabei die Kenngrößen der BSC nicht der

Mitbestimmung unterworfen werden können, liegt auf der Hand und wird allgemein akzeptiert.

❑ Die BSC braucht ständig neue Schübe, bis sie wirklich selbstverständlich geworden ist, wenn sie nicht als DV-Tool eingeführt ist und die Struktur für das Berichtswesen (oder mindestens einen Teil davon) vorgibt. Sie braucht ferner für den Manager nachvollziehbare Bezüge zu Renditekennzahlen, z. B. ROCE, nach denen zumindest eine höhere Managementebene ja ebenfalls steuern muss. Diese Voraussetzungen sind bei der Bahn noch nicht überall und noch nicht vollständig geschaffen.

2. Die BahnStrategieCard

Die Bahn-spezifischen Aspekte der BSC ergeben sich 1. aus der Situation des Unternehmens, 2. aus den Bahn-typischen Geschäftsprozessen und 3. den Verkehrsmärkten, in denen sich die Bahn bewegt.

❑ Die Situation des mit 15,6 Mrd. Euro Jahresumsatz und 245.000 Beschäftigten (1999) größten deutschen Dienstleistungskonzerns ist nach wie vor schwierig. Um dies an nur einer Kennzahl zu verdeutlichen: Spezifischer Personalaufwand und spezifische Wertschöpfung hielten sich 1999 etwa die Waage. Anders ausgedrückt: Der (statistisch) durchschnittliche Eisenbahner verdiente gerade den Betrag, der zu seiner Beschäftigung aufgewandt werden musste. Bis zur Erreichung der Kapitalmarktfähigkeit, die sich das Unternehmen etwa für das Jahr 2005 vorgenommen hat, ist eine Ergebnisverbesserung von 8,4 Mrd. DM notwendig, also noch ein steiniger Weg zurückzulegen. In einer solchen Situation hat der Zwang zur Rationalisierung der Geschäftsprozesse und haben damit die Informationen im Prozessfeld der BSC – DB-intern »Qualität der Leistungserstellung« – eine andere Bedeutung als in einem Unternehmen, das sich im eingeschwungenen Zustand befindet. Wobei sich allerdings die Frage stellt, ob es solche Unternehmen überhaupt noch gibt.

❑ Die bahntypischen Geschäftsprozesse ähneln z. T. zwar denen anderer Dienstleistungsunternehmen – z. B. in den call centern, die Reise- und Fahrplanauskünfte geben – sie sind aber auch durch das System Rad-Schiene bestimmt, z. B. bei der Zugbildung, der Fahrzeug-Instandhaltung oder der Fahrplanerstellung. Teilweise sind sie auch von Unternehmensbereich zu Unternehmensbereich sehr unterschiedlich, was eine konzernweit einheitliche BSC zumindest hinsichtlich des Prozessfeldes von vornherein ausschließt.

❏ Gleiches gilt für das Markt- und Kundenfeld, was angesichts der heterogenen Kundengruppen des Personen- und Güterverkehrs auf der Hand liegt. Hier sind offenbar auch die Ursache-Wirkungs-Beziehungen zwischen Prozessen einerseits und Kunden- bzw. Marktbedürfnissen andererseits nicht homogen: Während der Güterverkehrskunde möglicherweise lediglich auf Pünktlichkeit im Rahmen bestimmter Zeitfenster wert legt, möchte sich der Pendler auf einen dichten Takt verlassen können, bei dem die minutengenaue Pünktlichkeit nicht so entscheidend ist. Der Fernreisende kann nur dann einen (geringen) Spielraum in der Pünktlichkeit akzeptieren, wenn sein Anschluss sichergestellt ist. Die Kenngröße »Pünktlichkeit« auf dem Prozessfeld bedingt also die Kundenzufriedenheit in unterschiedlicher Intensität, je nach Unternehmensbereich.

Nicht nur aus Gründen der höheren Akzeptanz, sondern auch der Praktikabilität hat sich das Unternehmen daher für eine möglichst dezentrale Vorgehensweise bei der Einführung der BSC entschlossen. Eine typische BSC in einem Transportbereich sieht folgendermaßen aus:

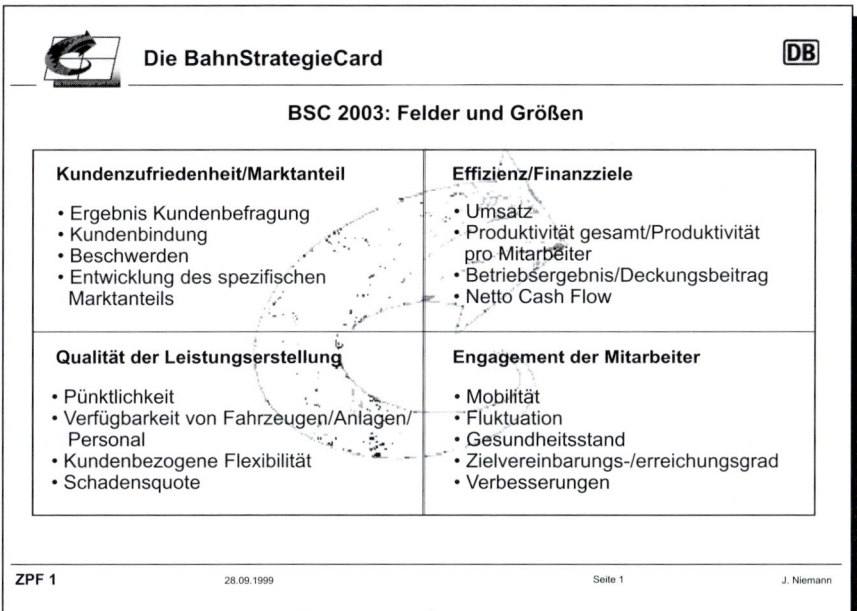

Abb1: BSC 2003, Felder und Größen

83

3.   BSC und Personalmanagement

Der erste wichtige Beitrag des Personalmanagements war die Beschreibung des Mitarbeiterfeldes, bei der DB mit »Engagement der Mitarbeiter« überschrieben. Bereits vorhandenes Wissen im Personalmanagement liegt bei der Ausgestaltung dieses Feldes zu Grunde und wird derzeit laufend überprüft, z. B. zum Zusammenhang zwischen Gesundheitsstand (oder anderen Absenzzeiten), Verfügbarkeit des Personals, Qualität der Geschäftsprozesse und Produktivität.

Derzeit sind folgende Kenngrößen für das Feld »Engagement der Mitarbeiter« die Regel:

Die BahnStrategieCard   DB

Kriterien im Feld „Engagement der Mitarbeiter"

- ■ Mobilität (gewollte Personalbewegung)

- ■ Fluktuation (ungewollte Personalbewegung)

- ■ Gesundheitsstand

- ■ Zielvereinbarungs-/erreichungsgrad

- ■ Verbesserungen (Zahl, Qualität der Verbesserungsvorschläge)

ZPF 1   04.08.1999   Seite 1   J. Niemann

Abb 2: Kriterien im Feld »Engagement der Mitarbeiter«

Hier fehlen offenkundig zwei wichtige Aspekte: Die (subjektive) Mitarbeiterzufriedenheit und die (häufig bildungsbiographisch gemessene) Entwicklung der Mitarbeiter.

3.1. Mitarbeiterzufriedenheit

Die Frage der Bildung und regelmäßigen Erhebung eines Mitarbeiter-zufriedenheitsindex (MZI) wurde intensiv und kontrovers diskutiert. Ohne die Argumente hier im Einzelnen darzustellen kann gesagt werden, dass diese Größe in einem Unternehmen wie der Bahn nur sehr aufwendig zu ermitteln ist – zumindest dann, wenn man aussagekräftige, vergleichbare und damit sinnvoll interpretierbare Daten wünscht. Da die aktuellen Ergebnisse einer Mitarbeiterbefragung aus dem Jahre 1998 stammten, hätte man entweder 1999 sehr kurzfristig eine Befragung folgen lassen oder eine Art Mikrozensus in der Bahn bilden müssen (möglichst noch differenziert für die einzelnen Unternehmensbereiche).

Gelöst wurde das Problem, indem man sich auf eine Vollbefragung im Jahr 2001 festgelegt hat, die so angelegt sein wird, dass sich ein sinnvoller MZI aus ihren Ergebnissen bilden lässt. Spätestens bei deren Vorliegen ist dann zu diskutieren, in welchen Abständen und welchem Umfang Mitarbeiter-befragungen im Unternehmen durchgeführt werden sollen.

Die MAB 2001 wäre bereits die dritte Befragung seit Beginn der Bahnreform, so dass man durchaus von einer Kontinuität dieses personalpolitischen Instrumentes sprechen kann. Aber: Welchen Sinn macht ein alle zwei bis drei Jahre erhobener MIZ, der zu anderen monats- oder sogar tagesaktuellen Daten auf der BSC in Beziehung gesetzt wird?

2001 wird also die Möglichkeit der Bildung einer kleinen, geschichteten, aber ansonsten zufallsgesteuerten Auswahl von Mitarbeitern zu prüfen sein, die regelmäßig zu bestimmten Themen im Unternehmen befragt wird – und in diesem Zusammenhang auch zur subjektiven Zufriedenheit. Die BSC selbst wiederum kann dann einen Beitrag zur Klärung der Frage leisten, in welcher Intensität und unter welchen Umständen subjektiv zufriedene Mitarbeiter produktiver, zielorientierter und damit erfolgreicher arbeiten.

3.2. Feedback für Führungskräfte als Information über Mitarbeiterzufriedenheit

Unabhängig von der Einführung und Nutzung der BSC, aber ganz im Sinne ihrer Funktion als »Feedbackgeber« wurde in der DB AG das Instrument Feedback für Führungskräfte (oder: 3F) eingeführt: Hier geht es um die standardisierte, schriftliche Rückmeldung eines Teams von mindestens sieben Personen an seine Führungskraft in den Kategorien »unternehmerisches Handeln«, »Delegieren und Entscheiden«, »Information«, »Kommunikation«, »Motivation« und »Mitarbeiterförderung«. In einem anschließenden Rückmeldeworkshop unter externer Moderation diskutieren Führungskraft und Mitarbeiter intensiv die Ergebnisse und vereinbaren konkrete Folgeprozesse, in denen Stärken ausgebaut und Schwächen in der Führung abgebaut werden sollen.

Immerhin 54 Prozent der 1998 befragten Mitarbeiter hatten sich für eine derartige Aufwärtsbeurteilung mit dem Ziel einer intensiveren Kommunikation und einer verbesserten Zusammenarbeit im eigenen Arbeitsbereich ausgesprochen. Das Instrument wurde Anfang 1998 im Zentralbereich Personalführung mit Unterstützung eines Beratungsunternehmens entwickelt und wird inzwischen allen DB-Führungskräften angeboten – nach erfolgreicher Pilotierung beim Personalvorstand und nach Praxistests, z. B. in einigen Nahverkehrsgesellschaften, bei der DB-Arbeit GmbH und im Konzerneinkauf.

Die Abbildung der Ergebnisse eines Führungskräftefeedbacks auf der BSC des Bereiches ist weder sinnvoll noch beabsichtigt. Umgekehrt macht es Sinn: Die BSC kann Führungsdefizite andeuten (sicher nicht »aufdecken«), die dann in einem 3F-Projekt genauer analysiert werden und zu Folgemaßnahmen führen.

3.3. Entwicklungsperspektive

Die noch fehlende Entwicklungsperspektive warf zunächst nur die Frage nach der geeigneten Kennzahl auf. Die Anzahl von Trainingstagen, die Höhe des Bildungsbudgets oder die Verteilung von formalen Bildungsabschlüssen in einer Unternehmenseinheit erschien zu wenig aussagekräftig, ebenso die Anzahl der Entwicklungen auf höher bewertete und damit (vermeintlich) anspruchsvollere Arbeitsplätze.

Die BSC-Verantwortlichen erhoffen sich in diesem Zusammenhang von einem Projekt »Bildungscontrolling« im DB Konzern wesentlich aussagekräftigere Kennzahlen, z. B. zur bedarfsgerechten Inanspruchnahme von Bildungsleistungen, zum Wertschöpfungsbeitrag durch eine Bildungsleistung und gegebenenfalls zur Bildung eines »Mitarbeiterentwicklungsindex'«, in den verschiedene Kenngrößen eingehen könnten. Dahinter verbirgt sich letztendlich das hochkomplexe Problem des erfolgsorientierten skill- und Wissensmanagements in einem sich vom industriell geprägten Transporteur zum modernen Dienstleister wandelnden Konzern.

4. BSC als personalpolitisches Thema

Die BSC ist in dreierlei Hinsicht ein personalpolitisch interessantes Thema:

❑ Sie verbessert Führung: Die BSC erleichtert dem Manager das Management, wenngleich ihre Einführung selbst noch keine Managementhandlung darstellt. In seiner Rolle als Managementberater tut der Personalbereich also gut daran, sich rechtzeitig des Themas BSC unter dem Aspekt »Führung« anzunehmen.

❑ Die BSC verbessert, richtig eingesetzt, die Einbindung der Mitarbeiter in die Unternehmensführung. Nur solche Daten, die sich im Betrieb kommunizieren, also »gemeinsam machen« lassen, werden sich langfristig als Gewinn für das Management darstellen. Zugleich sind es gerade die Daten auf der Mitarbeiterperspektive wie der Gesundheits-, der Wissens- und Entwicklungsstand oder die Zufriedenheit und das Engagement der Mitarbeiter, die für das Management bisher unentdeckte und besonders wirksame Steuerungs- und Veränderungsperspektiven eröffnen.

❑ Auch das Personalmanagement selbst muss in seiner Rolle als Dienstleister auskunftsfähig über die eigene Performance sein: Es muss seinen Verantwortlichen die Möglichkeit zu besserer Führung, zielgerichteter Steuerung und Veränderung eröffnen. Eine Analyse der Geschäftsprozesse des HR-Managements, die Stärken, Schwächen, Veränderungen, Wirkungen, aber auch Kosten transparent macht, steht derzeit in zahlreichen Unternehmen an – nicht nur dort, wo die Personalfunktion unter hohem Druck steht, seinen Wertschöpfungsbeitrag zu verdeutlichen. Die BSC für das Personalmanagement kann ein hervorragendes Instrument zur Darstellung der Ergebnisse dieser Analyse und zu ihrer regelmäßigen Wiederholung sein.

Dieser dritte Punkt ist insofern ein besonderer, als hier die Personalabteilung stärker eine Binnenbetrachtung anstellt – selbst wenn die auf einer Personal Score Card (PSC) gewählten Kenngrößen zu denen auf »richtigen« BSCs anschlussfähig sind und die PSC nicht nur das HR-Management selbst, sondern auch seine Kunden als Adressaten hat.

Für die Bahn und ihr Personalmanagement standen zunächst die Punkte 1 und 2 im Fokus, nicht zuletzt deshalb, weil man sich von der BSC einen Beitrag im Sanierungsprozess des Unternehmens erwartete und erwartet. Ganz entscheidend ist hierbei die Kommunikationsfunktion des Instrumentes: Die BSC muss bei der Beantwortung der Fragen helfen, welche Stellhebel in welcher Intensität zu bewegen sind, um die mit den Sozialpartnern für die Sanierung vereinbarten Ergebnisziele (8,4 Mrd. DM Ergebnisverbesserung) zu erreichen, und wie die vier Perspektiven zur Erreichung dieser Ziele in ein Gleichgewicht (Balance) gebracht werden können.

Mit einem Wort: Die BSC ist ein – das – Kommunikationsinstrument in ganz unterschiedliche Richtungen: Vom Management in die Belegschaft, aus der Belegschaft ins Management (die BSC ist auf dem Mitarbeiterfeld immer auch eine »kleine Mitarbeiterbefragung«), zwischen unterschiedlichen Ebenen des Managements, aber auch zwischen den Mitarbeitern, die sich zur zielgerichteten Lösung eines Problems mit der BSC austauschen können. Mehr und bessere interne Kommunikation sollte schließlich immer ein herausragendes Anliegen des Personalmanagements sein.

5.   Leistungsmessung im Personalmanagement

Wie bereits erwähnt, eröffnet die BSC dem Personalmanagement selbst Möglichkeiten zur Transparenz und Performance-Messung. Im Zuge der Neuausrichtung des HR-Bereiches bearbeitet das konzernweite Projekt »Reengineering Personalmanagement« (RPM) sämtliche Prozesse, Strukturen und skills der Mitarbeiter der Personalabteilung. Ziele des Projektes sind – neben einer Stärkung der Personal- und Führungsverantwortung der Linienmanager – eine nachhaltige Beschleunigung und Qualitätsverbesserung der Personalbetreuung sowie eine angemessene Dimensionierung der Personalfunktion im DB Konzern.

Dabei wird die tayloristische Trennung in Einzelfunktionalitäten überwunden und eine ganzheitliche Betreuung im Rahmen eines Systems von kompetenten, autonomen und dienstleistungsorientierten Referenten angestrebt, die in einem Team von Kollegen die Kernprozesse der Personalarbeit managen. Wenn dieses Betreuungsteam wie ein kleines Beratungsunternehmen arbeiten soll, kann es sich – wie jedes andere Unternehmen – die Vier-Perspektiven-Betrachtung der BSC zunutze machen. Insofern wurden im Projekt bereits Überlegungen für BSCs / PSCs angestellt, die einerseits die Projektziele unterstützen, andererseits später im »Regelbetrieb« der Betreuungsteams ihren festen Platz haben.

Eine typische BSC im Personalmanagement könnte folgendermaßen aussehen:

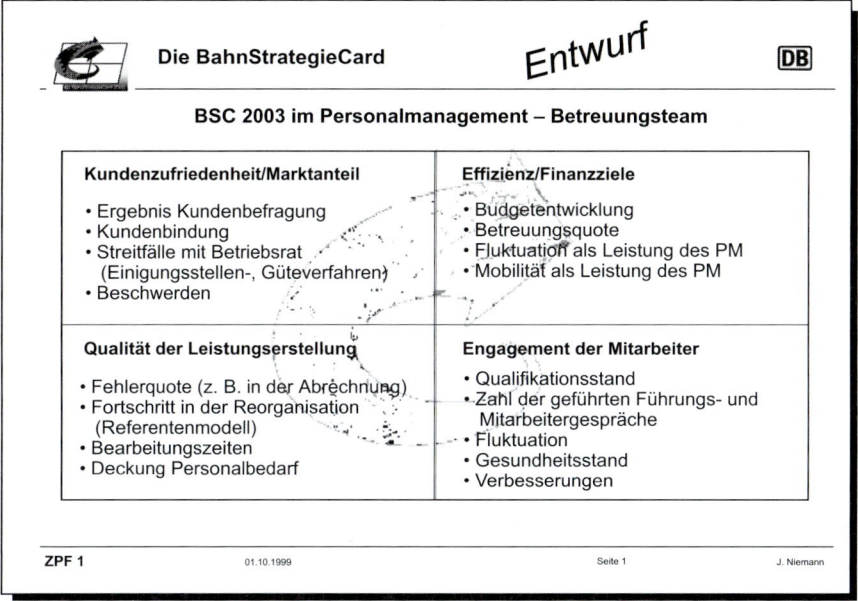

Abb 3: BSC 2003 im Personalmanagement – Betreuungsteam

Die Kosten für Personalprozesse (Administration, Entwicklung, Personalplanung usw.) würden sich durch eine PSC ebenso präzise bestimmen lassen wie Leistung und Erfolg des Betreuungsteams. Drei Dinge sind im Zusammenhang mit der PSC jedoch kritisch anzumerken:

❑ Ein Unternehmen, das die BSC einführt, sollte zunächst darauf achten, dass erst die Scorecards für das eigentliche Geschäft funktionieren, und sich dann an die Einführung funktions- oder gar projektbezogener Scorecards machen. Zu viel (gut gemeinter) Aktivismus mit vielen Scorecards führt eher zu Verwirrung, die durch die BSC ja gerade reduziert werden soll.

❑ Die Effizienz- / Finanzziele sollten die Leistungen beschreiben, die das Unternehmen tatsächlich vom Personalmanagement erwartet. Der HR-Bereich muss vor der Festlegung der Kenngrößen auf diesem Feld also intensive Diskussionen mit dem Linienmanagement führen, dem man ja ein auf der PSC festgehaltenes Leistungsversprechen geben möchte.

❑ Die PSC setzt einen gewissen Reifegrad der Personalorganisation voraus. Nur dort, wo das Personalmanagement ganzheitlich, als interner Dienstleister mit bewertbaren Leistungen konstituiert ist, macht eine PSC wirklich Sinn. Dann allerdings kann die Personalabteilung mit ihrer PSC dem Rechtfertigungsdruck entgegenwirken, dem sie gerade in Sanierungssituationen häufig beim Linienmanagement ausgesetzt ist.

Schließlich wird man mit der PSC nicht alles abgreifen können, was die Leistung des Personalmanagements tatsächlich ausmacht. Immer da, wo das HR-Management als Teil der Unternehmensführung agiert – z. B. bei Tarifverhandlungen oder als Kompetenzzentrum, bei einer komplizierten arbeits- oder sozialrechtlichen Beratung etc. – ist sein Erfolg nicht einfach auf der PSC abbildbar. Die Wirkungen, die der Personalbereich dann entfaltet, zeigen sich eher auf der BSC des Geschäftes.

Die Rolle der Personalfunktion muss also die des treibenden Begleiters bei der Einführung sein – das ist auch die wichtigste Erfahrung bei der Deutschen Bahn. Das Personalmanagement sollte sozusagen als wichtigster Kommunikator deutlich machen, was die BSC wirklich ist: Ein Instrument zur Vereinfachung und Begründung von Entscheidungen, zur Einbindung möglichst vieler in diese Entscheidungen, zur Verbesserung der Feedbackkultur im Unternehmen und zur Herstellung einer Balance zwischen unterschiedlichen Perspektiven und Interessen mit Blick auf ein gemeinsames Ziel.

IV. Balanced Scorecard als strategisches Führungs-instrument: Das Beispiel evidanza GmbH

von Fred Strauß,
evidanza GmbH

Für ein Schiff, das seinen Hafen nicht kennt, ist kein Wind ein günstiger

Diese philosophische Weisheit ist für die meisten nationalen und internationalen Unternehmen immer noch eine der größten Herausforderungen. Das Top-Management beschäftigt sich in vielen Organisationen mit der Frage eigener Leistungsdefizite im Bereich der Strategieformulierung und -umsetzung. In nicht wenigen Fällen fehlt es an einer klaren Unternehmensvision oder einer erfolgreichen und konsequenten Implementierung von Erfolgskonzepten: Gefährlich gerade im Zeitalter des Shareholder-Value-Ansatzes, da nicht nur kurzfristige Entwicklungen vom Markt bewertet werden, sondern vor allem auch die mittelfristige Unternehmenswertsteigerung eine große Rolle spielt.

Aus diesem Grund hat ein Medizinproduktehersteller 1998 die Einführung der Balanced Scorecard beschlossen. Das Unternehmen ist ein international tätiger US-Konzern im Bereich von medizinisch-technischen und diagnostischen Produkten. 22.000 Mitarbeiter/innen erwirtschafteten im Fiskaljahr 2000 ca. 8 Mrd. Mark. Die deutsche Niederlassung nutzt alle vorhandenen Ressourcen der Mutterfirma, um durch die notwendigen Aktivitäten die Attraktivität auf dem deutschen Markt erfolgsorientiert zu gestalten.

Die Grundidee: Finanzielle Vorgaben mit den Kundenzielen, den internen Prozessen und der Mitarbeiterentwicklung strategisch zu verbinden. Unter den maßgeblichen Leistungstreibern sollte eine stärkere Ausgewogenheit erreicht und forciert, der gesamte Zielformulierungsprozess deutlich verbessert werden, vor allem in den Bereichen

❑ Verstehen von Vision und Strategie in Verbindung mit einer erfolgreichen Umsetzung

❏ interaktiver Austausch von Zielen und Festlegen von Meilensteinen
❏ interdisziplinäre Zusammenarbeit und Formulierung von ganzheitlichen Maßnahmen
❏ Entwicklung eines gut handhabbaren Feedback-Systems
❏ breite Integration aller Mitarbeiter

Es folgt die Beschreibung der wichtigsten Meilensteine der Implementierung der BSC mit dem Ziel, an Hand der aufgetretenen Ereignisse, Engpässe, Hindernisse und Ablehnungen deutlich zu machen und Ansätze zu deren Überwindung aufzuzeigen.

1. Die richtige Vorbereitung bestimmt den Erfolg der Implementierung einer BSC

Absolute Voraussetzung für die erfolgreiche Implementierung einer Balanced Scorecard ist eine Unternehmensvision, die zwangsläufig hilft, eine eigene Unternehmenskultur zu entwickeln und das »Wir-Gefühl« in den Teams deutlich zu steigern – wenn die BSC professionell umgesetzt wird. Bei der Erarbeitung der nationalen Vision wurde die weltweite Zielsetzung berücksichtigt und in den Vorbereitungs-Workshops vier wesentliche Voraussetzungen abgeleitet:

❏ Corporate Identity
❏ konkrete bildhafte Vorstellung bei allen Mitarbeitern
❏ Motivation der Mitarbeiter
❏ Unternehmensleitbilder

Abb. 1: Voraussetzungen zur Implementierung einer BSC

In diesem Unternehmen herrschte zu diesem Zeitpunkt bei den Mitarbeitern eine unvollständige, eher diffuse Vorstellung der Vision, die notwendige Identifikation mit den Firmenzielen fehlte, wie in der Studie von Survey conducted by CFO Magazine and Renaissance Consulting beschrieben.

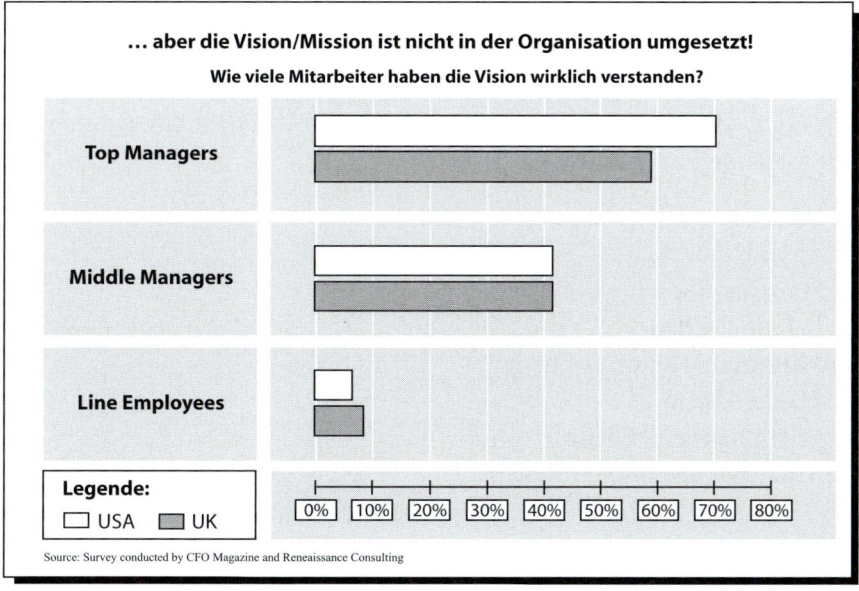

Abb. 2: Vision verstanden, Mission umgesetzt?

Diese mangelhafte bildliche Vorstellung von den wichtigsten Maßnahmen, die umgesetzt und erreicht werden sollten, war in der Vergangenheit einer der wesentlichsten Engpässe und hatte einen nicht zu unterschätzenden Einfluss auf die gesamte Firmenkultur und Außenwirkung. Deshalb erfolgt die Darstellung der Unternehmens-Pläne heute nicht mehr nur technisch-intellektuell. In vielen kleinen Workshops erarbeiten die Mitarbeiter ein besseres Verständnis und können zusätzlich ihre Ziele mit einbringen – was die Kraft der Motivation auf natürliche Art und Weise für die persönliche und allgemeine Zielerreichung steigert.

Diese Arbeit im Vorfeld ist sehr aufwendig, aber zahlt sich in allen Fällen aus. Als Grundlage für diesen wichtigen Schritt der interaktiven Zusammmenarbeit dient die Firmen-BSC, die von der Geschäftsleitung erstellt wurde. Um Missverständnisse auszuschließen: Die Unternehmens-BSC wird nicht in einem breiten Abstimmungsprozess mit den Mitarbeitern erarbeitet, sondern ist alleinige Verantwortung der Führungsmannschaft, die sich an den allgemeinen Rahmenbedingungen orientiert. Das bedeutet keinen Widerspruch zu einer möglichst hohen Integration aller Beteiligten. Die stark interaktive Zusammenarbeit beginnt durch die gezielte Ausarbeitung des Weges zur Implementierung.

Bereits vor der konkreten Einführung und Umsetzung der BSC lieferte eine Mitarbeiterbefragung ein aktuelles Bild in Bezug auf den zu erwartenden größten Engpass für das Projekt. Eine Fragebogenaktion gab Aufschluss über den Stand der Zufriedenheit und der unterschiedlichen Sichtweisen bezüglich des Arbeitsumfeldes. Die Auswertung der 17 Einzelfragen ergab eine Problem-Hierarchie, dargestellt in Form einer Pyramide mit folgenden Ebenen:

1. Vision
2. Ziel-Ebene
3. Strategie-Ebene
4. Potential-Ebene
5. Minimum-Faktoren-Ebene
6. Macht-Ebene
7. Wirtschaftliche Ebene
8. Arbeitsmethodische Probleme

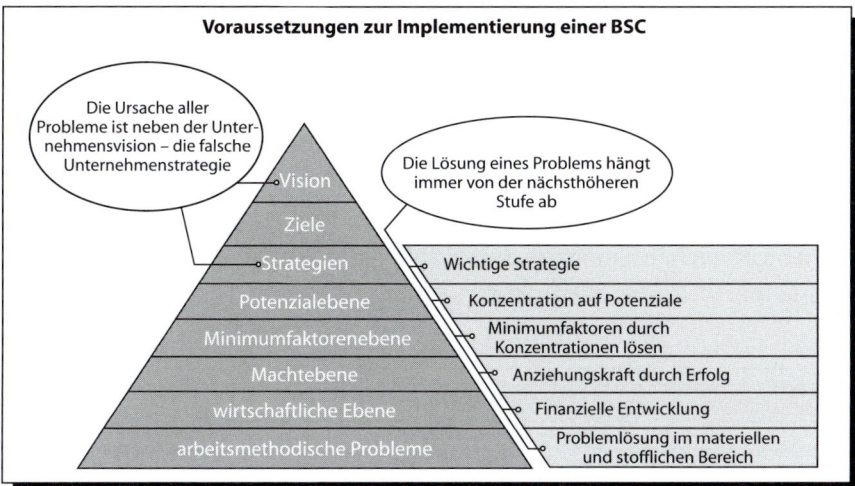

Abb. 3: Problem-Pyramide

Aufgetretene oder antizipierte Engpässe lassen sich in den meisten Fällen nur auf der nächsthöheren Hierarchie-Ebene erfolgreich ganzheitlich lösen: Diese leidvolle Erfahrung resultiert u. a. aus dem ersten – gescheiterten – Versuch, die einzelnen Jahresziele während einer Präsentation rein sachlich darzustellen. Beim anschließenden Feedback-Workshop konnte kaum ein Mitarbeiter die Ziele inhaltlich richtig zuordnen, geschweige denn sich damit identifizieren.

Nach einem erneuten Versuch, die strategische Ausrichtung und Vorgehensweise deutlich zu machen, wurde auf breiter Ebene eine neue Diskussion über die Unternehmensvision begonnen. Nachdem die Führungsmannschaft sich allen offenen Fragen stellte, geht die Belegschaft heute wesentlich erfolgreicher damit um: Die Mitarbeiter planen ihre Arbeitsschwerpunkte entsprechend der Unternehmenszielsetzung effizienter und passen sie der Strategie an.

Bereits vor der praktischen Einführung lassen sich also gravierende Widerstände reduzieren, indem mögliche Engpässe erkannt werden und grundsätzlich das Verständnis für die Firmenvision überprüft wird. Daraus ergibt sich die erste Vorgehensweise:

❑ visualisierte Zielformulierung sicherstellen
❑ Teilbereiche der Strategie festlegen
❑ Know-how der Mitarbeiter überprüfen
❑ Know-how und Bereitschaft des Managements feststellen

2. Nicht nur die Tatsache, dass Sie die BSC einführen wollen, ist wichtig – ebenso das Wie

Vor der Einführung der BSC empfiehlt sich ein Strategie-Meeting mit einer breiten, heterogenen Auswahl aus der Gesamtbelegschaft: Die Teilnehmer/innen erarbeiten die theoretischen Grundlagen für eine praktische Umsetzung der Ziele und Strategien und erstellen einen Jahreszielplan, der den Bereichen Finanzen, Geschäftsprozesse, Mitarbeiterentwicklung, Kundenperspektiven entspricht.

Abb. 4: Schema für Jahreszielplan

Um die Firmenziele gegen alle auftretenden Widerstände erfolgreich umsetzen zu könne, werden in diesem Meeting dafür notwendige Projekte bearbeitet, die jeweils ein zuverlässiger Projektleiter begleitet. Im vorliegenden Fall sollten die wichtigsten Ergebnisse innerhalb von acht Wochen vorliegen. Auf dieser Grundlage konnten dann die einzelnen Abteilungs- und Ressort-BSCs in Anlehnung an die vereinbarten Ziele erstellt, mit allen Beteiligten diskutiert und abgestimmt werden. Die Kennzahlen der BSC müssen vom Management der Organisationseinheit beeinfluss- und realisierbar sein.

Bei der finanziellen Perspektive werden die im Unternehmen gültigen Kennzahlen zur Beurteilung der Geschäftsentwicklung festgeschrieben. Für die Kundenperspektive können die Anzahl von Neukunden, Zufriedenheitskriterien oder Messgrößen wie Kundenbindungskonzepte abgebildet werden. Im Wesentlichen sollen pro Perspektive nicht mehr als drei bis fünf Ziele formuliert werden, die wiederum daraufhin zu prüfen sind, ob sie sich gut abbildbar, nachvollziehbar und messbar darstellen lassen.

In diesem Zusammenhang ist ein wesentlicher Punkt die Zusammenarbeit und Hilfestellung des Vorgesetzen, den Gesprächspartnern als Coach zur Verfügung zu stehen und adäquates Feedback zu geben. Das kann nur funktionieren, wenn jede Führungskraft bei seinen Teammitgliedern den Status Wollen und Können gut einschätzen kann, um auf dieser Basis die Qualifikation des Einzelnen weiter zu unterstützen. Diese Form der Kooperation – nicht nur als hierarchisch Vorgesetzter zu arbeiten, sondern schwerpunktmäßig den Gesprächspartnern behilflich zu sein – bedeutet für jeden Teamleader eine persönliche Herausforderung. Damit leben sie einen Teil ihrer Visionen und Werte: Teammitglieder zu unterstützen, ihre Qualifikation zu steigern, Selbstvertrauen und berufliches Know-how zu gewinnen.

Wer glaubt, in Zeiten massiver Marktveränderungen ausschließlich durch neue Produkte eine dauerhaft führende Marktstellung zu erhalten, wird häufig bitter enttäuscht, wenn (plötzlich) Wettbewerber auftauchen, die vergleichbar Innovatives im Markt einführen – und dann auch noch über die besser ausgebildeten und motivierteren Mitarbeiter verfügen. Nur selbstbewusste und motivierte Menschen schaffen es, ehrgeizige Ziele zu erreichen und den Fortschritt voranzutreiben. Aus diesem Grund ist es zwingend notwendig, neben den Kundenperspektiven auf eine gute Abstimmung der internen Abläufe und der Qualifikation der Mitarbeiter zu achten, um den Prozess der Marktbearbeitung erfolgreicher zu gestalten. Wenn es zu dem allgemeinen Verständnis einer Unternehmensführung gehört, Angestellte zu selbstständigen Unternehmern im Unternehmen zu machen, empfiehlt sich, folgende Leitlinien zu beachten:

❑ Wir müssen Mitarbeiter so ausbilden, dass von durchschnittlichen Menschen überdurchschnittliche Leistungen erwartet werden können.
❑ Wir müssen jedem Mitarbeiter Techniken zur Problemlösung beibringen, damit er sich permanent verbessern und seinen Beitrag zur Verbesserung der Qualität leisten kann.
❑ Wir müssen Fortbildung als notwendigen Bestandteil, ja Voraussetzung für den Aufstieg im Unternehmen sehen.
❑ Wir müssen die Manager auf jeder Position neu schulen, die sie auf der Karriereleiter nach oben erklimmen.

3. Die richtigen Kennzahlen finden und Maßnahmen zum Monitoring festlegen

Die erfolgreichsten Maßnahmen zu einer akzeptierten Zielvereinbarung mit allen an dem Wertschöpfungsprozess Beteiligten dürfen kein Hinderungsgrund für die Einführung des richtigen Radarsystems zum Monitoring der Aktivitäten sein – unter der Voraussetzung, dass alle Aktivitäten der Strategie / Zielsetzung messbar formuliert und abgebildet wurden. Um ein möglichst frühzeitiges Bild über alle Vorgänge der verschiedenen Abteilungen zu erhalten, finden auf Abteilungs-, dann konsolidiert auf Geschäftsführungsebene Quartalsmeetings statt. Dort wird analysiert, ob alle Projekte weiterhin Bestand haben, richtig bearbeitet werden oder neu zu überdenken sind. Ganz wesentlich ist die anschließende Abstimmung und weitere Koordinierung der noch offenen Schritte durch einen BSC-Champion, der Mitglied der Geschäftsleitung und mit entsprechenden Befugnissen ausgestattet sein sollte.

4. Vom Einzelkämpfer zum Teamplayer durch eine gelebte BSC

Neben dem Zielformulierungsprozess stellt die kontinuierliche Entwicklung eines praktisch gelebten Teamgeistes eines der herausragendsten Ergebnisse bei der Arbeit mit der BSC dar: Das ist keine Selbstverständlichkeit, sondern das Resultat einer abgestimmten, für jeden einzelnen erkennbaren Zusammenarbeit. Die Orientierung verändert sich von der Leiter- zur Teamorientiertheit, eine eher positionsbezogene geht über in eine komplementäre Verantwortlichkeit. Durch interdisziplinäre Zusammenarbeit lassen sich Abteilungs- und Ressortziele realisieren, individuelle Fertigkeiten werden den gemeinsamen Fähigkeiten zur Verfügung gestellt – damit wächst die Wahrscheinlichkeit, das persönliche Know-how effektiver zu gestalten.

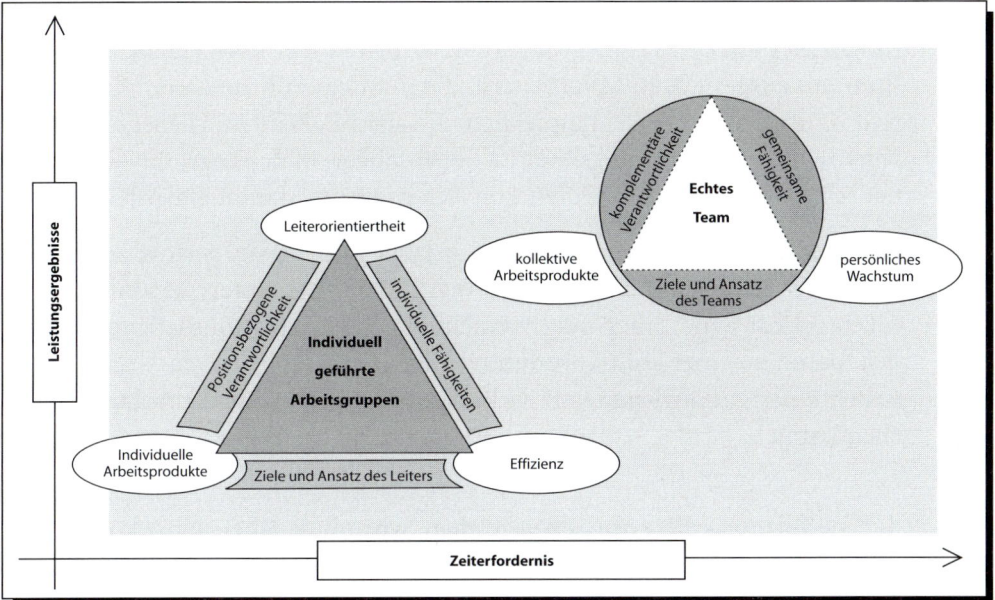

Abb. 5: Vorgehensweise bei der Einführung der BSC

Wer Teamarbeit nicht als Wegschieben von Verantwortung missbraucht, sondern als Chance, die eigenen Vorstellungen innerhalb einer Gruppe umzusetzen, wird erfahren, wie erfolgreich jedes Teammitglied innerhalb eines Projektes werden kann – zum Wohle des Gesamtteams. So trägt die Balanced Scorecard nicht nur dazu bei, Leistungstreiber zu definieren und festzulegen, sondern hilft auch, das Betriebsklima deutlich zu verbessern, wenn – und das ist absolut unabdingbare Voraussetzung – die Dinge wie vereinbart umgesetzt werden.

Im vorliegenden Fall war das ein langwieriger Prozess, der viel Zeit und Ressourcen verschlungen hat, bis es zu einer sichtbaren Leistungssteigerung kam. Dass den Führungskräften und Teamleadern eine besondere Rolle zukommt, wurde ganz deutlich: Nach eigenen Aussagen müssen sie stark widersprüchlichen Anforderungen genügen, auf der einen Seite die tägliche Zielorientierung, andererseits das Beobachten der sich laufend verändernden Marktentwicklung – und jetzt das vermehrte Fokussieren auf die Mitarbeiterorientierung. Deshalb benötigen sie möglichst vor Einführung der BSC eine gute Ausbildung, danach ein kontinuierliches Coaching.

Erfahrungsgemäß empfiehlt sich, die Kenntnis über aufgetretene Führungsfehler aus der Vergangenheit aufzuarbeiten – etwa in einem Workshop mit ausgesuchten Mitarbeitern, die mit dem Führungsteam die Art und Häufigkeit der Fehler besprechen und anschließend möglichst präzise beschreiben. Jede Führungskraft ist im Anschluss in der Lage, ihr Verhalten selbstkritisch zu überprüfen und sich präventiv darauf einzustellen.

Eine erfolgreich begonnene Teamarbeit kann ganz massiv gestört werden durch das Fehlverhalten von Führungskräften, die unter persönlichen Machtverlust-Syndromen oder vermeintlichen Informationsdefiziten leiden, damit zu einer kontraproduktiven Entwicklung beitragen – und die Arbeit eines gut vorbereiteten Zielformulierungsprozesses zunichte machen können.

5. Führungskräfte müssen verstehen, worum es geht – sonst können sie ihre Überzeugung nicht weitertragen

Nicht die Strategie selbst, sondern deren fehlende oder fehlerhafte Umsetzung ist oft verantwortlich für die unzureichende Wirkung am Markt. Die wesentlichen Gründe dafür sind – ähnlich wie bei der Teamarbeit – isoliertes Arbeiten, fehlendes Bewusstsein für die Nahtstellen zwischen den Abteilungen sowie mangelhafte Kommunikation und Verständnis für die Firmenvision. Die Verantwortung dafür tragen Bereichsverantwortliche: Alle müssen einen Teil ihrer Hoheitsrechte aufgeben und sich der gemeinsamen Zielsetzung verpflichten. Engpässe dieser Art lassen sich durch die richtige Wahl der psychologisch adäquaten Form der Übermittlung der Vorstellungen und Ziele vermeiden.

Ein Exkurs zur Speicherung und Aufnahme von Daten im Gehirn erläutert, ob ein eher sachlich orientierter oder mehr kreativ-intuitiver Mensch an der Arbeit ist. Diese vereinfachte Darstellung in zwei Funktionsbereiche ordnet der linken und rechten Gehirnhälfte grob ihre Hauptaufgaben zu: Die linke Gehirnhälfte ist mehr für die Verwaltung, die rechte tendenziell für die Kreativität zuständig.

LINKS	RECHTS
digitales Denken	analoges Denken
Sprache, Lesen	visuelles Denken
logisches Denken	Körpersprache
Mathematik	Rhythmus, Tanz
Planung	ganzheitliche Erfahrungen
Details	Emotionen
Analyse	Musikalität
verbale Kommunikation	Synthese
Gedächtnis für Wörter und Sprache	Gedächtnis für Personen, Sachen und Erlebnisse

Abb. 6: Hauptaufgaben der Gehirnhälften

Diese Unterscheidung ist wichtig, weil auch unter den Mitarbeitern Menschen sind, die stärker links- oder rechtslastig sind. Entsprechend ihrer persönlichen Ausprägung werden sie die vorgestellten Gedanken zuordnen und verarbeiten. Stärker links orientierte Menschen können meist weniger mit kreativen Äußerungen und allgemeinen strategischen Ansatzpunkten anfangen – und umgekehrt: Eher rechts orientierte Menschen können mit der reinen Darstellung von Zahlen und Fakten kaum einen kreativen Umsetzungsprozess starten.

Die größten Fehler werden begangen, indem das Umfeld die falschen Informationen erhält – also Botschaften, mit denen dieser Mensch »nichts anfangen kann«. Dann muss man sich nicht wundern, wenn die Umsetzung nicht wie geplant erfolgt. Botschaften müssen entsprechend ausgewogen, Strategien mit Zahlen und Fakten belegt werden, damit sich alle Beteiligten ein einheitliches Bild machen können und die Chance haben, sich mit den Firmenvorstellungen zu identifizieren. Wer sich also vor einer Präsentation überlegt, wie man beiden Veranlagungen gerecht werden kann, hat gute Chancen, von allen Angesprochenen gleichermaßen verstanden zu werden.

Darüber hinaus ist im Grunde nur noch zu prüfen, ob die angesprochenen Führungskräfte in den Bereichen Wissen – Wollen – Können auch tatsächlich genug Fähigkeiten besitzen, um ihre eigenen Mitarbeiter auf den vorgegebenen Weg mitzunehmen. Es bietet sich an, das persönliche Führungsverhalten an einigen wenigen Kriterien festzumachen:

Wissen

Führungsverhalten im Bereich Zielformulierungsprozess – Festlegen von Aktivitäten – Erzielen von Ergebnissen

Wollen

Führungsverhalten im Bereich Zielformulierungsprozess – Motivationsgrad für das gemeinsame Vorhaben prüfen – Führungsstil muss im Einklang mit der Zielvorgabe stehen – Fähigkeiten zur abteilungsübergreifenden Kommunikation

Können

Führungsinstrumente: Fähigkeiten für einen Coachingprozess – Fertigkeiten im Einzelgespräch – Durchführung von Strategie- und allgemeinen Meetings

6.   Durch eine gezielte Kommunikation zum Erfolg

Um eine einheitliche Vorgehensweise in allen Bereichen zu garantieren, erfolgte bei dem beschriebenen Unternehmen intern die Einigung auf ein für alle gültiges Kommunikationsmodell mit folgenden Aspekten:

❑ Visualisierung der Visionen
❑ detaillierte Strategie-Zielformulierung
❑ Führen durch Visionen und Werte
❑ Integration der Mitarbeiter
❑ Permanente Verbesserung

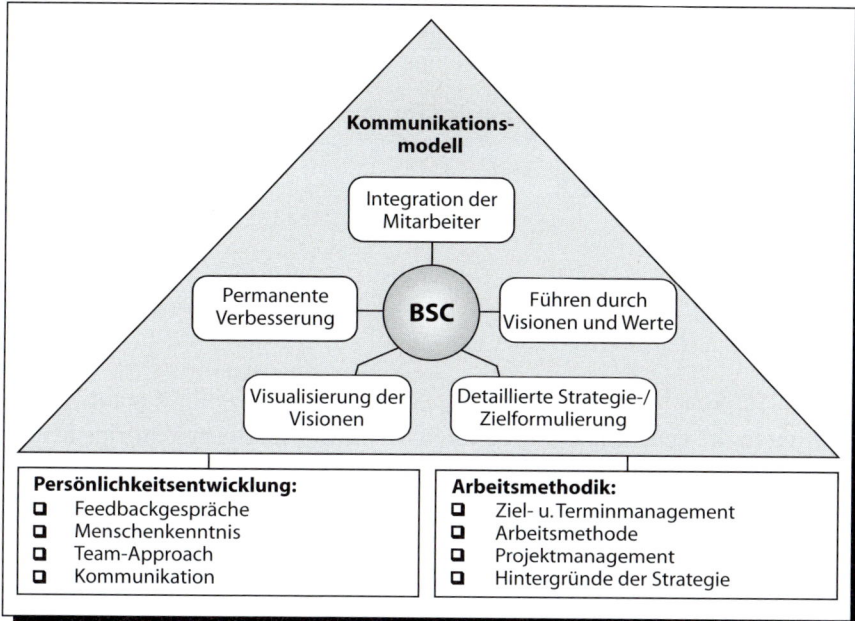

Abb. 7: Kommunikation der BSC im Unternehmen, der emotionale Aspekt

Resümee:

Kein Erfolg ist von Dauer – in allen Bereichen muss an einer ständigen Verbesserung gearbeitet werden. Das gilt in ganz besonderem Maße für Führungskräfte: Sehr schnell schleichen sich sonst alte Gewohnheiten wieder ein und führen zum Stillstand. Die BSC ist ein effizientes Führungstool, das – richtig eingesetzt – Unternehmen hilft, die nötigen Maßnahmen in den vier wichtigsten Perspektiven umzusetzen und damit ohne großen Verschleiß an Ressourcen den erwarteten Erfolg zu sichern und damit den Unternehmenswert sichtlich zu steigern..

von Stefan Wahlich,
Vaillant GmbH

Um zu verstehen, in welchem Kontext die BSC bei Vaillant steht, ist ein Ausflug in die generelle Unternehmensstruktur und die zugehörige Kultur notwendig. Aber bitte geben Sie nicht auf! Nach den Kapiteln

1. **Hintergrund: Die Vaillant GmbH und das Vaillant Exzellenz Modell**
2. **Strategie- und Zielvereinbarungsprozess**
3. **Prozessorientierte Organisation**
4. **Integriertes Managementsystem**
5. **Success Stories**

wird genauer eingegangen auf den

6. **Zusammenhang zwischen Balanced Scorecard und EFQM-Modell**

1. Hintergrund: Die Vaillant GmbH und das Vaillant Exzellenz Modell

Die Vaillant GmbH mit Hauptsitz in Remscheid ist einer der führenden Systemanbieter für Heiztechnik in Europa. Vaillant bietet das komplette Programm zum Heizen, Regeln und zur Warmwasserbereitung auf der Basis der drei Energiearten Gas, Öl und Strom. Neben Remscheid produziert Vaillant an zwölf weiteren Standorten in Europa, erreicht mit rund 7.600 Beschäftigten im Kerngeschäft einen europaweiten Marktanteil von 24 Prozent und erwirtschaftet einen Umsatz von 1,3 Mrd. €. Zum Jubiläum 1999 – 125 Jahre nach der Gründung – konnte das Unternehmen auf mehr als 40 Millionen verkaufte Geräte zurückblicken.

Mittelständische Unternehmen, auch die größeren KMU, wehren sich häufig standhaft gegen strategische Arbeit – nichts anderes ist der Einsatz einer BSC – da sie den Aufwand für die Einführung scheuen. Der Nutzen wird allenfalls mittel- bis langfristig sichtbar, das Tagesgeschäft leidet erst einmal, so lauten die Befürchtungen.

Da klassische Managementkonzepte die Anforderungen eines immer dynamischeren Marktumfeldes nicht mehr erfüllen, entschloss sich Vaillant zum Aufbau eines eigenständigen Business Excellence-Systems »Vaillant Exzellenz«, angelehnt an das EFQM-Modell. Das Vaillant Exzellenz-Modell (vgl. Abb. 1) bildet auf einfache und stringente Art das ganze Unternehmen ab. Die Befähigerkriterien bilden die Potenziale – »Was tun wir wie?« – des Unternehmens ab, die Prozesse übersetzen diese Potenziale in Ergebnisse. Das S in BSC lässt einen Zusammenhang zwischen diesen letzten 4 Kriterien im Exzellenz-Modell und den Perspektiven der BSC vermuten – dazu später mehr.

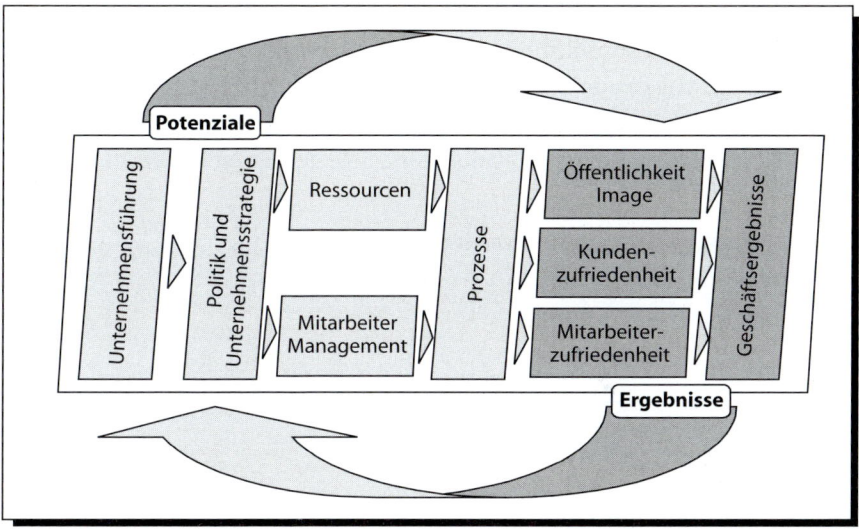

Abb. 1: Das Vaillant Exzellenz-Modell

2. Strategie- und Zielvereinbarungsprozess

Zu den jeweiligen Kriterien des Modells sind die Vaillant Unternehmensgrundsätze, die einzelnen Anforderungen an das Kriterium und die Prozesse sowie die Methoden definiert, die zur Erfüllung der Anforderungen eingesetzt werden. Darüber hinaus werden definierte Prozesseigner für alle Prozesse festgelegt, die diese strategisch und operativ führen und für den

Erfolg verantwortlich sind. Bis 1999 waren inklusive aller zugehörigen Messungen (s. u.) ca. 350 Prozesse definiert und dokumentiert.

Um die Eignung der Prozesse und Methoden sowie deren flächendeckende Anwendung sicherzustellen, wird – zusätzlich zu den von den Prozesseignern durchgeführten Messungen – einmal im Jahr eine Selbstbewertung nach dem RADAR-Prinzip der EFQM durchgeführt. Dadurch erhält man eine umfassende Unternehmensbewertung und Transparenz über die eigene Leistungsfähigkeit – von der Gesamt- bis zur Detailsicht.

Die Prozess-Ergebnisse, der Anwendungsgrad und die Ergebnisse der Selbstbewertung – verbunden mit einer SWOT-Analyse – bilden dann die Grundlage für die Unternehmensleitung, die Strategie, die Langfrist- und Jahresziele im Vaillant Kursbuch zu definieren. Der Stand und der Erfüllungsgrad der Zielsetzungen sind im Kursbuch über die Spezifikation der Verantwortlichen, Termine und Messkriterien jederzeit nachvollziehbar. Alle Organisationseinheiten redefinieren ihre Strategien und messbaren Zielsetzungen aus dem Kursbuch der Unternehmensleitung. So gibt es zur Zeit etwa 40 Kursbücher, die für jeden im Intranet frei zugänglich und in denen die strategisch abgeleiteten Ziele des Bereichs verankert sind.

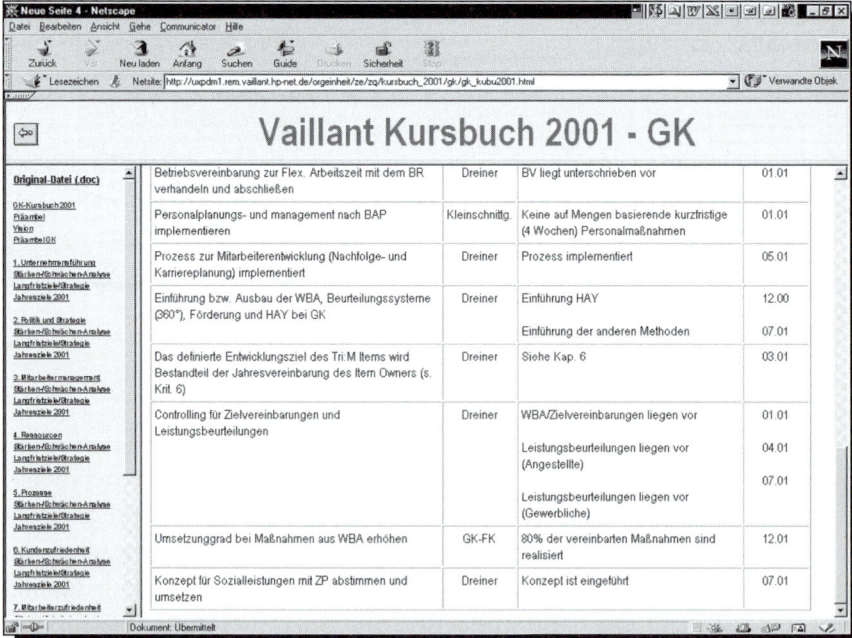

Abb. 2: Ausschnitt aus einem Kursbuch

Die Zielvorgaben werden bis in die Zielvereinbarungen für jeden einzelnen Mitarbeiter kaskadiert, die gehaltsrelevant sind und in Verbindung mit einer Weiterbildungs-Bedarfsanalyse vereinbart werden. Der Mitarbeiter soll die Ziele, die für alle Prozesse / Projekte die Grundlage bilden und laufend berichtet werden, ja auch erreichen *können*. Durch die Angabe einer Referenz zum EFQM-Modell und zu den übergeordneten Zielen können dann alle Mitarbeiter nachvollziehen, welchen Beitrag sie zu den Unternehmenszielen leisten: Der Unternehmenserfolg wird erlebbar und geht in die eigene Verantwortung über. Zur Überprüfung der Relevanz und Zielerreichung auditieren die Vaillant Geschäftsführung und Führungskräfte die jeweiligen Kursbücher der Organisationseinheiten auf Widerspruchsfreiheit, Plausibilität und Zielerreichung.

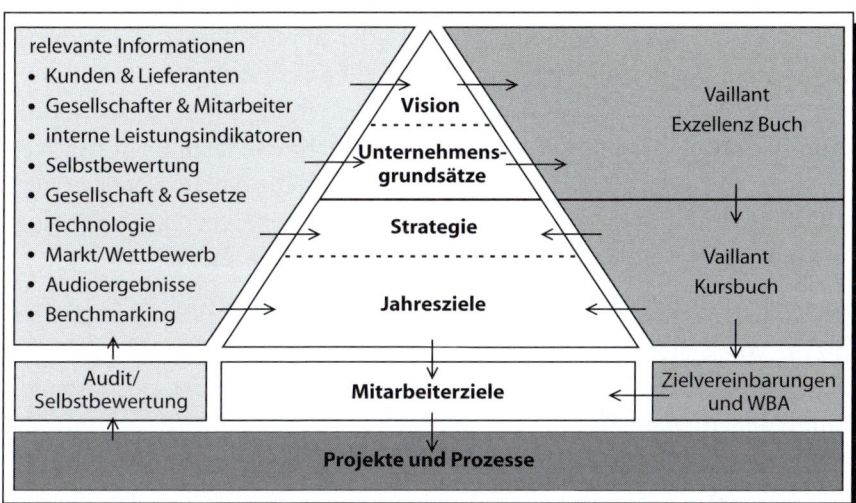

Abb. 3: Zentrale Zusammenhänge

3. Prozessorientierte Organisation

Die Umstellung der strukturellen Organisation Vaillants in eine Matrixorganisation mit dem Fokus auf die Abläufe hatte zwei Ziele:

Die Wertschöpfung

Wertschöpfend sind nach unserer Definition Arbeitsschritte oder Prozesse, die

107

❑ der Kunde haben will, für die er / sie bezahlt
❑ einen direkt wertschöpfenden Prozess im Sinne des Kunden unterstützen oder
❑ die eine rechtliche / moralische Verpflichtung darstellen.

Die Kundenorientierung

Wer als Berater in Unternehmen nach den Lieferanten-Kunden-Ketten fragt, bekommt häufig die Antwort: »Kunden? Ich habe keine Kunden!« Das Verständnis dafür zu wecken, dass jemand, der keine Kunden hat, auf Dauer auch niemanden hat, der ihn bezahlt, ist äußerst schwierig.

Wertschöpfung und Kundenorientierung in den Köpfen und Herzen der Belegschaft zu verankern, das waren also die strategischen Ziele bei der Einführung von Vaillant Exzellenz und der Prozessorientierten Organisation. Überdies können alle nicht direkt oder unterstützend an den wertschöpfenden Prozessen beteiligten Tätigkeiten und Arbeitsschritte eingespart oder outgesourct werden. Diese zielgerichtete Prozessorientierung nimmt unnötige Komplexität aus dem Unternehmen, setzt die Ressourcen im Sinne des Geschäftserfolgs ein und fördert die Verantwortung aller Mitarbeiter für die ganzheitliche Sichtweise. Das bedeutet nicht unbedingt Personalabbau, sondern Konzentration auf das Wesentliche.

Bei Vaillant werden die implementierten Prozesse mit ihrer reduzierten Anzahl von Schnittstellen anhand der in den Kursbüchern festgelegten Ziele analysiert, bewertet und optimiert. So werden aus noch existierenden Schnittstellen Nahtstellen, der Wertschöpfungsgrad wird erhöht, die Durchlaufzeiten zum Erreichen des Marktes und die Prozesskosten werden verringert. Drei Geschäftsprozesse mit direktem Bezug zum externen Kunden wurden identifiziert, beschrieben und implementiert: Der Innovations- (VIP), der Produkt-Bereitstellungs- (VPP) und der Vermarktungsprozess (VVP). Organisationsprozesse unterstützen diese Geschäftsprozesse. In ihrer Gesamtheit bilden sie die Prozessorientierte Organisation, die in der Vaillant Prozesslandkarte dargestellt ist.

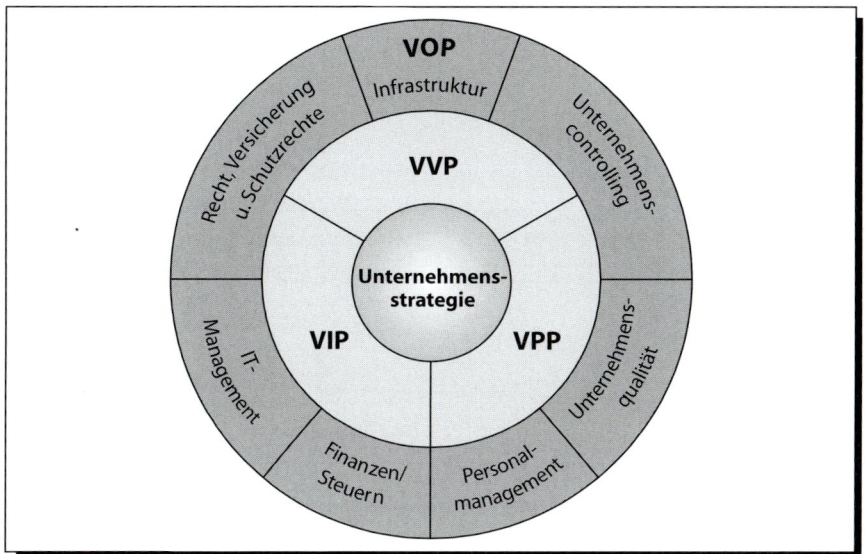

Abb. 4: Die Vaillant Prozesslandkarte

Die Prozessorientierte Organisation ist die Basis eines umfassenden Kennzahlensystems zur Steuerung des Erfolges, des Vaillant Exzellenz Buches. Erreichen die Prozesse nicht die geforderten Ziele, werden sie durch eine standardisierte Methode systematisch verbessert und / oder mit den Leistungen der weltweit besten Unternehmen in einem Benchmarking verglichen.

Bei 350 beschriebenen Prozessen, die weiterentwickelt werden sollen, muss natürlich priorisiert werden: die so genannten strategischen Prozesseigner bei Vaillant beurteilen ihre verantworteten Prozesse einmal jährlich in einem Portfolio. Kriterien für die Priorisierung sind zum einen der Beitrag zum Geschäftserfolg, unterteilt nach – Sie werden es erraten – den Ergebniskriterien des Vaillant Exzellenz Modells: Kundenbezogene Ergebnisse, Mitarbeiterbezogene Ergebnisse, Gesellschaftsbezogene Ergebnisse, Image und Schlüsselergebnisse, sprich Finanzen, zum anderen das Entwicklungspotenzial der Prozesse/Methoden selbst.

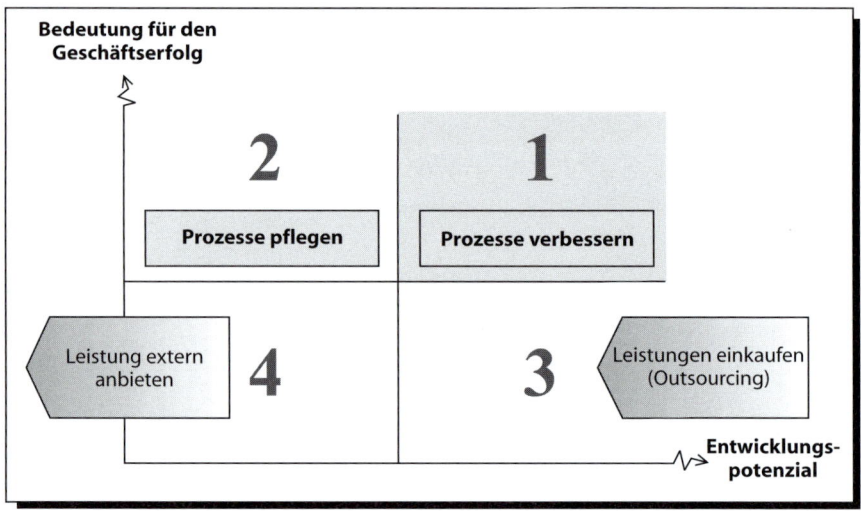

Abb. 5: Priorisierung der Prozesse

Um den Beitrag zu den Ergebnissen zu bestimmen, werden die zuvor definierten Prozessmessungen herangezogen, die für den Nachweis über den Beitrag zu strategischen Zielen auf der übergeordneten Prozessebene aggregiert werden können – so kann man also von operativen und strategischen BSCs sprechen. Das Portfolio liefert folgende Antworten:

Quadrant 1:

Prozesse dieser Kategorie haben eine hohe Bedeutung für den Geschäftserfolg, aber auch noch ein großes Verbesserungspotenzial. Bei der Ressourcenplanung liegt der Fokus auf der Optimierung dieser Prozesse, da der Nutzen dort für das Unternehmen am größten ist. Das Ziel ist, diese Prozesse in den Quadranten 2 zu überführen.

Quadrant 2:

Prozesse in diesem Quadranten sollen stabil in ihrem aktuellen Zustand gehalten werden. Hier führen Aktionen zu keinem wesentlichen Nutzen, da schon ein hoher Standard erreicht ist und es oftmals großer Ressourcen bedarf, diese Prozesse nur um wenige Prozente zu verbessern (Pareto-Prinzip).

Quadrant 3:

Prozesse mit dieser Eingruppierung erfordern einen hohen Aufwand an Ressourcen, stellen aber keine Kernkompetenz für das Unternehmen dar – die Schaffung von internem Know-how steht in keiner Relevanz zum Nutzen. Diese Prozesse und ihre Ergebnisse können aus der Prozesslandschaft gestrichen, die bisher gebundenen Ressourcen in anderen Aktivitäten mit höherer Wertschöpfung eingesetzt werden. Will das Unternehmen nicht auf die Ergebnisse verzichten, sollte die Leistungserbringung an externe Unternehmen outgesourct werden.

Quadrant 4:

Diese Prozesse laufen gut bis sehr gut, sind aber unmaßgeblich am Geschäftserfolg beteiligt. Hier sollte entschieden werden, ob die Leistungen nicht auch extern angeboten werden.

Häufig wird die BSC als Instrument zur kurzfristigen Steuerung betrachtet. Unseres Erachtens darf die allerorten angeführte Zunahme an Komplexität und Dynamik aber nicht dazu führen, dass Berichtszyklen – sei es für Prozesskennzahlen oder andere Daten und Fakten – generell verkürzt werden, auch wenn das mit erheblichem Aufwand für die Messung verbunden ist. Bei Vaillant wird vom strategischen Prozesseigner definiert, wann und wie oft zu messen ist. Auf Teilprozessebene richtet sich die Messung dann nach diesen Berichtszeiträumen.

Alles, was im Unternehmen über Kennzahlen gemanagt wird, kann in der Ablauforganisation geschehen. Diese Konzentration auf Prozesse hat den positiven Nebeneffekt, dass bei Fehlern nicht Personen die Verantwortung tragen: Wenn Abläufe nicht funktionieren oder schlechte Ergebnisse liefern, kann das mehrere Ursachen haben. Die den Prozessen zugeordneten Kennzahlen liefern im besten Fall die Daten als input für einen weiteren Standard, den bei Vaillant so genannten Problemlöseprozess (PLP), dessen sechs Schritten verschiedene Qualitätsmanagement-Methoden (vergleichbare Methoden kennen Sie vielleicht aus six sigma-Programmen) zugeordnet sind.

111

Probleme erkennen und eingrenzen
1
2
Probleme analysieren
Potenzielle Lösungen erarbeiten
3
4
Lösungen wählen und planen
5
Lösungen umsetzen
6
Lösungen beurteilen
PLP

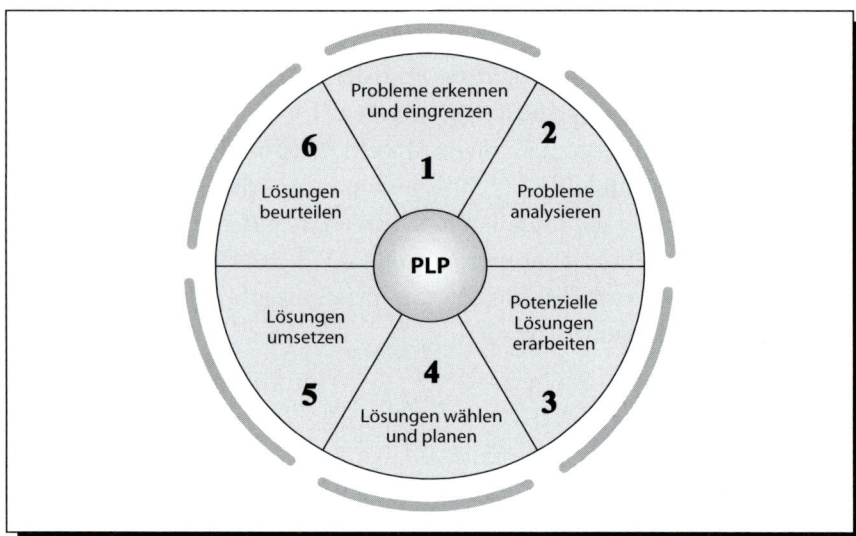

Abb. 6: Problemlösungsprozess in sechs Schritten

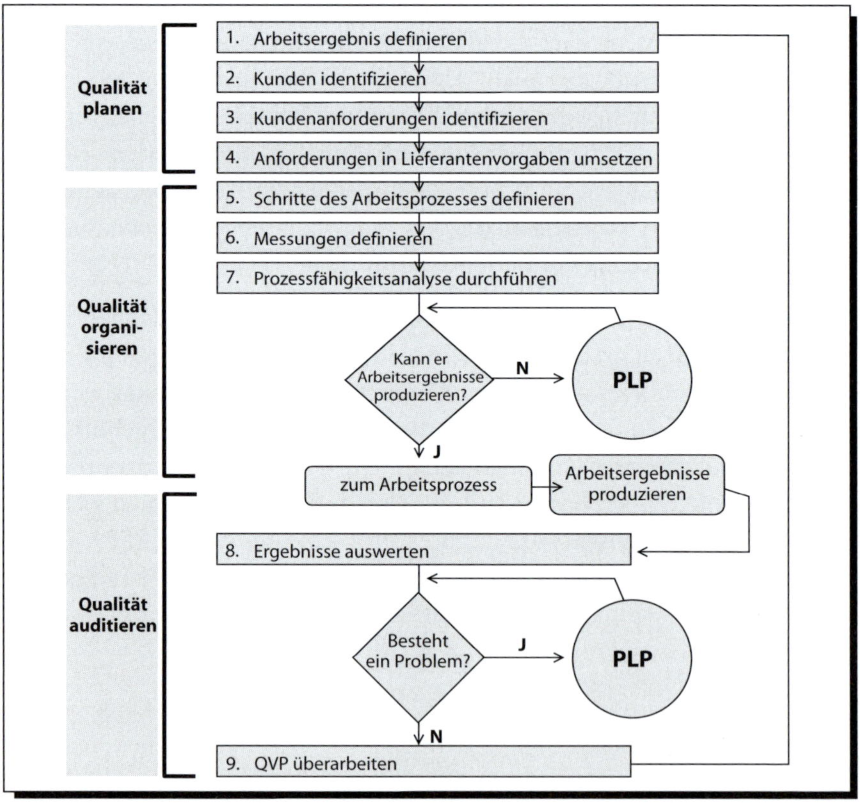

Qualität planen
1. Arbeitsergebnis definieren
2. Kunden identifizieren
3. Kundenanforderungen identifizieren
4. Anforderungen in Lieferantenvorgaben umsetzen
Qualität organi-sieren
5. Schritte des Arbeitsprozesses definieren
6. Messungen definieren
7. Prozessfähigkeitsanalyse durchführen
Kann er Arbeitsergebnisse produzieren?
N
PLP
J
zum Arbeitsprozess
Arbeitsergebnisse produzieren
Qualität auditieren
8. Ergebnisse auswerten
Besteht ein Problem?
J
PLP
N
9. QVP überarbeiten

Abb. 7: Ablauforganisation in Prozessen/Integration des PLP

4. Integriertes Managementsystem

Die so gestaltete Prozessorientierte Organisation integriert alle Anforderungen an das Unternehmen und setzt sie in einer dreistufigen Prozesslandschaft um. Durch die umfassende Betrachtung und Einbeziehung aller stakeholder (Kunden, Mitarbeiter, Gesellschafter, Öffentlichkeit, Gesetzgeber u. a.) wurde bei Vaillant ein integriertes Managementsystem geschaffen, das sich unabhängig macht von einzelnen wie QMS oder UMS. Der Wert des Systems misst sich am Erfolg der Ergebniskriterien des Vaillant Exzellenz Modells. Darüber hinaus wurde eine gerichtsfeste Organisation realisiert, die das Unternehmen vor unkalkulierbaren Folgen schützt. Die Einbindung und Vernetzung im Intranet gewährleistet die Verfügbarkeit aller Daten und Dokumente für alle Mitarbeiter und vermeidet die Bildung von Informationseliten.

5. Success Stories

Mit der konsequenten Entwicklung und Implementierung von »Vaillant Exzellenz« konnte das Unternehmen seine starke Marktstellung auf dem europäischen Markt in den letzten Jahren unterstreichen und bedeutende Auszeichnungen erreichen: 1998 gewann Vaillant unter anderem den Weiterbildungspreis MUWIT, den Bayerischen Qualitätspreis und den zweiten Platz beim Deutschen Service-Management-Wettbewerb. Dieser Erfolg setzte sich 1999 mit der Auszeichnung als Fabrik des Jahres und als Finalist beim European Quality Award sowie dem Gewinn des Deutschen Qualitätspreises (Ludwig-Erhard-Preis) und des NRW-Qualitätspreises fort. Die Assessoren bescheinigten Vaillant den europäischen Bestwert in puncto Prozessmanagement. Im Jahr 2000 bekam Vaillant den Deutschen Projektmanagement-Award.

Außer diesen externen Anerkennungen hat beispielsweise das Werk Roding die Reklamationsquote von über 7000 ppm (parts per million) innerhalb von drei Jahren auf unter 100 ppm gesenkt. Die Entwicklungszeiten wurden von 48 auf durchschnittlich unter 18 Monate reduziert. Der Pro-Kopf-Umsatz stieg von 252 TDM im Jahr 1994 auf 402 TDM 1999. Die Netto-Umsatzrendite entwickelte sich über die letzten vier Jahre vom ein- in den zweistelligen Prozentbereich. Die Mitarbeiterzufriedenheit konnte in einigen der 17 erhobenen Kategorien um zweistellige Prozentsprünge gesteigert werden – Entwicklungen, wie sie das externe Institut ISR (International Survey Research) in London eigentlich für nicht machbar hielt.

113

6. Zusammenhang zwischen Balanced Scorecard und EFQM-Modell

Von außen betrachtet scheint das beschriebene integrierte Management-system theoretisch und abstrakt. Es mag arrogant klingen: Aber vor dem Hintergrund, dass es tatsächlich funktioniert – einen Anwendungsgrad von 70 bis 80 Prozent halten wir für alle unsere Methoden und Standards für ausreichend und erstrebenswert, alle Bemühungen darüber hinaus lohnen in den meisten Fällen den Aufwand nicht – beschränkt sich die Funktion einer Balanced Scorecard auf die Visualisierung von »navigationsdienlichen« Daten und die vor allem kurzfristige (Nach-) Steuerung. Wer Messungen aller priorisierten Prozesse einführt, wird normalerweise feststellen, dass die Daten zu den interessanten Kenngrößen im Unternehmen weitgehend schon vorhanden sind. Diese Datenfriedhöfe allerdings ganzheitlich zu analysieren, fällt den meisten schwer – genau deswegen sind die Daten ja ungenutzt. Für eine solche ganzheitliche Analyse und Steuerungsmethodik bietet sich das EFQM-Modell oder die Balanced Scorecard als Unternehmensmodell an, in dem alle Tätigkeiten und zugeordnete Messungen hierarchisch angeordnet werden können.

Wenn ein wie oben beschriebenes Managementsystem bereits implementiert ist, hält die BSC keinerlei wirklich neue Erkenntnisse bereit – sie ist aus neutraler Sicht wohl »nur« eine Reaktion auf steigende Dynamik und Komplexität, neudeutsch gerne »dynexity« genannt. Die Berichtszeiträume für Kennzahlen müssen angepasst werden – was ist da naheliegender, als ein neues Instrument einzuführen. Auf Bestehendem aufbauend kann die BSC als verdichtete Visualisierung ein echtes Hilfsmittel sein. In diesem Fall ist es ratsam, einen eigenen Namen zu finden, um die Identifikation und Integration mit bestehenden Systemen nicht aufzuweichen. Bei Vaillant war für kurze Zeit der Arbeitstitel Exzellenz Navigator im Gespräch.

Wenn kein solches Unternehmensmodell vorhanden ist und bei Neuausrichtungen im Unternehmen scheint es empfehlenswert, sich für ein Modell zu entscheiden – BSC oder EFQM – da ohnehin die unternehmensspezifischen Anpassungen vorgenommen werden sollten, nicht zuletzt, was den Titel angeht.

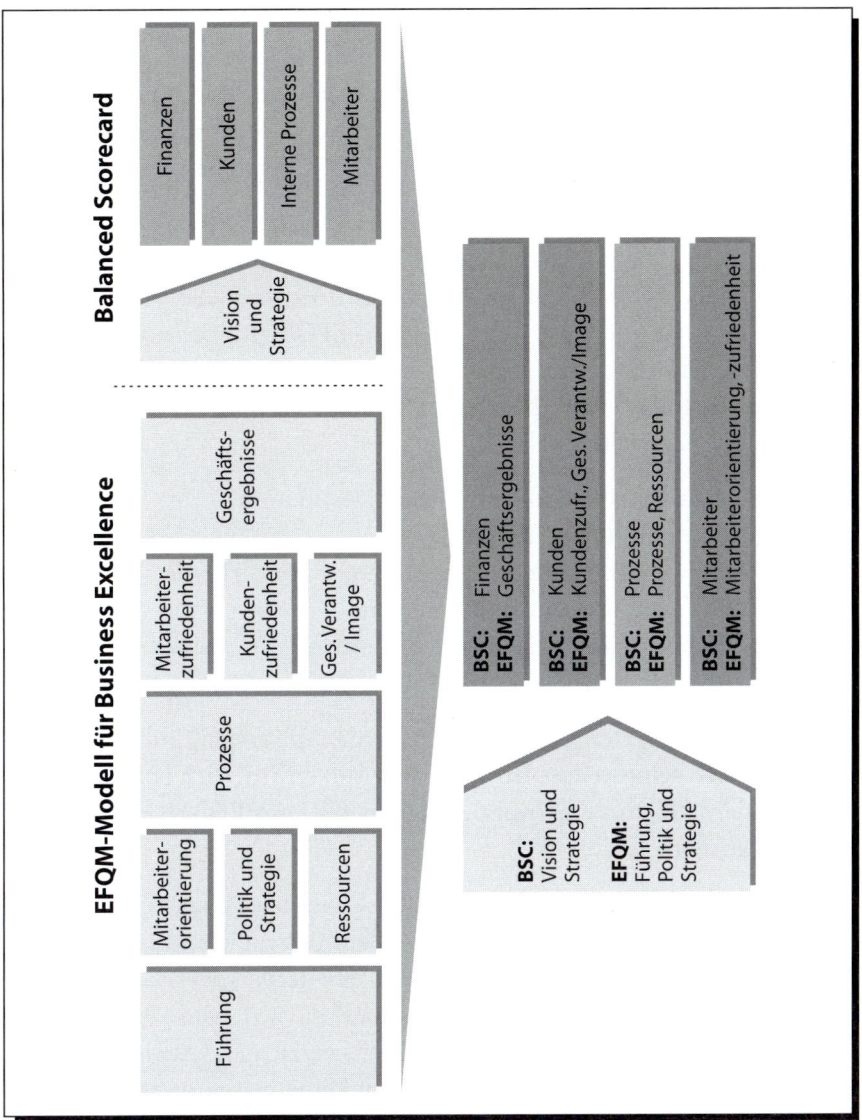

Abb. 8: EFQM und BSC im Vergleich

BSCs werden auffällig häufiger von Qualitätsmanagern eingeführt und verantwortet als von Controllingbereichen. Gerade Business Excellence Systeme wie das EFQM-Modell streben ja eine ganzheitliche Sicht an, in der aus der Vergangenheit Steuerungsoptionen für die Zukunft abgeleitet werden. Controlling heißt aber wörtlich übersetzt Steuerung, sollte also eigentlich Entscheidungen vorbereiten helfen und sich nicht in der Vergangenheit vergraben, wie es so oft der Fall ist. Auch wenn es die Controller nicht gerne hören: Die Rückspiegel-Mentalität ist einer der am wenigsten wertschöpfenden Teile im Unternehmen. Dem widerspricht merkwürdigerweise der aktuelle Trend, wieder verstärkt Controller im Unternehmen zu platzieren (von 4.978 Inseraten im FAZ-Stellenmarkt im März 2001 sind allein 338 für Controlling-Funktionen, also etwa sieben Prozent).

Da also oft das Qualitätsmanagement Balanced Scorecards initiiert, ist es kein Wunder, wenn bestehende Unternehmensmodelle angeschlossen werden sollen. Ist solch eine Koppelung ans EFQM-Modell vorzunehmen, bietet sich an, den Schöpfer selbst zu befragen. Dem Programm eines Trainings von Norton im April 2001 lassen sich sechs Schritte auf dem Weg zur »EFQM-BSC« entnehmen:

1. Defining the Organisational Strategic Destination
2. Defining Key Strategic Themes
3. Developing Linked Strategic Objectives for Each Theme
4. Developing measures and setting targets
5. Taking inventory and prioritising initiatives
6. Linking the Balanced Scorecard to the EFQM Excellence Model

In EFQM-modellierten Unternehmen werden die ersten fünf Schritte bereits vollzogen sein, so dass lediglich Schritt 6 erforderlich ist. Interessanterweise sieht Norton eine Koppelung der BSC ans EFQM-Modell vor – nicht umgekehrt.

Neun Kriterien bei EFQM, vier in der BSC – wie viele Perspektiven braucht oder verträgt ein Unternehmen richtig? Benötigt ein weitestgehend automatisiert produzierender Betrieb die Mitarbeiterperspektive? Kann eine Hilfsorganisation im non-profit-Bereich auf das Kriterium 8 im EFQM-Modell – gesellschaftsbezogene Ergebnisse – verzichten? Auch diese Frage beantworten Norton und Kaplan: „Es gibt keine mathematische Formel, die beweist, dass vier Perspektiven notwendig und ausreichend sind. Wir müssen noch sehen, wie Unternehmen mit weniger als vier Perspektiven zurechtkommen. Je nach Branchenbedingungen und Geschäftsstrategie könnte sogar eine weitere Perspektive notwendig werden.« (Norton/Kaplan, 1997)

Eine gute Übersicht der möglichen Anpassungen der BSC an die Unternehmensbedürfnisse findet sich bei Stausberg (2000, Kap. 3.3.4.8).

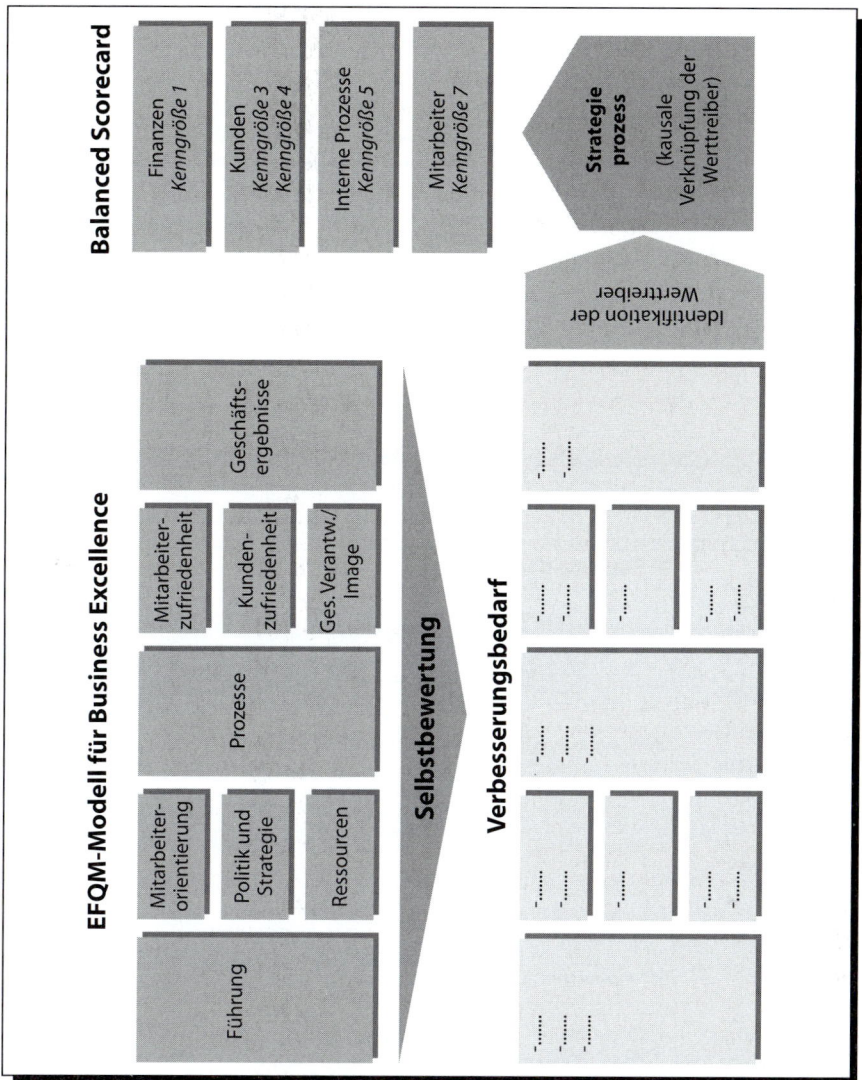

Abb. 9: Neun Kriterien vs. vier Kenngrößen

Am Beispiel des Personalmanagements möchte ich zeigen, dass entgegen vieler anderslautender Äußerungen auch und gerade in administrativen Abläufen prozessorientierte Balanced Scorecards machbar und effizient nutzbar sind. Auch im Bereich Human Resources existiert bei Vaillant eine Prozesslandkarte mit drei Ebenen.

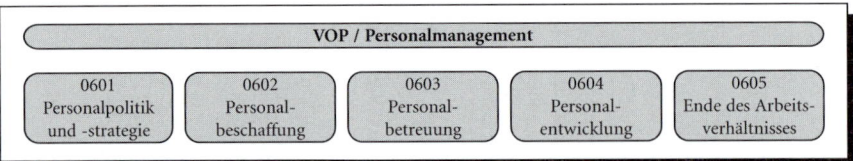

Abb. 10: Erste Ebene

Auf der nächsten Ebene werden so genannte Detailprozesse inklusive aller Messungen dokumentiert und im Intranet eingestellt, so dass alle Anwender der Prozesse wissen, welche Ergebnisse sie beeinflussen können und müssen.

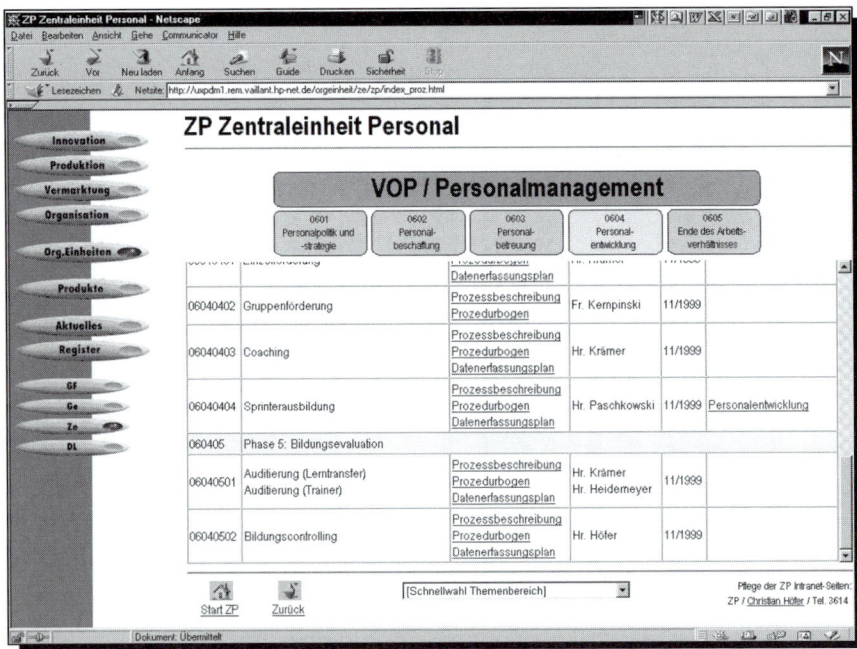

Abb. 11: 2. Ebene der Detailprozesse

Die Personalentwicklung etwa wird beginnend mit einem Strategieprozess und nachfolgend verschiedensten Methoden und Prozessen hinterlegt. Im Bildungscontrolling werden alle Prozessmessungen zusammengeführt und im so genannten Storyboard dokumentiert. Nach oben hin werden die Kennzahlen verdichtet und ermöglichen dem Strategischen Prozesseigner für das Personalmanagement insgesamt in definierten Berichtszeiträumen eine übergeordnete Sicht sowie die entsprechenden Reports.

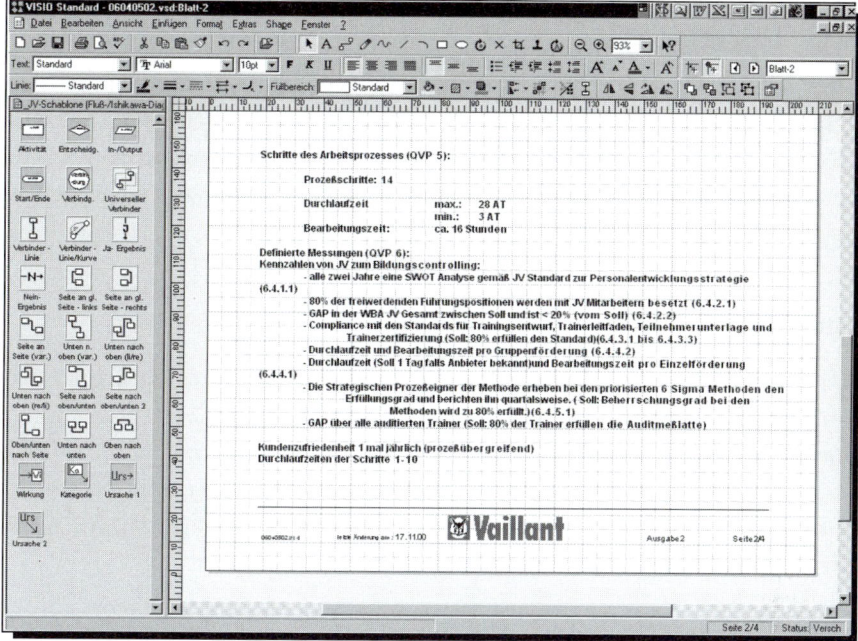

Abb. 12: Datenerfassungspläne

In Datenerfassungsplänen ist überdies fest geschrieben, wer wann mit welchen Hilfsmitteln welche Auswertungen und Messungen vorzunehmen hat.

Kann man all das Balanced Scorecard nennen? Wenn man die BSC als integriertes Unternehmensmodell auffasst, sicherlich. Bei der Einführung ist also für die Schlüssigkeit und innere Stringenz durchaus ein komplexes System sinnvoll, das aber auf der anderen Seite mit dem erforderlichen Pragmatismus kontrastiert werden sollte.

Ein abschließendes Zitat verdeutlicht, dass bei jeder Einführung eines Unternehmensmodells genau dieser Pragmatismus gefordert ist : »Die Balanced Scorecard macht seit geraumer Zeit Furore und wird aktuell in vielen Unternehmen eingeführt. Sie ist wohl ein insgesamt äußerst gelungener Versuch, eine Vielzahl von Erkenntnissen zur Steuerung mit Kennzahlen sowie zur Kopplung von Strategie und operativer Umsetzung zu einem schlüssigen Gesamtkonzept zu verbinden. Das schönste Instrument taugt aber nichts, wenn es sich nicht im Unternehmen verankern lässt. Der Erfolg hängt – und dies ist sicher nichts Neues – zumeist primär von der Umsetzungsfähigkeit, nicht von der intellektuellen Brillanz und theoretischen Richtigkeit ab. Im Rahmen verschiedener Beratungsprojekte, Workshops und Interviews wurde eine Vielzahl von Faktoren für den Erfolg oder Misserfolg einer BSC-Implementierung deutlich, die sich zu insgesamt acht wesentlichen Erfolgsfaktoren zusammenfassen lässt. Die zentrale Erkenntnis lautet: Der Erfolg eines Implementierungsprojektes BSC entscheidet sich oft bereits in der Vorbereitungsphase!« (aus www.steuer-netz.de)

Literaturverzeichnis

Kaplan, R. S./Norton, D. P.: Balanced Scorecard – Strategien erfolgreich umsetzen. Schäffer-Poeschel Verlag, Stuttgart, 1997.

Stausberg, M.: Prozessverbesseurng mit Hilfe der Balanced Scorecard. In: Qualitätsbezogene Kennzahlen messen, bewerten und optimieren – Effizientes Prozess- und Kostencontrolling. WEKA Fachverlag für technische Führungskräfte, Augsburg, 2000.

VI. Messbarkeit und Steuerung qualitativer Personalarbeit

Einsatz der Balanced Scorecard im Bildungswesen der BASF AG

von Dr. Kathrin Türk,
BASF AG

1. Die BSC als integriertes Managementkonzept

Seit Anfang der neunziger Jahre stehen Instrumente zur Leistungsmessung im Mittelpunkt des Interesses, die ein Unternehmen in seiner Gesamtheit erfassen, in seiner Komplexität und der Dynamik des Umfeldes abbilden und sich variabel neuen Anforderungen anpassen sollen, ohne die Operationalisierbarkeit mit der entsprechend notwendigen Flexibilität im Rahmen der betrieblichen Umsetzung aus den Augen zu verlieren. Insbesondere die Balanced Scorecard (BSC) hat sich als solches Mess- und Steuerungsinstrument etabliert. Dahinter steht die Idee, das Unternehmen aus vier Perspektiven zu betrachten, um ein umfassendes Bild zu bekommen. Die verschiedenen integrierten Dimensionen der BSC sind, analog zu einer Waage, in ein Gleichgewicht zu bringen: Ziel ist die relative Ausgewogenheit zwischen monetären und nicht-monetären, kurz- und langfristigen Kennzahlen, Früh- und Spätindikatoren sowie internen und externe Perspektiven im Unternehmen.

Die BSC stellt also ein integratives, umfassendes Managementsystem von Kennzahlen mit strategischer Zielrichtung dar. Einerseits werden die ökonomisch unabdingbaren finanziellen Ziele abgebildet, gleichzeitig wird aber auch der Fortschritt berücksichtigt, indem Kompetenzen gefördert und Know-how als Ausgangspunkt für zukünftiges Wachstum geschaffen wird. Eine ausgeprägte Kundenorientierung nach innen und außen, effiziente Informationsflüsse und Leistungsprozesse sowie motivierte Mitarbeiter bilden die Grundlage für funktionsübergreifendes Arbeiten, schnelle Reaktionen auf die Technologiedynamik, das Bestehen im internationalen Wettbewerb sowie eine Aufgaben-Re-Integration mit entsprechenden Entwicklungsmöglichkeiten für die Beschäftigten.

Um wettbewerbsfähige Prozessabläufe und kundenspezifische Problemlösungen dauerhaft zu realisieren, hinterfragt die Balanced Scorecard den gesamten Planungs-, Steuerungs-, und Kontrollprozess des Unternehmens mit dem Ziel einer integrativen Neuausrichtung und der Ausschöpfung von Synergiepotenzialen, um die folgenden vier Perspektiven der BSC zusammenzuführen.

1.1. Primäre Handlungsmaxime: Die finanzwirtschaftliche Perspektive

Oberste unternehmerische Ziele sind auch in der BSC die finanzwirtschaftlichen Ziele. Drei strategische Elemente der finanzwirtschaftlichen Perspektive sind dabei von besonderer Relevanz: 1. Ökonomischer Erfolg vor dem Hintergrund der zunehmenden Bedeutung des Shareholder-Values, also Ertragswachstum und -struktur (beispielsweise könnte die Verbesserung der Kooperation und Ausschöpfung von Synergien zwischen internen Beratungs- und Servicebereichen ein BSC-Ziel sein, als Zielgröße wäre dann etwa die kooperationsbedingte Umsatzsteigerung abzubilden.) 2. Verbesserung der Produktivität und Ausschöpfen der Kostensenkungspotenziale. 3. Nutzung von materiellen und immateriellen Vermögenswerten sowie Investitionsstrategien.

1.2. Customer First: Die Kundenperspektive

Die strategische Steuerung durch die BSC setzt voraus, die Tätigkeitsfelder zu spezifizieren, in denen ein Unternehmen tätig sein will, und die Bedürfnisse der relevanten externen und internen Märkte und Kunden zu identifizieren, um sie zu befriedigen. Zielgrößen bei der Bestimmung von Markt- und Kundensegmenten sind die Kundenzufriedenheit und -bindung sowie Möglichkeiten der Neukundengewinnung und der erzielbaren Kundenrendite.

1.3. Der Weg durch das Unternehmen: Die interne Prozessperspektive

Die interne Prozessperspektive der Balanced Scorecard umfasst den gesamten unternehmerischen Wertschöpfungsprozess. Ziel ist es, die Geschäftsprozesse zu identifizieren, um die Bedürfnisse der Kunden zufrieden zu stellen. Am Anfang dieses Weges steht die Innovation, bei der unter Berücksichtigung aktueller und zukünftiger Kundenwünsche neue Problemlösungen bzw. Produkte erarbeitet werden. Ferner wird der eigentliche Leistungserstellungsprozess aktueller Produkte und Dienstleistungen, Pre-Sales-Offerings etc. sowie die anschließende Betreuung der Kunden, After-Sales-Serviceangebote und Kundenleistungen, betrachtet.

1.4. Weiterentwickeln ist Trumpf: Die Lern- und Entwicklungsperspektive

Im heutigen Geschäftsleben liegt die Herausforderung mehr und mehr darin, sich auf die ständigen Veränderungen im Umfeld einzustellen und den Wandel im Hinblick auf die Unternehmensvision aktiv zu beeinflussen. Außerdem muss ein Unternehmen in der Lage sein, seine Leistungsprozesse über kontinuierliche Verbesserungen in kleinen Schritten zu verbessern. Voraussetzung dafür ist die Ausrichtung aller Prozesse an den unternehmenspolitischen Visionen sowie Zielen, die ursächlich vom Lern- und Entwicklungspotenzial eines Unternehmens bestimmt werden. Know-how als wesentlicher Wettbewerbsfaktor bleibt über geringe Personalfluktuation im Unternehmen. Motivierte und zufriedene Mitarbeiter werden besonders bemüht sein, dieses Wissen anzuwenden, weiterzugeben und so die Produktivität zu steigern. Da Wissen auf zielgerichteter Information basiert, benötigen moderne Unternehmen eine hohe und termingerechte Informationsverfügbarkeit in größtmöglicher, noch sinnvoller Präzision.

2. Einführungsmanagement einer Balanced Scorecard am Beispiel Bildungswesen

2.1. Gründe für die Einführung

Die immer größere Komplexität des Unternehmensumfeldes zwingt zum genauen Verständnis der Ziele und erforderlichen Maßnahmen. Die BSC hilft, Wirkungszusammenhänge aufzuzeigen. Darüber hinaus wird es immer wichtiger, sich auf die genau identifizierten Werttreiber zukünftiger Leistungen zu konzentrieren, um die Ressourcen Zeit und Geld gezielt und zweckgenau einzusetzen. Traditionelle Kennzahlensysteme sind stark auf vergangene Ergebnisse fokussiert, während die BSC durch den Vergleich der Ist- mit den Zielwerten und die Ableitung von Maßnahmen den Fokus auf die Gegenwart legt. Auch fehlen in vielen Unternehmen ein gemeinsames Verständnis der Strategie, der strategischen Ziele auf allen Ebenen und die Fähigkeit vieler Mitarbeiter, die Strategie in Handlungsmöglichkeiten umzusetzen. Die BSC liefert nicht nur eine gemeinsame Sprache zur Kommunikation der Strategie, deren Verständnis bei den Mitarbeitern die Motivation zur Mitunternehmerschaft fördert, sondern auch einen Rahmen, der die strukturierte Übersetzung der Strategie in konkrete Aktionen erlaubt. So kann sich das Unternehmen auf die wesentlichen Ziele und Steuerungsgrößen konzentrieren und den Unternehmenswert langfristig steigern.

2.2. Der Einführungsprozess

Das Bildungswesen der BASF AG besteht aus über 500 Mitarbeitern in vier Unterabteilungen: Ausbildung, Weiterbildung (setzt sich aus einer Trainingseinheit und einer BASF-internen Beratungseinheit »Projekte Change Management« zusammen), Service-Center und Personalmanagement, das sich ausschließlich mit den Mitarbeitern des Bildungswesens sowie allen Auszubildenden der BASF AG beschäftigt. Dem Projekt zur Einführung der BSC ging eine umfangreiche Reorganisation voraus mit dem Ziel, das Bildungswesen durch eine Neuausrichtung als Wertschöpfungscenter zu installieren. Ein sekundäres Ziel war vor allem eine konsequente Strategieorientierung, d. h. eine Verbesserung der internen und externen Positionierung. Darüber hinaus sollten effiziente Prozesse und Vorgehensweisen etabliert werden, um die Komplexität zu reduzieren und geschäftsadäquate Prozesse zu schaffen. Des weiteren stand die Steigerung des Kundennutzens durch ein effektives Bildungsangebot auf dem Plan.

Zur Operationalisierung dieser Ziele ergab sich aus dem Projekt die Anforderung, ein integriertes Planungs- und Steuerungssystem auf BSC- oder EFQM-Basis zu implementieren. Bei genauerer Betrachtung zeigen sich allerdings viele Parallelen zwischen EFQM und BSC: Beide Modelle habe ihre Berechtigung und schließen sich nicht immer gegenseitig aus, Elemente der BSC finden sich im EFQM auf der Ergebnisseite wieder. Basierend auf bereits vorhandenen Strukturen und entsprechendem Fachwissen aus dem Einsatz des EFQM sollte daher die BSC als integratives Controllinginstrument eingeführt und durch ihren Einsatz aus dem EFQM resultierende Schwächen in der Steuerung ausgeglichen werden, um die Präzision zu verbessern.

Eine breite Mitarbeiterbasis stellt den notwendigen Informationsfluss zwischen den Unterabteilungen und der zur Umsetzung der BSC-Implemen-

tierung gebildeten Projektgruppe sicher, die sich aus je einer Führungskraft pro Unterabteilung, einem Mitarbeiter des Controllings und einem
Qualitätsbeauftragten zusammensetzte, um einen möglichst umfassenden
Blickwinkel der betroffenen Bereiche abzubilden. Ein Berater der Gruppe
Projekte/Change Management unterstützte die BSC-Projektteams fachlich, die sich regelmäßig treffen, und die Ergebnisse der Abteilungssitzun-
gen berichten. Das gewährleistet die Einbeziehung der oberen Führungskräfte, was zur erfolgreichen Umsetzung derart weitreichender und tief-
greifender Projekte wie einer BSC-Einführung unabdingbar ist. Die Mitglieder des Projektteams im Bildungswesen haben zusätzlich die Aufgabe,
ihre jeweiligen Unterabteilungen über die erarbeiteten Teil-Schritte zur
Implementierung der BSC zu informieren und mit eigenen Projektteams
zu forcieren.

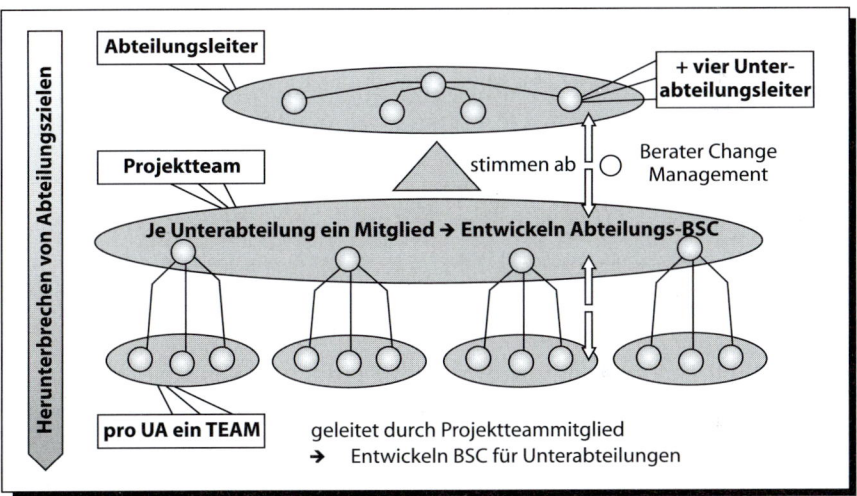

Abb. 1: Die Projektstruktur

Die in der Literatur vorgeschlagenen Vorgehensweisen zur Einführung
einer BSC lassen sich nicht immer ohne weiteres in die Unternehmenspraxis übertragen. So war eine Strategie für das Bildungswesen zwar in den
Köpfen der Führungskräfte, lag aber nicht in schriftlicher, allgemein akzeptierter Form vor, was aber vielfach vorausgesetzt wird. Die explizite
Neuformulierung einer Bereichsstrategie ist prinzipiell möglich, stößt aber
teilweise auf politische Restriktionen und verzögert unter Umständen
deutlich eine zügige Einführungsstrategie der BSC. Es war also notwendig,

auf Informationsquellen über implizit vorhandene Strategien eines Bereiches zurück zu greifen. Da die BASF AG schon seit Jahren erfolgreich das
Konzept der Zielvereinbarungen zwischen den verschiedenen Unterneh-
menshierarchien nutzt, wurden diese unter der Prämisse herangezogen,
dass die Zielvorgaben der Strategieerreichung dienen und sie auch tatsächlich abbilden.

Erfolgreich genutzte Kennzahlen konnten ihre Tauglichkeit vielfach bereits
unter Beweis stellen. Da das Rad in aller Regel nicht neu erfunden werden
muss – auch wenn man bei der Einführung einer BSC grundsätzlich für
Neues offen sein sollte – wurden im ersten Schritt existierende Kennzahlen
gesichtet, um sich ein Bild der »Bestände« zu machen. Das bringt im Vergleich zur Erarbeitung und Etablierung neuer Kennzahlen, was mit erheblichem Aufwand, der im Verhältnis zum Nutzen stehen sollte, verbunden
ist, zeitliche und ökonomische Vorteile. Entsprechend wurden nachfolgend die Ziele der Unterabteilungen des Bildungswesens gesichtet, die
als Stellvertreter der Strategie dienen sollten. Um die Konsistenz und Aussagefähigkeit der indirekten Abbildung und Abdeckung der Strategie über
alle Zielvorgaben abzusichern, erfolgte im Anschluss noch ein Abgleich
mit der Vision des Personalwesens.

Die formulierten Ziele wurden den Perspektiven der BSC zugeordnet und
Kennzahlen zur quantitativen und qualitativen Messung der Zielerreichungsgrade abgeleitet. Hier entfaltet sich ein großer Vorteil gegenüber
herkömmlichen Controlling-Instrumenten: Die BSC erlaubt die Nutzung
von qualitativen, durchaus subjektiv geprägten neben den sonst üblichen
quantitativen Kennzahlen. Durch die Einbeziehung dieser Kenngrößen
lässt sich die Komplexität des Unternehmens realitätsnaher und flexibler
abbilden.

In einem letzten wichtigen Schritt sind die Wirkungszusammenhänge zwischen den Kennzahlen zu visualisieren. Das verdeutlicht den Mitarbeitern
die Vernetzungen zwischen den verschiedenen Zielen und erleichtert das
Verständnis, warum bestimmte Dinge getan werden müssen, weshalb andere sekundär sind. Gerade der Fokus auf die wesentlichen Zusammenhänge ist essentiell für die erfolgreiche Einführung eines umfassenden
Controllinginstruments und kann auch der Gefahr einer »Überfrach-
tung«, einer Überbürokratisierung entgegen wirken. Die Visualisierung
ermöglicht die übersichtliche, allgemein verständliche Darstellung kausa-
ler Zielzusammenhänge. Die Mitarbeiter können nachvollziehen, was sie

durch ihre Tätigkeit zur Zielerreichung der Abteilung oder des Unternehmens beisteuern können.

Im Rahmen der Einführung wurden schon frühzeitig Handlungsempfehlungen vom BSC-Projektteam als Orientierungsrahmen für Mitarbeiter und Führungskräfte ausgesprochen. Vor dem Hintergrund, dass ein Steuerungsinstrument wie die BSC eine Vielzahl von Anspruchs- und Einflussgruppen im Unternehmen tangiert, sollten diese »guidelines« die Stoßrichtung der Bemühungen dokumentieren und die weiteren Überlegungen kanalisieren:

❑ Die BSC bildet die strategischen Ausrichtungen, also auch die wichtigsten Ziele des Bildungswesens ab.
❑ Die Bestandsaufnahme der BSC ist die Ausgangsbasis der Zielvereinbarungsklausur des Bildungswesens, also von Zielvereinbarungen.
❑ Die Entwicklung der Soll/Ist-Werte wird zu festen Zeiten im Laufe des Jahres bewertet. Konsequenzen werden abgeleitet und kommuniziert.
❑ Die BSC wird in regelmäßigen Abständen überarbeitet bzgl. Beobachtungsfeld, Kenngrößen (KPIs) und Soll-Vorgaben.
❑ Individuelle Ziele müssen kongruent mit den BSC-Zielen sein.
❑ Die BSC löst andere Berichtsinstrumente ab (ausgenommen operatives Controlling).

2.3. Qualitative und Quantitative Steuerungsgrößen

Einer der größten Vorteile der BSC gegenüber klassischen Kennzahlensystemen, die Zusammenhänge zwischen betriebswirtschaftlichen Stellgrößen durch mathematische Gleichungen verdeutlichen, liegt in der bereits erwähnten Möglichkeit, neben quantitativen Messgrößen auch qualitative Zielwerte zu nutzen. So lassen sich auch Zusammenhänge zwischen harten und weichen Faktoren, die nicht mathematisch belegbar sind, verbal in angenommenen Ursache-Wirkungs-Beziehungen beschreiben, müssen aber stärker hinterfragt werden. Das bedeutet, im regelmäßigen Review der BSC nicht nur die Zielerreichung, sondern auch die Gültigkeit der angenommenen Beziehungen zu überprüfen.

Bei der richtigen Auswahl von Messgrößen und Indikatoren sind folgende Punkte zu beachten:

❑ Ist der Indikator bzw. die Messgröße von strategischer Bedeutung?

❑ Beeinflusst er/sie das Unternehmensergebnis in die gewünschte Richtung?

❑ Ist die Messgröße/der Indikator durch den Verantwortlichen direkt beeinflussbar?

❑ Lässt sie/er sich mit vertretbarem Aufwand erheben?

❑ Führt der Indikator/die Messgröße zum Ziel oder eher zu Fehlsteuerung?

3. Erfahrungen aus dem Projekt

Natürlich verläuft die Implementierung eines neuen Management-Tools nicht reibungslos: Im Rahmen der Umsetzung stößt man auf einige Probleme, die sich kritisch auf die Einführung selbst und den späteren Erfolgsbeitrag der BSC auswirken können. So werden vielfach die möglichen Probleme bei der Datengewinnung deutlich unterschätzt – nicht nur in zeitlicher Hinsicht, sondern auch im Hinblick auf die Überprüfung der Daten bzgl. ihrer Aussagefähigkeit und Vergleichbarkeit. Im Laufe der konstruktiven Zusammenarbeit im Projektteam und den nachgelagerten Arbeitsgruppen wird man immer wieder damit konfrontiert, dass grundsätzlich zwar gute Ideen für mögliche Kennzahlen vorhanden sind, die aber zum Teil nur mit erheblichem Aufwand erhoben werden können, der in keinem Verhältnis zum potenziellen Nutzen steht.

Auch die bereits erwähnte Übersetzung der abstrakten Unternehmensstrategie und -vision in konkrete Ziele für die BSC kann sich als schwierig erweisen. Die Alternative der indirekten Abbildung der Strategie stellt andererseits erhöhte Anforderungen an die Reliabilität der herangezogenen Parameter.

Die Einführung der BSC erleichtert spätere Strategiediskussionen, da die Mitarbeiter ein tieferes Verständnis über die Zusammenhänge und die Bedeutung einzelner Punkte erhalten haben. Umgekehrt erschwert die fehlende Einbindung von Anfang an in den allgemeinen Strategieprozess die Diskussion während der BSC-Implementierung nachhaltig: Das allgemeine »Bauchgefühl« der Beschäftigten darf nicht unterschätzt werden, viele äußern Ängste, dass ein zusätzliches Instrument die Soll-Werte der Kennzahlen ständig mit den Ist-Werten vergleicht. Im Projektverlauf sollte frühzeitig deutlich werden, dass die BSC kein Kontrollinstrument im althergebrachten Sinne darstellt, sondern strategische Ziele in operative überführt, somit die innerbetriebliche Kommunikation durch ein verbessertes gemeinsames Verständnis der möglichen Handlungsfelder verbessert und also dem frühzeitigen Gegensteuern im Sinne einer Strategieverfolgung und Sicherung des Unternehmenserfolges dient.

Da die Mitarbeiter mit der Einführung der BSC häufig unterschiedliche Erwartungen verbinden – ein Teil legt den Schwerpunkt auf den Einsatz als Controlling-Instrument, andere sehen sie als reines Management-Tool zur Strategiekommunikation – hat es sich als hilfreich erwiesen, diese verschiedenen Sichtweisen entsprechend zu berücksichtigen, möglichst früh zu klären, in eine einheitliche und gemeinsame Zielvorstellung zusammenzuführen und durch Dokumentation eines »common sense« schriftlich festzuhalten.

Eine effiziente Nutzung der BSC lebt vor allem auch davon, dass sie von einer möglichst breiten Mitarbeiterbasis getragen wird. Diese Einstellung muss sich auch in der Zusammensetzung des Einführungsteams widerspiegeln. Eine inkonsistente oder – zur Beschleunigung des Implementierungsprozesses – einseitig zielgerichtete Zusammensetzung des BSC-Teams stellt die Mitglieder immer wieder vor Probleme bzw. mindert die Qualität des Ergebnisses, wird also nicht zum gewünschten Erfolg führen und tendenziell eher bremsend für das Projekt wirken.

3.1. Erfolgsfaktoren für die Umsetzung

Die BSC ist ein Tool zur Strategieverfolgung, nicht -generierung: Sie kann lediglich ein Muster liefern und Hilfestellung bei der Strukturierung geben. Die Ziele müssen konform von der Vision und Unternehmensstrategie heruntergebrochen werden. Einer der wichtigsten Erfolgsfaktoren ist daher die Klarheit und der Konsens über die verfolgte Strategie. Der Topdown-Ansatz gewährleistet auch, dass die einzelnen Abteilungen auf einer Ebene keine gegenläufigen Ziele verfolgen.

Die Entwicklung der BSC kann nicht die Leistung eines Einzelnen sein, die einzelnen Steuerungsgrößen müssen im Team erarbeitet werden, so erfahren sie eine hohe Akzeptanz: In der Zwischenzeit existieren zwar eine Vielzahl von sinnvollen EDV-Tools zur Unterstützung der BSC, allerdings können sie keine Kommunikation als essentiellen Erfolgsfaktor ersetzen.

Die BSC bildet nur die wichtigsten Ziele ab, pro Perspektive sollte man sich auf drei bis fünf Steuerungsgrößen fokussieren. (Die Praxis zeigt, dass eine gleichzeitige Konzentration auf mehr als 12 bis 15 nicht realisierbar ist.) Um sicherzustellen, dass der Schwerpunkt der Aktivitäten sich auf diese Ziele konzentriert, muss die BSC mit der jährlichen Ressourcen- und Budgetplanung verbunden werden. Das Engagement der Mitarbeiter wird zusätzlich verstärkt durch die Verknüpfung der Zielerreichungsgrade mit variabler Vergütung.

Die BSC muss unternehmensspezifisch konzipiert und angepasst werden. Die Vielzahl von Veröffentlichungen und Seminaren zeigt den großen Vorteil des Konzeptes: Es wird lediglich ein Rahmen bzw. Gerüst für den Entwurf geliefert. Wenn das Layout einschließlich Namen und Bezeichnungen im Projektteam spezifiziert werden, kann selbst die Anzahl der Perspektiven (zwischen drei und fünf) auf die Unternehmensbedürfnisse angepasst werden.

Die Konzeption der BSC ist ein kontinuierlicher Prozess, der mit Ende der Einführung und erstmaligem Entwurf einer BSC auf keinen Fall abgeschlossen ist: Die BSC muss den sich laufend ändernden Rahmenbedingungen weiter angepasst werden, einige Ziele verschwinden unter Umständen, andere kommen hinzu.

3.2. Tipps zum Veränderungsprozess

Frühzeitige und umfassende Kommunikation kann spätere Widerstände, die sich häufig bei Veränderungen und der Einführung neuer Tools einstellen, vermeiden oder schon zu Beginn abbauen. Werden die Ziele und Gründe der Veränderungen herausgearbeitet, wird nachvollziehbar, warum der Wandel nötig ist, es entsteht ein »common sense of urgency«. Diese Kommunikationspolitik in größtmöglicher Offenheit der unternehmerischen Anspruchsgruppen untereinander zeichnet sich durch ihren »begin-of-pipe«-Charakter aus. Das impliziert die Bereitschaft und Notwendigkeit, bereits in der Projektplanung die potenziellen Widerstände zu »fühlen«, Anregungen verschiedenster Mitarbeitergruppen aufzunehmen und zur Diskussion zu stellen. Diese »Investition« zu Beginn der Implementierung lohnt sich gerade bei einem umfassenden Konzept wie der BSC. Spätere Korrekturen im Projektverlauf ziehen – bei einer summarischen Betrachtung – meist mehr zeitlichen Aufwand und Unzufriedenheit der Mitarbeiter nach sich.

Ein verantwortlich zusammengestelltes Team, kein »Einzelkämpfer« sorgt am besten für die erfolgreiche Implementierung der BSC, das Projekt muss jederzeit durch das Top-Management unterstützt werden. In den Strategieprozess sollten außerdem die betroffenen operativen Mitarbeiter einbezogen werden: Bei ihnen liegt nicht nur ausgeprägtes Detailwissen, ihnen bieten sich so auch Einblicke in die Zusammenhänge zwischen strategischen Entscheidungen und dem operativen Geschäft. Das hat den positiven Effekt, dass diese Mitarbeiter sich besser mit den Zielen identifizieren können, weil sie eher nachvollziehbar sind.

Eine straffe Planung des Projektes Einführung der BSC ist von großem Vorteil, erste Erfolge in Form einer vorläufigen BSC sollten möglichst schnell erreicht werden. Müssen die Mitarbeiter lange auf sichtbare Ergebnisse warten, verfliegt schnell die Energie für das Projekt und die Befürchtungen verstärken sich, dass die BSC bei Fertigstellung bereits durch ein anderes Instrument abgelöst wird, weil seitens der Leitung nicht genügend Interesse besteht.

Der Erfolg der BSC hängt ganz entscheidend davon ab, ob über die spätere Verwendung ein Konsens besteht, inwieweit es ein Controlling- oder ein Management-Instrument sein soll – beide Varianten sind durchaus denkbar. Soll die BSC – wie bei der BASF AG – als Management-Tool genutzt werden, ist es sicherlich von großem Vorteil, die Mitarbeiter über Zielvereinbarungen zu führen, die wiederum aus der BSC abgeleitet werden. So lässt sich aufzeigen, was jeder Einzelne zur Erreichung der strategischen Ziele eines Bereiches oder eines Unternehmens beitragen kann.

Zusammengefasst lässt sich festhalten, dass die BSC einen weiteren Schritt auf dem Weg in die Richtung bedeutet, Mitarbeiter stärker in die unternehmerische Verantwortung einzubinden, indem Strategien und Ziele des gesamten Betriebes kommuniziert und konkretisiert werden. Das Verständnis der in der Regel abstrakten Unternehmensstrategie sowie das Herunterbrechen auf nachvollziehbare Kriterien erhöht die Akzeptanz der Mitarbeiter, als Unternehmer im Unternehmen mitzuwirken. Auch nach vollzogener Einführung bleibt gleichwohl die Aufgabe, die BSC so weiter zu entwickeln, dass dieses Instrument den relevanten Entwicklungen kontinuierlich angepasst wird. Nur so kann der Dynamik im Markt und im Unternehmen selbst Rechnung getragen und der Bürokratisierung entgegen gewirkt werden.

3.3. Von der Vision zur BSC, von der BSC zur Zielvereinbarung

Die BASF AG nutzt, wie bereits erwähnt, intensiv das EFQM-Modell, dessen Vorteile in der klaren Struktur und den Fragenkatalogen zur Selbstbewertung liegen, die einen Leitfaden bieten, um Schwachstellen aufzudecken. Da zwischen EFQM und BSC viele Parallelen bestehen, wurde versucht, beide Instrumente zu verbinden. Nach einem ersten Konzeptions-Entwurf der BSC als Abschluss des Projektes erfolgte eine Selbstbewertung der Abteilung durch EFQM in drei Teams, die sich jeweils mit drei der neun Elemente des Modells beschäftigten. Bei der Aufteilung wurde bereits der Grundsatz der BSC berücksichtigt, dass die finanzwirtschaftlichen Ziele nur erreicht werden, wenn man die Kundenwünsche erfüllt. Also kümmert sich die erste Gruppe bei der Selbstbewertung um die Bereiche Geschäftsergebnisse, Politik & Strategie sowie Gesellschaftliche Verantwortung. Die zweite Gruppe untersucht die EFQM-Elemente Kundenzufriedenheit, Prozesse und Ressourcen im Hinblick auf die BSC-Aussage, dass man die Kundenwünsche nur durch gute Prozesse erfüllen kann. Die Zuordnung der Segmente Mitarbeiterzufriedenheit, -orientierung und Führung zur letzten Gruppe spiegelt die Verbindung wieder, dass zur Beherrschung der Prozesse gute und qualifizierte Mitarbeiter benötigt werden. Diese Aufteilung gewährleistet, dass sich jede der drei Gruppen schon mit einer der drei Verknüpfungen zwischen den Perspektiven der BSC beschäftigt.

Die Ergebnisse der Selbstbewertungen liefern den Input für die Überarbeitung der BSC, da Schwachstellen und Stärken direkt aufgezeigt. Die Abteilungs-BSC wird in der Strategieklausur überarbeitet und dann über die Unterabteilungs-BSC heruntergebrochen bis zu den Zielvereinbarungen der Mitarbeiter.

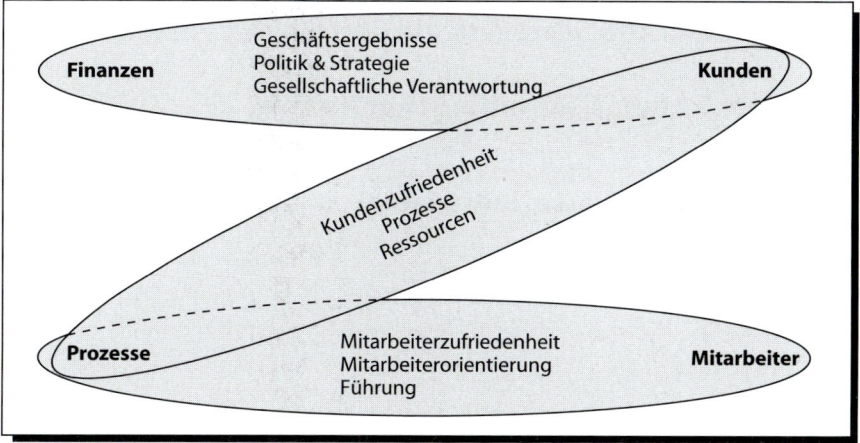

Abb. 2: Verbindungen zwischen EFQM und Balanced Scorecard

3.4. Verbindungen zwischen BSC und Personalentwicklung

Der Personalbereich kann die Entwicklung der BSC durch die Übernahme von Moderationsleistungen in der Implementierungsphase unterstützen. Im Vorfeld gehört es sicher zur Aufgabe des Personalwesens, als Multiplikator für das Thema zu fungieren. Bei der Einführung der BSC und der Umsetzung der Ziele ist es hilfreich, wenn das Personalwesen als Coach für die Führungskräfte zur Verfügung steht.

Auf der anderen Seite liefert die BSC einige Vorteile für die Arbeit im Personalwesen: Die Abteilungs-BSC erleichtert die Zielverfolgung. Die BSC auf Mitarbeiterebene kann Grundlage für die variable Zahlung darstellen. Letztendlich liefert die Mitarbeiterperspektive jeder BSC im Unternehmen die Grundlage für den Handlungsbedarf bzgl. der notwendigen Personalentwicklung und Schulungsaktivitäten.

VII. Die Balanced Scorecard als Beitrag des Personalentwicklungscontrollings am Beispiel der AOK Hessen

von Thorsten Bröske, Britta Jakobi,
AOK Hessen

und Prof. Dr. Silke Wickel-Kirsch,
FH Mainz

1. Ausgangslage der AOK Hessen

1.1. Die AOK Hessen

Die AOK Hessen ist ein Unternehmen in der Rechtsform einer Körperschaft des öffentlichen Rechts mit Selbstverwaltung. Sie beschäftigt ca. 5.000 Mitarbeiter/innen und ist in die Geschäftsbereiche Produkt, Markt und Administration gegliedert. Sie betreut ca.1,9 Millionen Privatkunden und rund 170.000 Firmenkunden. Der Produktbereich stellt die stationäre und ambulante medizinische Versorgung im Rahmen der Kranken- und Pflegeversicherung sicher, der Marktbereich betreut sowohl die Firmen- als auch die Privatkunden und sorgt für den entsprechenden Beitragseinzug, die Administration sorgt für eine gut funktionierende Infrastruktur im Gesamtunternehmen.

Das Unternehmen befindet sich derzeit in einer Phase des Wandels von einer Verwaltungsbehörde zu einem modernen Dienstleistungsunternehmen. Eine wichtige Rolle spielen Einflüsse durch neue Technologien wie das Internet, aber auch gesetzliche Änderungen. Der Wandel des gesetzlichen Krankenversicherungsmarktes vom Verkäufer- zum Käufermarkt hat zu einem Hyperwettbewerb zwischen den Anbietern geführt: Die Kunden werden, wie auch bei anderen Produkten, qualitätsbewusster und sensibler gegenüber dem gespürten Preis/Leistungsverhältnis. Auf Grund ihrer ausgeprägteren Bedürfnisse nach Information und Vergleich wird auch die Wechselbereitschaft der Kunden immer höher. Insbesondere die »guten« Kunden – junge Versicherte mit überdurchschnittlichem Einkommen – sind bereit, sich die aus ihrer Sicht beste Krankenkasse zu suchen.

Heute ist das Tagesgeschäft der AOK Hessen stark geprägt durch das Management der Stammkunden, die Gewinnung neuer Mitglieder sowie durch Kosten- und Qualitätsmanagement. Die AOK Hessen begegnet den Veränderungen durch aktive mittel- und langfristige Unternehmensplanung: Sie hat z. B. im Jahr 1999 eine Unternehmensvision entwickelt, aus der erste strategische Pläne abgeleitet wurden. Aus den gewonnenen Erkenntnissen hinsichtlich der Umsetzung der Strategien in konkrete Maßnahmen ergibt sich für die Geschäftsführung der dringende Handlungsbedarf, die Umsetzung von Vision und Strategien im Unternehmen systematisch durchzuführen.

1.2. Ausgangslage der Personalentwicklung

Die Veränderungen des Unternehmens, resultierend aus dem Wettbewerb und den neuen Technologien, stellen an die Personalentwicklung hohe und differenziertere Anforderungen. So reichen z. B. bestehende Qualifizierungsmaßnahmen und vorhandene Qualifizierungen der Mitarbeiter/innen und Führungskräfte nicht aus, um im Wettbewerb Stand zu halten. Eigeninitiative sowie Innovationsfähigkeit aller Beschäftigten sind gefragt.

Folglich führte die Personalentwicklung 1999 ein differenziertes und weiterentwickeltes Konzept ein, das die Voraussetzungen für eine systematische, bedarfsorientierte und tätigkeitsbezogene Aus- und Weiterbildung sowie für Mitarbeiterförderungen schafft. Das Personalentwicklungs-Konzept beinhaltet sechs Module:

❑ Funktionsbeschreibungen
❑ Auswahlverfahren
❑ Einführungspläne
❑ Mitarbeiterfördergespräche
❑ Karriere- und Nachfolgeplanung
❑ Qualifizierungsmaßnahmen

Die Basis der Personalentwicklungsarbeit bilden die Funktionsbeschreibungen: Sie beinhalten die Aufgaben und Anforderungen an die Mitarbeiter/innen und wurden folglich im ersten Schritt der Umsetzung des Konzeptes erarbeitet und implementiert. Das Auswahlverfahren sowie die Einarbeitungspläne folgten.

Weiterhin wurden 1999 landesweit die Mitarbeiterfördergespräche geführt. Sie sind Grundlage für die Beurteilung des Personals sowie die Vereinbarung von Leistung und Verhalten und bilden gleichzeitig die Basis einer bedarfsorientierten Weiterbildung. Die Potenzialeinschätzungen erfolgen im persönlichen Gespräch durch die Führungskraft und die Mitarbeiter/innen. Die Durchführung des Mitarbeitergespräches, das Führen von Einarbeitungsplänen sowie die Betreuung der Geschäftsbereiche vor Ort ermöglichen die notwendigen, individuell zugeschnittenen Qualifikationsmaßnahmen.

Die Karriere- und Nachfolgeplanung hat das Ziel, den geeigneten Fach- und Führungsnachwuchs aus den eigenen Reihen der AOK zu fördern. Die Karriere-Aspiranten gehen aus den Mitarbeiterfördergesprächen hervor. Die Nachfolgeplanung ist mit der Unternehmensplanung zu verzahnen, zum Beispiel in Form einer »key people analysis«. Die Umsetzung der Nachfolge- und Karriereplanung erfolgt ab Herbst 2000.

Durch die Implementierung dieser neuen Module möchte die Personalentwicklung unter anderem mit konkreten Maßnahmen zu einer transparenten und systematischen Umsetzung der Unternehmensziele der AOK Hessen beitragen. Zur effektiven Steuerung der Personalentwicklungshandlungen braucht die Abteilung aber auch ein funktionierendes Controlling.

2. Zielsetzung: Einführung einer Balanced Scorecard und deren Einfluss auf die Personalentwicklung

Die AOK Hessen hat sich, wie bereits erwähnt, auf Grund der geänderten Anforderungen des Marktes eine neue strategische Ausrichtung gegeben, die wiederum in Form einer Balanced Scorecard für das gesamte Unternehmen festgehalten werden soll. Anhand der BSC soll in der Praxis auch die Steuerung, insbesondere das Controlling erfolgen. Da in die Balanced Scorecard verschiedene Sichtweisen einfließen – die Finanz-, Kunden-, Prozess- und Mitarbeiterperspektive – bestehen erste Schritte darin, alle relevanten Unternehmensbereiche (auch die Personalentwicklung) von der Idee zu überzeugen und zur Kooperation bei der Erstellung zu bewegen. Eine wichtige Anforderung für den Erstellungsprozess und den späteren Erfolg besteht also darin, eine BSC zu entwickeln, mit der sich das gesamte Unternehmen, vor allem die Daten generierenden Bereiche identifizieren können.

Mit Hilfe der zu entwickelnden Balanced Scorecard sollen aber nicht nur Controlling und Steuerung stattfinden. Vielmehr kann die BSC ein Hilfsmittel sein, um die AOK Hessen auf dem strategisch richtigen Kurs zu halten und ihre Wettbewerbsfähigkeit sicherzustellen und auszubauen. Die Vision der AOK Hessen enthält aus Sicht der Führungskräfte und der Geschäftsführung die wesentlichen Erfolgsfaktoren, die auf dem Markt der Krankenkassen eine Rolle spielen. Diese Faktoren sind in der Balanced Scorecard als Kenngrößen zu integrieren, auch wenn sie sich auf relativ aggregiertem Niveau befinden und im Tagesgeschäft nur unzureichend erhoben, geschweige denn gesteuert werden können. Deshalb müssen sie in Kennzahlensysteme bzw. -bäume umgesetzt werden, um über handhabbare Steuerungsgrößen im Tagesgeschäft zu verfügen und die strategische Relevanz des Handelns nicht aus den Augen zu verlieren. Anschließend werden strategische Ziele und konkrete Maßnahmen definiert, welche die Erfolgsfaktoren beinhalten. So kann die Verwirklichung der Vision sowie der strategischen Ziele transparent dargestellt werden.

Für die Personalentwicklung bedeutet dieses Vorgehen zunächst, dass sie zusammen mit anderen Bereichen in den Prozess der Erstellung einer Balanced Scorecard eingebunden werden muss, um alle die Mitarbeiter/innen betreffenden, strategisch relevanten Größen einzubringen und in der BSC zu verankern. Im nächsten Schritt ist die Personalentwicklungsabteilung gefordert, Kennzahlenbäume für ihre Arbeit auf Basis der Erfolgsfaktoren zu entwickeln, um die in der Balanced Scorecard definierten Größen mit Hilfe von Personalentwicklungsdaten ermitteln zu können. Schließlich dient die BSC noch als Leitfaden für den Aufbau eines Controllings in der Personalentwicklung unter Berücksichtigung des neuen Personalentwicklungskonzeptes, eine Funktion, die bislang nur in Ansätzen in der AOK Hessen existiert hat. Somit ist das Projekt »Balanced Scorecard« zugleich der Katalysator für die Installation eines geregelten Controllingsystems in der Personalentwicklung.

3. Modell einer Einführung der Balanced Scorecard

Aus organisatorischer Sicht sollte die Implementierung der Balanced Scorecard unter Berücksichtigung der genannten Rahmenbedingungen in der Hand des zentralen Unternehmenscontrollings und der Unternehmensführung liegen. Der Grund liegt in der Entscheidungskompetenz, über die diese organisatorisch höchsten Einheiten verfügen.[1]

---

1 Vgl. Horvath & Partner, Balanced Scorecard, Balanced Scorecard umsetzen, Stuttgart 2000, S. 110.

Zur Einführung eignet sich das in der AOK Hessen bereits bewährte Projektmanagement. Aus verschiedensten Organisationseinheiten, auch aus dem Personalentwicklungsbereich, sind zunächst Vertreter als Teammitglieder zu gewinnen. In Workshops definieren die Teams gemeinsam die relevanten Aufgaben für das Gesamtunternehmen, abgeleitet aus der Vision und den Strategien. Weiterhin sind Arbeitsaufgaben zu definieren, die die Teammitglieder bis zum nächsten Workshop-Termin in ihren eigenen zuständigen Fachbereichen bearbeiten. Im nächsten Workshop stellen die Teammitglieder die Ergebnisse vor, der Input wird diskutiert und auf Stimmigkeit und Konsens geprüft.

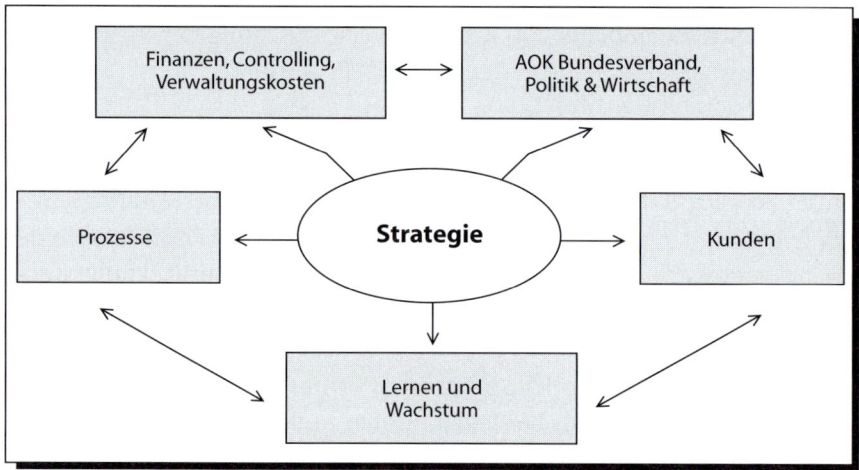

Abb. 1: Grobkonzept einer Balanced Scorecard der AOK Hessen

In einem ersten Workshop ist zunächst das Grobkonzept für eine Balanced Scorecard zu erstellen. Die Teammitglieder sollten einen Einblick in das Konzept der BSC erhalten, welche Ziele damit verbunden sein können und welche Elemente aus Sicht der AOK Hessen eine Rolle spielen: Die oberste Ebene einer Balanced Scorecard ist zu entwickeln. Das Geschäft der AOK Hessen wird stark von den Aktivitäten aus Politik, Wirtschaft und dem eigenen Bundesverband der AOKn geprägt, so dass fünf unterschiedliche Dimensionen in der Unternehmens-BSC zu berücksichtigen sind (siehe Abbildung 1).

Die AOK Hessen verfolgt aber nicht nur das Ziel, strategische Aktionen umzusetzen und zu »controlen«. Vor allem soll ein Berichtswesen entwickelt werden, um das Handeln in der AOK Hessen kurz und prägnant darzustellen, damit der »strategische Kurs« zentral gesteuert werden kann.

So sollten die Unternehmensbereiche vor der Phase der Strategieumsetzung die Erfolgsfaktoren zu den einzelnen Dimensionen definieren. Sie sind abzuleiten aus der Vision. Solche Erfolgsfaktoren können beispielsweise sein:

im Bereich Finanzen/Controlling/Verwaltungskosten

❏ Erzielung eines Überschusses
❏ Kostensteuerung
❏ Produktivität

für die Dimension AOK Bundesverband, Politik und Wirtschaft

❏ Einfluss auf die Arbeit des Bundesverbandes
❏ Intensität/Qualität der politischen Arbeit
❏ Radarfunktionen

für die Dimension Kunden

❏ wettbewerbsfähiger Beitragssatz
❏ reibungslose Abwicklungsprozesse
❏ Unterstützung durch ergebnisorientiertes Gesundheitsmanagement
❏ Kundenzufriedenheit

für die Dimension Prozesse

❏ Produktinnovation
❏ Innovationsprozess

für die Dimension Lernen & Wachstum

❏ Veränderungsfähigkeit
❏ Wissenserhaltung- und -erweiterung
❏ Employability.

Insgesamt ist ein aufeinander abgestimmtes Set an Erfolgsfaktoren der einzelnen Bereiche zu definieren, die in die Balanced Scorecard aufgenommen werden, um Dopplungen zu vermeiden.

Daraufhin können die Teammitglieder die Erfolgsfaktoren jeweils für ihren Bereich mit Kennzahlen unterlegen, um die Größen zu operationalisieren und damit messbar zu machen. Bei der Ausarbeitung der Erfolgsfaktoren kann sich zeigen, dass eine Vielzahl von Kennzahlen nötig und plausibel ist, um diese abzubilden. Aus Gründen der Praktikabilität kann es sinnvoll sein, eine engere Definition für einen Erfolgsfaktor zu wählen.

Die Entwicklung der Erfolgsfaktoren und insbesondere der dazugehörigen Kennzahlen für die Dimension AOK Bundesverband, Politik und Wirtschaft erweist sich als besonders schwierig, da hier wenig Erfahrungswerte aus anderen Unternehmen vorliegen. Eine weitere Schwierigkeit besteht darin, die Qualität der Einflussnahme darzustellen, beispielsweise beim Bundesverband.

Nicht selten stellt sich das Problem, dass die Teammitglieder zwar sinnvolle Ausgestaltungen der Erfolgsfaktoren für ihren Bereich finden, das Gesamtteam das in dieser Form jedoch nicht mittragen kann. Letztendlich müssen aber alle Teammitglieder zusammen die Erfolgsfaktoren für jede Dimension mit endgültigen Kennzahlen und Definitionen festlegen.

Damit die ermittelten Kennzahlen in Form von Leistungs- und Ergebniskennzahl je Erfolgsfaktor in einer Beziehung zueinander stehen, werden Kennzahlenbäume entwickelt. Die einzelnen bereits definierten Kennzahlen werden so in ein System integriert. Diese Verbindung zu leisten ist wiederum Aufgabe der Teammitglieder im eigenen Fachbereich.

Sind die definierten Kennzahlensysteme der verschiedenen Unternehmensbereiche aufeinander abgestimmt, sollten die Beziehungen der Erfolgsfaktoren untereinander dargestellt werden. Hierzu eignet sich beispielsweise das Instrument der Cross-Impact-Analyse. In dieser Phase werden unter anderem (eventuelle) Widersprüche der einzelnen Erfolgsfaktoren deutlich.

Schließlich ist die Wirksamkeit der Kennzahlenbäume zu testen. Die Umsetzung der strategischen Ziele sollte auf der Grundlage der entwickelten Systeme in einem Pilotbereich erfolgen.

4. Die Erarbeitung der Dimension »Lernen und Wachstum« durch die Personalentwicklung

Der Personalbereich spielt als Verantwortlicher für eine der fünf Dimensionen eine wichtige Rolle bei der Erstellung und Umsetzung einer Balanced Scorecard. Der Personalentwicklungsbereich im Besonderen sollte von Anfang an Teil des Prozesses sein. In den frühen Phasen sind die Erfolgsfaktoren für den Personalentwicklungsbereich zu definieren, die Kennzahlen zu entwickeln und die Erfolgsfaktoren zu harmonisieren, wie oben beschrieben. Die aus unserer Sicht interessantesten Phasen des Prozesses sollen hier ausführlich dargestellt werden: Die Festlegung endgültiger Erfolgsfaktoren und die Entwicklung eines Kennzahlenbaumes.

Als oberster Erfolgsfaktor aus Sicht der Perspektive »Lernen & Wachstum« könnte »employability« definiert werden, im Verständnis der AOK die interne Arbeitsmarktfähigkeit. Dahinter steht die Frage, inwieweit die Mitarbeiter/innen der AOK intern versetzt werden können und in der Lage sind, neue oder veränderte Aufgaben wahrzunehmen. Dazu gehört auch die räumliche Mobilität, zu der das Personal der AOK bereit ist.

Der Erfolgsfaktor »employability« lässt sich konsistent mit diesen beiden unterschiedlichen Aspekten aufteilen in die »Unter-Erfolgsfaktoren« Veränderungsfähigkeit sowie Info-/Wissenserhaltung und -erweiterung (siehe Abbildung 2).

Im nächsten Schritt sind diese beiden Faktoren in einzelne Kennzahlen aufzuteilen, wobei bezüglich der Ermittelbarkeit einerseits Pragmatismus gefragt ist: Die aussagekräftigste Kennzahl hilft in der Praxis nicht, wenn sie durch die vorhandenen Daten und die zur Verfügung stehende EDV nicht oder nur mit unverhältnismäßig hohem Zeitaufwand ermittelt werden kann. Zum anderen ist die Frage relevant, ob die Kennzahl in Einheiten gemessen werden kann, die sich hinterher in der Aggregation zur übergeordneten Kennzahl oder zum Erfolgsfaktor sinnvoll verarbeiten lassen. Im Zweifel ist es weniger zeitaufwendig, auf einer niedrigen Aggregationsebene eine Umrechnung vorzunehmen als auf einem hohen Niveau. Für die Berechnung können Durchschnittswerte verwendet werden, z. B. der Preis in DM für eine Qualifizierungsstunde oder einen Tag.

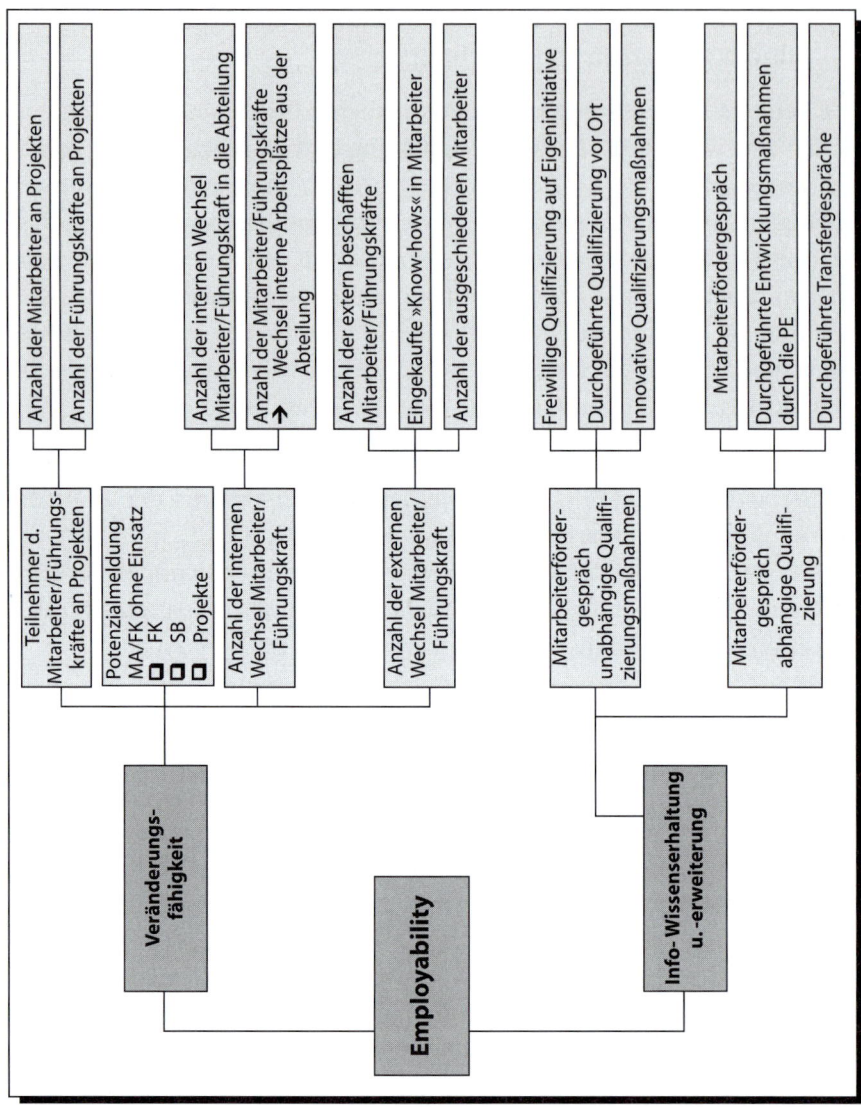

Abb. 2: Beispiel eines Kennzahlenbaums »Employability«

Im Bereich der Info-/Wissenserhaltung und -erweiterung spielen vor allem Kennzahlen zum Thema »Qualifizierungen und Weiterbildung« eine große Rolle. Bei der Betrachtung ist auch zu berücksichtigen, inwieweit Mitarbeiter/innen sich außerhalb der Arbeitszeit weiterbilden. Hier kann es natürlich zu Problemen bei der Erhebung kommen. Allerdings gibt es

Konstrukte, mit deren Hilfe ein großer Teil erfasst werden kann, z. B. über das Erheben von Zuschüssen zu Bildungsmaßnahmen.

Die AOK Hessen versteht Personalentwicklung als Kooperation von Personalentwicklung, Führungskräften und Mitarbeiter/innen. So gehört zu dem Erfolgsfaktor »Wissenserhaltung« auch die Frage, wie intensiv sich Führungskräfte in den Mitarbeiterfördergesprächen mit den Beschäftigten, ihren Leistungen und Potenzialen auseinandersetzen. Auch die Stundenzahl, die für die Transfersicherung, die Umsetzung des Gelernten in die Praxis aufgewendet wird, ist aus Sicht der AOK zu den Maßnahmen der Wissenserhaltung zu rechnen.

Der Erfolgsfaktor »Veränderungsfähigkeit« stellt auf die bewiesene und potenzielle Mobilität der Mitarbeiter/innen ab – räumlich oder über einen Aufgabenwechsel definiert. Dazu ist als Förderung der geistigen Mobilität auch der Einsatz in Projekten zu rechnen. Hinzu kommt die Mobilität einer Gruppe von Mitarbeitern, bei denen in den Mitarbeiterfördergesprächen Potenzial für eine höherwertige Position festgestellt wurde, die aber aktuell keine konkrete Position in Aussicht haben, sich somit in einer »Warteschleife« befinden. Bei dieser Gruppe ist wahrscheinlich die Veränderungsfähigkeit im Sinne von Wechselbereitschaft relativ groß – auch aus dem Unternehmen hinaus.

Aus den einzelnen Kennzahlen können im wesentlichen durch Addition, aber auch durch andere mathematische Operationen Kennzahlen auf der nächsten Aggregationsebene gebildet werden, die sich dann zu Unter-Erfolgsfaktoren und zum Erfolgsfaktor zusammenfassen lassen. Veränderungen in einer der Kennzahlen schlagen damit auf die Erfolgsfaktoren durch und können durch das Controlling daraufhin untersucht werden, ob sich die Entwicklung in eine wünschenswerte Richtung bewegt oder nicht. So kann z. B. eine beobachtete erhöhte Veränderungsbereitschaft aus dem Unternehmen hinaus durchaus gewollt sein.

5. Die Bedeutung der Balanced Scorecard für das Personalentwicklungscontrolling

Die AOK hat in den letzten Jahren sehr viel in Personalentwicklung investiert in Form von Qualifizierung und Förderung ihrer Mitarbeiter. Der Bereich des Personalcontrollings ist dagegen noch wenig ausgebaut worden. Zwar steht ein EDV-System zur Verfügung, mit dem diverse

(Kenn-)Zahlen erhoben werden können. Welche Zahlen jedoch erhoben werden und welche strategische Relevanz diese aufweisen, stand bei der Installation des EDV-Systems und des Controllings der Personalentwicklung nicht im Vordergrund.

Die Einführung einer Balanced Scorecard kann ein Gerüst für das Controlling schaffen. Die wichtigsten zu erhebenden Kennzahlen werden durch das Erstellen des Kennzahlenbaumes bereits vorgegeben. Dabei kann darauf geachtet werden, dass die Personalentwicklungsabteilung in der Lage ist, die erforderlichen Kennzahlen bereitzustellen, ohne neue Investitionen in die EDV zu tätigen. Außerdem ist darauf Wert zu legen, dass zur Erhebung der Kennzahlen nicht zusätzliche Personalkapazität aufgebaut werden muss. Pragmatismus steht also bei der Wahl der Kennzahlen ebenso im Vordergrund wie der sinnvolle und mathematisch ausdrückbare Zusammenhang mit der übergeordneten Kennzahl und den Erfolgsfaktoren.

Der andere große Vorteil, den ein solches BSC-geleitetes Controlling in der Personalentwicklung aufweist, besteht darin, dass eine Verknüpfung mit dem Unternehmenscontrolling gewährleistet ist. Doppeltes oder »aneinander vorbei« Arbeiten in dem Sinn, dass der Personalentwicklungsbereich aus seiner Sicht interessante Zahlen erhebt, das Unternehmenscontrolling aber andere anfordert, die aus seiner Perspektive relevant sind, können vermieden werden. Stattdessen werden die strategisch relevanten Zahlen erhoben, die auf lange Sicht sowohl das Gesamtunternehmen als auch die Personalentwicklungsabteilung betreffen. Die Probleme, die viele Unternehmen haben, wenn sie sich entschließen, ein Controllingsystem (im Sinne von vernetzten Zahlen) in der Personalentwicklung zu etablieren, treten nicht auf.

Häufig weiß die Personalentwicklungsabteilung nicht genau, womit sie anfangen soll, wenn die Funktion »Controlling« aufgebaut werden soll. Oftmals werden unter dieser Voraussetzung Zahlen erhoben, die vor allem aus Sicht des Personalentwicklungsbereichs relevant zu sein scheinen und abhängig von aktuell beobachteten Problemen sind. In vielen Fällen sind das jedoch aus Sicht des Gesamtunternehmens nicht die wirklich wichtigen und richtigen Steuerungsgrößen. Bei Anwendung einer Balanced Scorecard als Richtschnur kann dieses Problem jedoch vermieden werden.

6.   Fazit

Aus dem geschilderten Vorgehen wird deutlich, dass die Einführung einer Balanced Scorecard auf Gesamtunternehmensebene und ihre Verknüpfung mit dem Personalentwicklungsbereich gut gelingen kann. Die eher strategisch orientierte BSC kann auch erfolgreich in das Tagesgeschäft übersetzt werden, wenn der Wille zur Umsetzung vorhanden ist. Dadurch gelingt es, das Instrument zum Leben zu erwecken, dem/r einzelnen Mitarbeiter/in zugänglich und verständlich zu machen und ihm/ihr gleichsam eine Richtschnur für ihr / sein Handeln zu geben.

Der Erfolg – im Sinne von strategisch richtigem Handeln und Steuern nach der Balanced Scorecard – kann aus jetziger Sicht noch nicht beurteilt werden. Die ersten Rahmenbedingungen sind allerdings geschaffen worden, damit dieses Konzept ein Erfolg werden kann: Alle Führungskräfte sind in der Methodik der BSC geschult, die Umsetzung im Gesamtunternehmen ist geplant.

Literaturverzeichnis:

Horváth & Partner: Balanced Scorecard, Balanced Scorecard umsetzen, Stuttgart, 2000.

Horváth, P. / Kaufmann, L.: Balanced Scorecard – ein Werkzeug zur Umsetzung von Strategien, in: Harvard Business Manager, 5/98, S. 39–48.

Wunderer, R. / Jaritz, A.: Unternehmerisches Personalcontrolling, Evaluation der Wertschöpfung im Personalmanagement, Luchterhand, 1999.

VIII. Vorbereitung und Umsetzungsbegleitung einer Balanced Scorecard durch den kontinuierlichen Verbesserungsprozess –

Das Beispiel Deutsche Bank AG

Von Dr. Norbert Fett,

Qualitätsservice Konzern, Deutsche Bank AG

1. Ausgangslage: Die neue Strategie

Um zu überleben, unterliegen Organisationen ständig dem Zwang, nach neuen Strategien zu suchen. Die Folge: Ständiger Wandel, der immer wieder neue Projekte produziert. Als im Herbst 1999 der Vorstand der Deutschen Bank 24 die neue Vertriebsstrategie »Performance 2000« präsentierte, stellten sich die Fragen, ob das soeben beendete KVP-Training damit verbunden werden könnte und wie die Projekte sich gegenseitig beeinflussen. Zusätzlich war zu klären, inwieweit die initiierten Projekte im Sinne der neuen Strategien aufeinander abgestimmt wurden. Mit diesem Problem sah sich eine Region der Deutschen Bank 24 konfrontiert, als nach einem ausführlichen KVP-Training für insgesamt 14 Marktgebiete die neue Strategie mit multikanal vertriebsorientierten Zielen auf der Basis einer Balanced Scorecard (BSC) definiert wurde und veränderte Anforderungen an die Geschäftssteuerung stellte. Die »Performance 2000« beschrieb zunächst die Inhalte der Steuerungsebenen, war aber noch nicht in den Key-Performance-Indikatoren konkretisiert. Mit Veröffentlichung der »Performance 2000« sah man die Notwendigkeit, das Performance Management strategieorientiert, fokussiert, balanciert und ganzheitlich auszurichten. Demzufolge war für eine effektive Steuerung neben einer konsistenten Wertemessung auch ein strukturierter Management Prozess erforderlich.

In dieser Anfangsphase stellte sich das Qualitätsmanagement einer Region die Frage, ob die bisherigen KVP-Projekte und Aktivitäten zu vernachlässigen seien, um sich den neuen Steuerungsinstrumentarien zu widmen, oder ob sich die strategische Neuausrichtung und KVP miteinander verbinden lassen.

Orientierung

In diesem recht unsicheren Umfeld begannen einige Gebietsleiter – zunächst jeder für sich – den motivationalen Ertrag zur Effizienzsteigerung aus dem KVP mit ihren Mitarbeitern zu nutzen in der Absicht, kleine Netzwerke zu entwickeln. Abbildung 1 zeigt den gesamten Prozessverlauf, der zunächst weiter dargestellt wird.

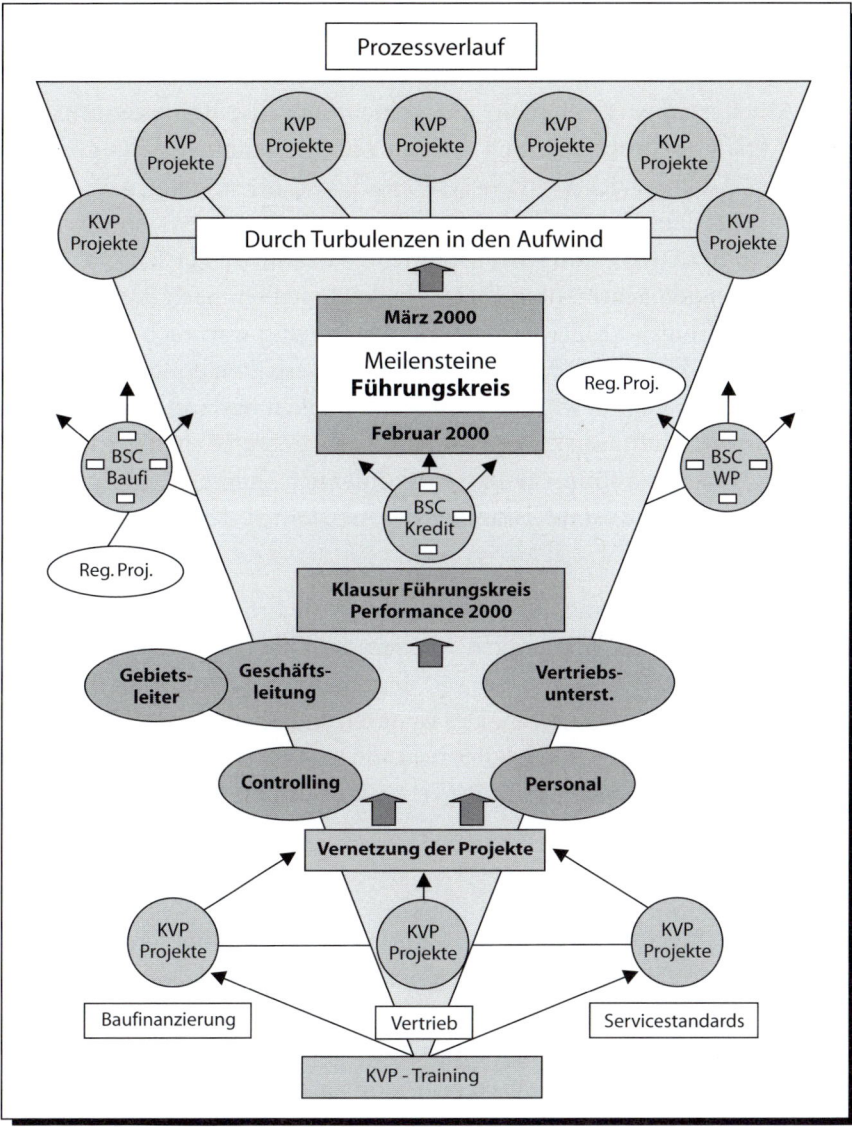

Abb. 1: Der Prozessverlauf

Folgende Leitfragen sollten beantwortet werden:

Wer fördert bzw. behindert die Vernetzung? Welche Rahmenbedingungen sind zu beachten? Welche Ressourcen stehen zur Verfügung? Welche Widersprüche werden sichtbar? Wer steuert den Evaluierungsprozess? Wie werden quantitative und qualitative Ergebnisse und Erfahrungen kommuniziert? Welche neuen Qualifikationen können bei den Mitarbeitern geschaffen werden?

Durch Initiative des regionalen Qualitätsmanagements haben weitere Gebietsleiter, die an der Vernetzung ihrer KVP- Ergebnisse interessiert waren, eine Arbeitsgruppe geschaffen, um gemeinsam eine Bestandsaufnahme ihrer Aktivitäten vorzunehmen. In den ersten Sitzungen stellten sie die aktuellen Arbeiten der Vertriebssystematik vor, die jeweiligen Verknüpfungen mit dem kontinuierlichen Verbesserungsprozess wurden festgestellt. In der Diskussion wurde deutlich, dass alle Gebietsleiter ähnliche Erfahrungen gemacht hatten. Viele Filialleiter stellten nach dem Training hohe Erwartungen an die Umsetzung, gleichzeitig war auch Zurückhaltung spürbar: Forderungen nach dem Vorbildverhalten der obersten Führungskräfte der Region wurden geäußert. Einigkeit bestand darin, die bislang eingeleiteten Maßnahmen und erzielten Ergebnisse abzugleichen und in einem Katalog zusammenzufassen, damit auch andere daran partizipieren könnten. Den Austausch sollten die Assistenten der Gebietsleiter organisieren.

Diese Zusammenfassung der Ergebnisse und die Erfahrungen aus vorhergehenden KVP-Klausurtagungen wurden der Geschäftsleitung vorgetragen mit dem Ziel, die Ergebnisse mit dem Stellhebel des Erfolgs der »Performance 2000« zu korrelieren. Des weiteren wurde vereinbart, die bislang nicht eingebundenen Gebietsleiter bzw. deren Assistenten für einen regen Austausch zu sämtlichen zukünftigen Veranstaltungen einzuladen.

2.   KVP mit BSC verknüpfen

Das war der Beginn eines KVP-Netzwerkes im Sinne einer lernenden Organisation. Auffallend waren in dieser Phase die Widerstände, die an rationalen Gründen wie Zeitnot oder fehlenden qualifizierten Mitarbeitern festgemacht wurden. Das regionale Qualitätsmanagement wollte aber seine Fähigkeiten unter Beweis stellen und sah daher eine große Chance, nicht nur den Qualitätsgedanken zu fördern, sondern auch die damit verbundenen notwendigen Veränderungsaktivitäten begleiten zu können – Interessenskonflikte waren unvermeidlich.

Deutlich wurde aber auch, dass eine reine Vernetzung nicht ausreicht, um eine Effizienzsteigerung der Geschäftsergebnisse durch KVP-Projekte zu erzielen. Im Raum stand die Forderung, diesen Prozess aktiv zu managen. Offensichtlich war noch keine gemeinsame Bereitschaft vorhanden und wurde nicht grundsätzlich akzeptiert, die Wege zum eigenen Erfolg offen zu legen – der zwischen den einzelnen Marktgebieten bestehende Wettbewerb hatte seinen Teil dazu beigetragen. In dieser – zum Teil kritischen Phase – nahm die interne Diskussion über die Einführung einer Balanced Scorecard in Form der »Performance 2000« zu. In den einzelnen Sitzungen des Netzwerks stand die Klärung der Frage im Vordergrund, ob die Steuerungsaktivitäten zur Effizienzsteigerung durch KVP und die Steuerungsaktivitäten des Performance Managements nicht in einem inneren Zusammenhang zueinander stünden – mit dem Ergebnis, die derzeit laufenden KVP-Aktivitäten mit den Zielsetzungen der Geschäftssteuerung abzugleichen, um Doppelarbeiten zu vermeiden und Interessensgegensätze aufzudecken.

Die bereits laufenden KVP-Aktivitäten sollten also als Unterstützung für die Einführung einer BSC genutzt werden, entschied der Regionsleiter. Dafür wurde eine Steuerungsgruppe geschaffen, in der alle Ebenen der BSC und somit des Change Prozesses abgebildet waren – die Arbeitsgruppe erweiterte sich um den Controller, den Personalleiter sowie die Geschäftsleitung, zugleich änderte sich auch ihre Funktion: Jetzt stand die Steuerungsverantwortung für die Verknüpfung von KVP-Prozessen mit der BSC im Vordergrund.

Akzeptanz und Motivation sichern

Diese »Steuerungsgruppe Performance 2000« setzte sich für ihr Arbeitsprogramm folgende Ziele:

❏ Definition der wichtigsten regionsrelevanten KVP-Zielsetzungen
❏ Erhebung der Projektliste, Erstellung des Projektportfolio, Priorisierung neuer Projekte
❏ Permanente Beobachtung der Prozesse, Ableitung von Erkenntnissen und Verankerung im täglichen Geschäft
❏ Systematische Messung, Bewertung und Zielerreichung

❏ Kommunikation des gesamten Prozesses und Transparenz der Ergebnisse.

Es kam also einerseits darauf an, die strategischen Ziele in verständliche operative Maßnahmen und Aktionen umzusetzen, andererseits durch höhere Transparenz Verständnis zu wecken und Ängste oder Sorgen abzubauen, damit die verantwortlichen Führungskräfte die abstrakten Vorgaben in konkrete Vorhaben übersetzten. Alle sollten verstehen, wie der kontinuierliche Verbesserungsprozess die strategischen Ziele der BSC unterstützt und um welche Ziele es konkret geht. Jeder Einzelne sollte durch Zielvereinbarungen wissen, woran er ist, was man von ihm erwartet, welchen Beitrag er zu leisten hat.

Nach Ansicht der Steuerungsgruppe mussten die Führungskräfte in einer entspannten Atmosphäre der Leistungsbereitschaft und Kreativität vorbereitet werden, um ihre Mitarbeiter/innen durch schwierige Zeiten und den KVP fortzuführen. Das Personal ist nach Auffassung des Regionalleiters nur für den Erfolg der BSC zu motivieren, wenn durch den entsprechenden Freiraum im Sinne der neuen Strategie mehr Freude und Spaß an der Arbeit und am Umgang mit den Kunden entwickelt wird.

Aus Betroffenen werden Beteiligte

Unabhängig von der beabsichtigten Geschäftssteuerung über eine in der »Performance 2000« definierten BSC bestand aber zusätzlich das regionale Ziel, die Vertriebsleistung pro Mitarbeiter in der kommenden Planungsphase um ein Drittel zu steigern. Nach dem Grundsatz der Organisationsentwicklung, Betroffene zu Beteiligten zu machen, beschloss die Steuerungsgruppe, dieses Bündel von Zielen im Rahmen einer Führungsklausur der 2. Führungsebene zu verdeutlichen. Durch ein neues Führungs- und Steuerungsverständnis kam es mangels einer Konkretisierung der BSC für die Region darauf an, für drei Kompetenzfelder quasi eine regionale Balanced Scorecard festzulegen und die Gebietsleiter zu befähigen, damit zu arbeiten. Somit sollte die Geschäftssteuerung für das kommende Geschäftsjahr durch einen ganzheitlichen Ansatz erfolgen.

Die Steuerungsgruppe bereitete diese Führungsklausur inhaltlich und methodisch vor, im Januar 2000 fand sie statt mit dem Ziel, gemeinsam konkrete Maßnahmen zu erarbeiten zur Erreichung des definierten Finanzziels: Steigerung der Vertriebsleistung pro MAK um ein Drittel. Für die

Umsetzung sowie eine einheitliche Kommunikation und Sprachregelung für alle Mitarbeiter sollten verbindliche Vereinbarungen erarbeitet werden. Ergänzt wurde der Zielkatalog um den Bereich der Überwachung – Monitoring der vereinbarten Maßnahmen.

Harte Schnitte – neues Wachstum

Die Klausur begann mit einer bildhaften Intervention »Harte Schnitte – neues Wachstum«. Die Teilnehmer befanden sich am Eingang zwischen einer Blumenwiese und einer steinigen Wüste mit Schlangen und Krokodilen – dieser Einstieg sollte das Spannungsfeld vermitteln, in dem die Gebietsleiter arbeiteten. Nachdem der Controller die Zielvorstellung der Vertriebssteigerung präsentiert hatte, ging es im ersten Teil um die Reflexion der Ausgangssituation von KVP und Performance 2000: Daten und Informationen wurden gesammelt, inwieweit bislang eingesetzte Führungsmaßnahmen, die durch den KVP entstanden waren, dazu beigetragen haben, das Wertpapier- und Kreditgeschäft voranzubringen. Auf der Basis dieser Portfolios wurde im zweiten Teil versucht, Beziehungen zu den in der Balanced Scorecard definierten Ebenen »Kundenorientierung«, »interne Kundenprozesse« und »Mitarbeiterwachstum« herzustellen. Die Systematisierung dieser Zuordnung erfolgte dann für die jeweiligen Kompetenzfelder »Wertpapier«, »Kredit« und »Baufinanzierung«, um daraus entsprechende Aktivitäten für die Filialen bzw. Finanzcenter zu erarbeiten. Darüber hinaus sollte der Evaluierungsprozess hinsichtlich der Methode, der Verantwortlichen und der Kommunikationsprozess an die Mitarbeiter organisiert werden.

In dieser Phase der Bestandsaufnahme, in der die Führungskräfte die Systematik der BSC im Rahmen der Performance 2000 nur eher oberflächlich kannten, wurden bereits erhebliche Defizite in Bezug auf Veränderungswissen und Qualifikation der Mitarbeiter zur Erreichung dieser Ziele sichtbar. Mit Unterstützung des regionalen Personalleiters reflektierten die Klausur-Teilnehmer, welche personellen Voraussetzungen erfüllt sein müssen, um die Geschäftsziele zu erreichen. Durch die Einleitung eines Qualifizierungsprogramms im Sinne von KVP wurde erstmals an der Interdependenz von Zielen gearbeitet. Gleichzeitig wurden Vereinbarungen mit dem Controlling getroffen, um Wissens- und Informationsdefizite zu beseitigen. Ergänzende Hilfestellungen zur Optimierung von Arbeitsprozessen – wie zielgruppenorientierte Akquisition – wurden aus der Zentrale angefordert.

Am Ende der Führungsklausur wurde insbesondere durch das Resümee der Geschäftsleitung sehr deutlich, dass jedes Marktgebiet seine Geschäftssteuerung neu definieren musste und ein Erfolg sich nur durch ganzheitliche Steuerung erzielen ließ. Widerstände waren deutlich geworden, da sich das Selbstverständnis von Führungserfolg immer noch an alten Werten und Normen sowie verinnerlichten Führungsverhalten orientierte. Die eingeleiteten Maßnahmen lagen zum Teil im Widerspruch zu den von den Gebietsleitern geplanten Vorgehensweisen zur Ausschöpfung ihres Marktes.

Diffuse Vorstellungen, Widersprüche, Konflikte

Da die Beteiligung am Feedback über den Nutzen der Klausurtagung deutlich niedriger als erwartet ausfiel, ergab sich weiterer Handlungsbedarf: Die inhaltlich noch offenen Punkte und Konflikte lagen nach Einschätzung der Teilnehmer an der fehlenden Unterstützung, dem bislang unzureichenden fachlichen Input über die Balanced Scorecard, der noch diffusen Vorstellung über die gesamte Vorgehensweise sowie den Widersprüchen zwischen individuellem und einheitlichem Vorgehen in der Region. Gerade diese Diskrepanz zog sich wie ein roter Faden durch den ganzen Prozess und verdeutlichte die unterschiedlichen Prioritäten in der Geschäftssteuerung. Der Steuerungskreis beschloss, dazu weitere Informationen über die Assistenz des Qualitätsmanagements einzuholen. Die Konflikte sollten in der nächsten Führungskreissitzung besprochen werden.

In dieser Phase bat das Steuerungsteam die Verantwortlichen aus allen Projektgruppen (Wertpapier / Einlagen, Kredit 24, Baufinanzierung), in der nächsten Führungskreissitzung die bisherigen Arbeitsprozesse zu beschreiben und ihre Zielvorstellungen darzustellen, insbesondere die entwickelten Messmethoden und -verfahren zu beschreiben. Um Transparenz über den Prozess und die bisherigen Erfolge zu schaffen, sollte jede Arbeitsgruppe im Sinne der BSC die erforderlichen Ausbildungsmaßnahmen an die Personalbetreuung definieren.

Die Aufgabe der Steuerungsgruppe bestand in der Zwischenzeit aus der Koordination der Vernetzung aller Aktivitäten zur Performance 2000. Insbesondere die Auseinandersetzung mit den bereits angefangenen Projekten sollte im Sinne einer klar definierten Strategie die Voraussetzungen schaffen, dass alle bisherigen Ergebnisse als Grundlage für weitere Entscheidungen in der nächsten Führungskreissitzung (2. Führungsebene insgesamt) präsentiert werden konnten. Dieses Treffen, das als erster Meilenstein für den Prozess im Februar des gleichen Jahres angesetzt war, musste in zwei Runden durchgeführt werden: Die zunächst vorgestellten Berichte der Projektgruppen boten nur unzureichende Informationen über Vorgehensweisen und Messverfahren bzw. die vorläufigen, bislang erzielten Ergebnisse. Erst im zweiten Durchgang gelang es, die inhaltliche Ebenen der BSC so festzulegen, dass auch die Messkriterien dafür eindeutig wurden.

Führungskräfte stärker integrieren

Da durch die Nachricht über eine tiefgreifende Veränderung im DB Konzern dem Retail-Bankgeschäft eine besondere Bedeutung zukam, waren alle Führungskräfte aufgefordert, sich in diesen Prozess stärker zu integrieren. In dieser Situation lag der Schlüssel zum Erfolg in der Führung von motivierten Mitarbeitern: Die Auswirkungen der Fusion im jeweiligen Verantwortungsbereich in intensiven Gesprächen mit allen Mitarbeitern konstruktiv zu thematisieren wurde zur Chefsache für alle Führungskräfte erklärt, die ferner darum gebeten wurden, dem Personalbereich ein Bild der wahrgenommenen Stimmungslage zu übermitteln. Parallel wurde für Kundenanfragen ein Argumentarium erstellt und eine qualitative Befragung zur Fusion mit etwa 300 Kunden in 5 Filialen durchgeführt. Das Management der Region hatte also erkannt, dass das KVP-Ziel – Steigerung des Vertriebs – nur über einen ganzheitlichen Steuerungsprozess zu erreichen war, indem man sich nicht nur um Finanzziele, sondern auch um Arbeitsverfahren und Kunden- sowie Mitarbeiterzufriedenheit kümmert. Die Gebietsleiter haben dann auch ihre KVP-Teams in den nachgeordneten Filialen verstärkt angehalten, daran besonders intensiv zu arbeiten.

Der Maßnahmenkatalog zur Steigerung des Baufinanzierungsgeschäfts zeigt sehr deutlich, dass auf allen Ebenen der Balanced Scorecard intensiv gearbeitet wurde. Ähnliche Kataloge wurden auch für die Kompetenzfelder Kredit- und Wertpapiergeschäft entwickelt, deren Umsetzung in der Verantwortung der nachgeordneten Filialen lag.

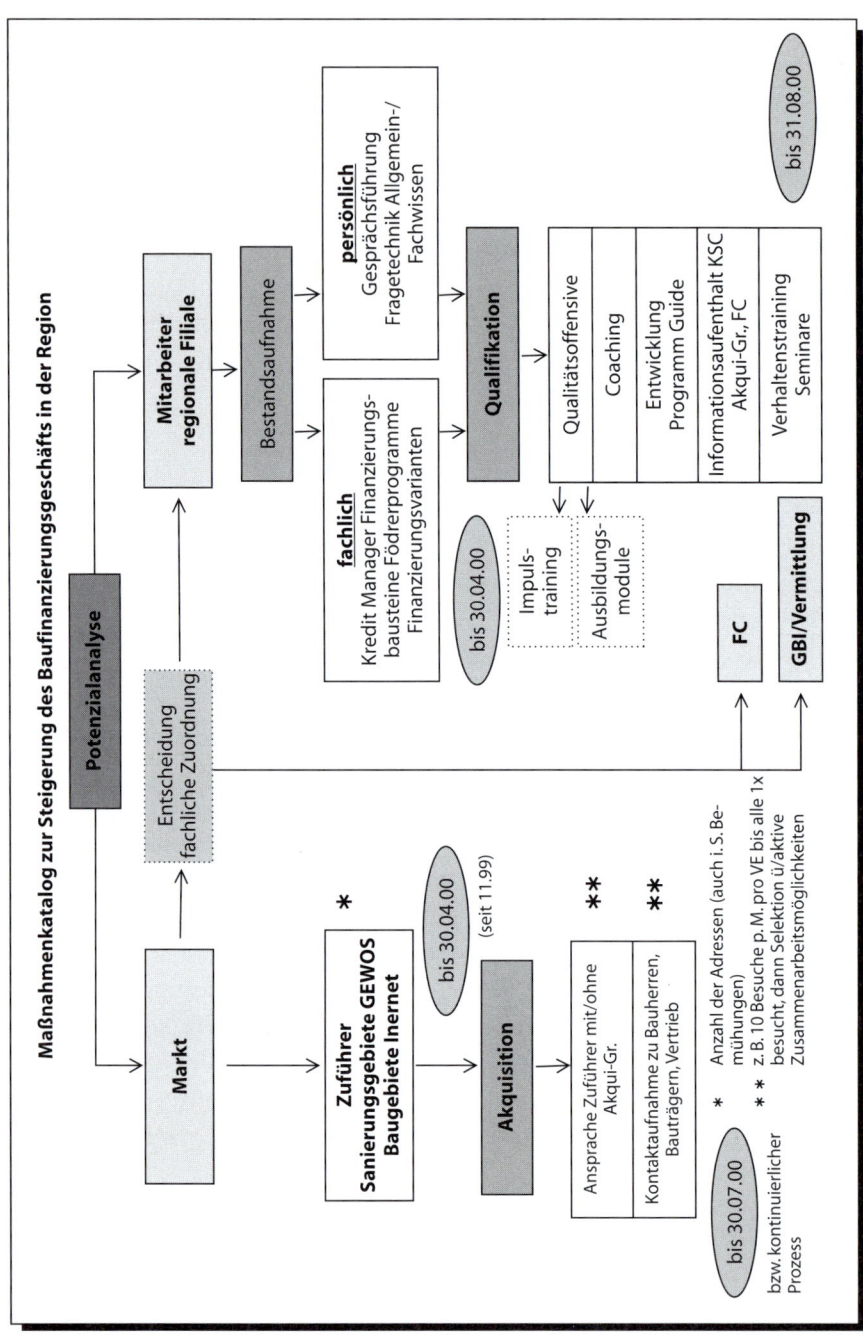

Abb. 2: Maßnahmenkatalog Baufinanzierung

Kommunikation

Nachdem der Führungskreis beschlossen hatte, den Kommunikationsprozess auf alle Filialleiter und Mitarbeiter auszuweiten, beauftragte er den Steuerungskreis mit der Durchführung einer Veranstaltung, in der alle Filial- und Abteilungsleiter des Retail-Bankgeschäfts der Region an weiteren Optimierungsmöglichkeiten arbeiten sollten. Alle Führungsebenen sollten mit allen – inhaltlich entsprechend zu definierenden – Ebenen der BSC bekannt gemacht werden. Hier stand weniger die Definition von Zahlen im Vordergrund, wichtiger war die Entwicklung von Aktivitäten in den BSC-Ebenen.

Zu den Beschlüssen und der Vision, die Vertriebsleistung um ein Drittel zu steigern, gab es noch keine einheitliche Kommunikation über die drei Kompetenzfelder und deren regelmäßiges Monitoring. Das Informations- und Feedbackverhalten sollte im Führungskreis – abgesehen von dieser speziellen Frage – auch im allgemeinen thematisiert werden. In diesem Zusammenhang wurde darauf hingewiesen, dass die Informationsorganisation über facts & figures stärker zu nutzen sei. Es wurde an der Verbesserung der Benutzerfreundlichkeit der Dateien gearbeitet. Am Ende der Diskussion wurde beschlossen, im Mai eine Motivationsveranstaltung durchzuführen, für deren Inhalte der Steuerungskreis verantwortlich zeichnete. Bereits im Vorfeld war eine Feedback-Runde über eine kurze Umfrage zu dieser Veranstaltung vorgesehen. Alle Führungsebenen waren eingeplant, der Regional-, die Gebiets- und Filialleiter. Die Gebietsleiter bereiteten alle Filialleiter auf diese Veranstaltung vor, durch die ein deutliches Bekenntnis zur Aufgabe in und den Bedürfnissen der Region geleistet werden sollte.

Durch Turbulenzen in den Aufwind

Im Mai trafen sich also etwa 270 Leiter/innen aller Filialen und FC's, dazu die Gruppenleiter von KSC und BSC sowie die Personalbetreuer und Betriebsräte zu diesem event unter organisatorischer und inhaltlicher Führung des Qualitätsmanagements und der Steuerungsgruppe. Schon der Titel – »Durch Turbulenzen in den Aufwind« – und der Ort – ein Hangar im Flughafen Tempelhof – der Veranstaltung die sollte die Fantasie und Kreativität der Teilnehmer beflügeln, wie sich die vorgegebene Vertriebssteigerung erreichen ließe. Die Ausgangssituation war ermutigend, der Regionalleiter konnte bereits eine außerordentliche Steigerung gegenüber dem Vorjahresschnitt bekannt gegeben. Gleichzeitig betonte er, dass es dringend erforderlich sei, voneinander zu lernen, um die hochgesteckten Ziele zu erreichen. Niemand solle sich scheuen, über seine Schwächen zu sprechen. Mit den Besten zu trainieren sei eine große Chance für alle, um von den Besten zu lernen.

18 Arbeitsgruppen erhielten die Möglichkeit, auf der Basis der Ergebnisse der spontanen Kundenbefragung mögliche Hindernisse im Vertrieb zu erarbeiten, aber auch Ideen und Anregungen zur Steigerung der Motivation des Vertriebs. Dieses Brainstorming war die Grundlage für die sich anschließenden offenen Diskussionen um die alltäglichen Probleme: Fragen der Kundenzufriedenheit, Organisation, Unternehmenskultur und immer wieder um die personelle Besetzung standen im Mittelpunkt. Der rege Austausch der Teilnehmer schaffte die Voraussetzungen, Stärken und Schwächen zu erörtern. In lebhaften Diskussion wurden erste Lösungsansätze entwickelt und auf Metaplanwänden festgehalten. Spontane Äußerungen wie »Dieser Ansatz, mit den Besten zu trainieren, ist eine gelungene Form, den kontinuierlichen Verbesserungsprozess fortzusetzen« drückten die positive Stimmung aus.

Mehr Kommunikation, neue Herausforderungen

In der Abschlussdiskussion zum KVP wurde treffend zusammengefasst, dass eine in der gesamten Region flächendeckend eingeführte Methode zur Verbesserung von Leistung und Motivation stets neu gelebt werden und ein fester Bestandteil der täglichen Arbeit sein muss, um eine erfolgreiche Umsetzung zu erzielen. Intensive Kommunikation der Geschäftsleitung mit der Leiterebene wurde ausdrücklich gewünscht, Fragen der Stellenbesetzungen unter Berücksichtigung der Gesamtzielsetzung wurden immer wieder diskutiert. Die Geschäftsleitung legte Wert auf die Feststellung, dass Führungserfolg auch eine Herausforderung für die Gebiets- und Filialleiter/innen bedeute, mit der Ressource Personal sorgfältig umzugehen und durch intelligentes Management die Kollegen sinnvoll einzusetzen und zu entwickeln. Auch die Standortfrage im Sinne der Kundenzufriedenheit wurde angesprochen.

Gerade die kontroversen Gespräche waren konstruktiv, trieben den Prozess voran und zeigten, dass sich unter den Mitarbeitern ein Zusammengehörigkeitsgefühl entwickelte, was dazu beitrug gebietsübergreifende Ideen zu generieren – unter der Voraussetzung, dass sich alle Mitarbeiter beteiligten und erlebten, dass tatsächlich etwas passiert. Hieraus lassen sich Veränderungen der Unternehmens- und Führungskultur ableiten: Der Weg der direkten Kommunikation, von den Besten zu erfahren, warum sie erfolgreich waren, schaffte gegenseitiges Vertrauen und Kraft, um neue Wege zu finden.

Das Feedback zur Veranstaltung bestätigte: Zwei Drittel der Teilnehmer erklärten, sie hätten Lösungsansätze mitgenommen und sich vorgenommen, diese auch umzusetzen. Etwa 70 Prozent waren mit der Organisation der Veranstaltung zufrieden. Die Hälfte hob hervor, die Gruppenarbeit und der Erfahrungsaustausch seien besonders wertvoll gewesen. Die Offenheit, die Gruppenzusammensetzung sowie die Idee der Veranstaltung wurden ebenfalls gelobt. Für den weiteren Umsetzungsprozess behandelten Arbeitsgruppen unter Anleitung von speziell geschulten Moderatoren die Schwerpunktthemen intensiv und veröffentlichten die Ergebnisse regelmäßig.

Nach dieser Veranstaltung beschloss die Steuerungsgruppe, den weiteren Fortgang stärker in die direkte Linienverantwortung der Führungskräfte zu legen – womit ihre eigene Funktion überflüssig geworden war. Dies war ein weiterer Schritt in Richtung eigenverantwortlicher Steuerung eines Marktgebietes auf der Basis einer Balanced Scorecard. Die Projektgruppen wurden im wesentlichen mit Nachwuchskräften besetzt, damit sie sich auf der Ebene Lernen und Wachsen schon mit Fragen der Geschäftssteuerung beschäftigen müssen. Sogenannte Kompetenzfeldverantwortliche unterstützen die Projektleiter fachlich, die für die Zielerreichung des jeweiligen Geschäftsziels mitverantwortlich zeichnen.

3. Was haben wir gelernt?

Ohne Zweifel ist der beschriebene kontinuierliche Verbesserungsprozess ein Change Prozess, der sich sowohl in veränderten Arbeitsabläufen als auch auf das Führungsverhalten ausgewirkt hat. Obwohl Führungskräfte über hervorragendes Fachwissen verfügen, wurde die Herausforderung, Veränderungen in der Organisation einzuleiten, oftmals nicht angenommen. Das lag weniger an der Bereitschaft als an den Rahmenbedingungen. Darüber hinaus war die Fähigkeit, die im KVP vermittelten Organisationsentwicklungsmethoden anzuwenden, nur unzureichend vorhanden – trotz der zur Verfügung gestellten Trainingseinheiten. Oft fehlte die Vorstellung, es könne sich durch KVP etwas im eigenen Führungsbereich verändern, was man nicht geplant hatte. Als Folge entstanden eine Reihe von persönlichen und Gruppenkonflikten. Mit anderen Worten: KVP ohne Konflikte kann nur schwer gelingen. Weiterhin ist festzustellen, dass ohne ein konkret definiertes Verbesserungsziel durch eine Führungskraft, die sich für die Erreichung des Zieles verantwortlich fühlt, der Prozess der kontinuierlichen Verbesserung in einer Organisation nicht eingeleitet werden kann. Deutlich wurde immer wieder, dass sachliche Lösungen Gefühle nach sich ziehen, deren (Psycho-)Logik nur unzureichend erkannt bzw. bearbeitet wurde.

BSC macht vernetzte Betrachtung notwendig

Zusammenfassend lässt sich festhalten: KVP kann man nicht im Seminar lernen. Deshalb löste ein Workshop-Prozess »KVP – sofort vor Ort« das anfänglich angebotene Training ab, die Umsetzungsbegleitung stand fortan im Vordergrund. Ein Rollenwechsel vom Seminaranbieter zum Dienstleister musste vollzogen werden. Weiter wurde deutlich, dass KVP erst in Bezug zu anderen Systemen Sinn macht – wie Kundenbefragung oder Beschwerdemanagement oder als Unterstützung für Unternehmenssteuerung durch eine Balanced Scorecard. Eine Einzelbetrachtung in Bezug auf die Erreichung eines Indexes im Sinne von Messen & Bewerten wurde obsolet, weil die Steuerung durch eine BSC eine vernetzte Betrachtung notwendig machte. KVP ist also nicht nur eine quantitative Veränderung von x Prozent oder y Maßeinheiten bezüglich der Herstellung eines Produktes oder einer Dienstleistung. KVP ist auch nicht eine Handhabung von Methoden wie Crimes, Fehlerursachenanalyse, Tagootchi-Methode und / oder Ursachen- / Wertungsdiagramme. KVP ist vielmehr das Management von besseren Leistungen, um herausfordernde Ziele zu erreichen, von harten Eingriffen wie Rationalisierung und gleichzeitigem Schaffen von neuem Wachstum. KVP ist also ein Instrument zur Einführung und Umsetzung von Veränderungsprozessen, die sich auf die Einstellung aller Mitarbeiter auswirken muss. Demzufolge hat jede Zahl, die erreicht werden soll, ihren Prozess, der durch eine Balanced Transformation begleitet werden muss.

Die Balanced Transformation geht davon aus, dass jede Zahl ein Symbol für Erfolg oder Misserfolg ist, wie die Schulnote 4 etwas über mündliche und schriftliche Leistungen aussagt – allerdings erst, wenn man sich die mündliche (Qualität und die Menge des Gesagten) oder schriftliche Leistung (Stil, Zahl der Fehler) im Detail anschaut und mit der Lehrmeinung übereinstimmt: Erst der Blick in die Zahl, die explizite Begründung ermöglicht, ihre Bedeutung zu verstehen. Der wirkliche Wert einer Münze ergibt sich erst im Hinblick auf das Herausgeber-Land: Zwischen 4 Lire und 4 Dollar besteht ein großer Unterschied. Übertragen auf die Zahl einer Veränderung oder Verbesserung erklärt sich diese also erst, wenn man weiß, wie sie entstanden ist.

In Anlehnung an den Aufsatz »Die Logik der Gefühle« (1) war unübersehbar, dass in allen Arbeitsgruppen, auf allen Ebenen die Befindlichkeit der Beteiligten die getroffenen Entscheidungen wesentlich beeinflusst hat. So konnten Irritation und Konfusion statt Orientierung, Unsicherheit statt Sicherheit und himmelhochjauchzende Mitarbeiter neben deprimierten Mitarbeiter beobachtet werden. Aufgrund des hochgesteckten Veränderungsziels der Steigerung der Vertriebsleistung um ein Drittel war ein Produktivitätsverlust anfangs unvermeidbar. Die Beschäftigung mit sich selbst oder die Projektion, dass andere Schuld sind, bis hin zur Selbstbeschuldigung – eigenes Versagen, dass die »magische Zahl« bislang nicht erreicht wurde – nahm einige Zeit in Anspruch, bevor ein Neubeginn bzw. ein neuer Aufbruch gelingen konnte. Nicht ohne Grund war der Meilenstein-Event »Durch Turbulenzen in den Aufwind« ein entscheidender Schritt auf dem Weg zur Veränderungsbereitschaft – die Notwendigkeit war durch die Einführung einer Balanced Scorecard vorgegeben.

Ein neues Bild von Führung

Führungskräfte, die sich bislang finanziell in Bezug auf ihren eigenen persönlichen Führungserfolg orientierten, mussten lernen, dass langfristige bessere Ergebnisse und nachhaltige Wettbewerbsfähigkeit nur dann erreicht werden, wenn über Kundennutzen und -zufriedenheit sowie Entwicklungsmöglichkeiten der Mitarbeiter so nachgedacht wird, dass daraus ein »Balanced Performance Development« entsteht.

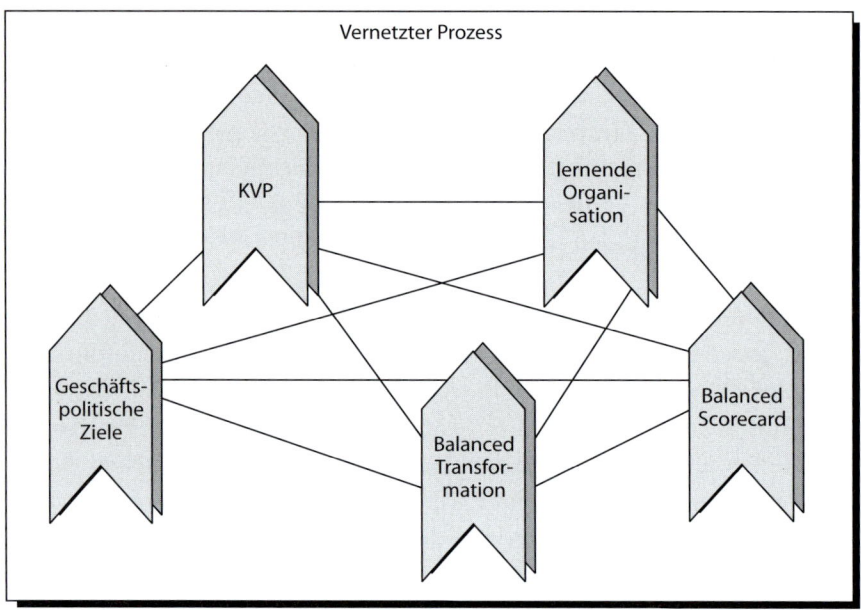

Abb. 3: Balanced Performance Development

Erst durch die Vernetzung von KVP, lernender Organisation, Balanced Scorecard, Balanced Transformation und geschäftspolitischen Zielen ist eine Organisation in der Lage, den im Markt strategisch definierten Platz abzusichern. Es reicht nicht, einen ganzheitlichen Ansatz zu verkünden, die vorhandenen Instrumente und Projekte müssen auch systematisch miteinander vernetzt werden Ohne eine Vorbereitung für die Führungskräfte gibt es keine ausreichende Basis. Veränderungsprojekte werden nicht durch das entwickelte Konzept, sondern in der Umsetzungsbegleitung (2) ein Erfolg, wenn die Führungskräften die notwendigen Steuerungsprozesse systematisch einleiten.

Insbesondere im Hinblick auf die Wahrscheinlichkeit, die hochgesteckten Ziele zu erreichen, hat sich deutlich gezeigt, dass die Personalarbeit im weitesten Sinne eine bedeutende Voraussetzung dafür schaffen muss. Gerade die Optimierung der Personalprozesse zeigt deutlich die gegenseitige Abhängigkeit zu den anderen Ebenen der Balanced Scorecard auf – angefangen von der Verwaltung, wo der Mitarbeiter sich sicher fühlen kann, richtig betreut zu werden, bis hin zur Entwicklung, wo der Mitarbeiter sieht, dass seine persönlichen Entwicklungsziele begleitet werden. Erst ein guter, qualifizierter, motivierter Mitarbeiter ist in der Lage, kundenorientiert und im Sinne des Kundennutzens zu handeln, um dabei Arbeitsabläufe so fehlerfrei wie möglich und so kostengünstig wie notwendig für das Unternehmen zu erstellen. Der kontinuierliche Verbesserungsprozess hat hierzu wesentlich beigetragen und eine kundenorientierte Einstellung zur Optimierung von Arbeitsprozessen möglich gemacht.

Nachbemerkung: Der Autor begleitete als Berater die Umsetzung des Kontinuierlichen Verbesserungsprozesses (KVP) in der betreffenden Region. Seine Aufgabe bestand darin, allen Führungsebenen, insbesondere dem Qualitätsmanagement Unterstützung zur Umsetzungsbegleitung im Sinne von Hilfe zur Selbsthilfe zu geben. Demzufolge hat er an den meisten der beschriebenen Sitzungen teilgenommen und die getroffenen Entscheidungen beratend unterstützt. Ziel des Beitrages war, den Prozess beschreibend darzustellen und den Lernprozess zu betrachten.

Literaturverzeichnis:

Heitger, B.: »Logik der Gefühle« Hernsteiner 1/2000 13. Jahrgang.
Roth, S.: Emotionen im Visier: Neue Wege des Changemanagements, Organisationsentwicklung 2 / 2000 S. 14–21.

Von Detlef Kranich,
NSE Software AG

Die NSE Software AG hat sich mit ihrer vertriebsorientierten Software-Familie FINAS in den vergangenen zwanzig Jahren von einem Familienunternehmen zu einem marktführenden modernen High-Tech Unternehmen mit erfolgreichem Mitarbeiter- und Marktwachstum am Point of Sale entwickelt. Als Systemhaus und strategischer Partner der Finanzwirtschaft berät die NSE Software AG ihre Kunden – Banken, Sparkassen, Bausparkassen und Versicherungen im In- und Ausland – hinsichtlich Strategie und Prozessoptimierung und offeriert einen umfassenden Service, der sich von der FINAS-Produkt-/Technologie-Entwicklung über die Implementierung und das Projektmanagement bis zum laufenden Betrieb erstreckt.

Um die Wachstumsstrategie abzusichern, hat das Unternehmen seine Organisationsstruktur neu ausgerichtet und ist 1999 an den Neuen Markt der Frankfurter Wertpapierbörse gegangen. Auf dieser Basis hat die NSE Software AG in enger Zusammenarbeit mit der internationalen Unternehmensberatung William M. Mercer konsequent an der Entwicklung und Implementierung eines AG-gerechten und an der Strategie des Unternehmens ausgerichteten Personalsystems gearbeitet und entsprechend moderne und flexible Instrumentarien für Vergütung, Führung und Personalentwicklung eingeführt. Integrativer Bestandteil dieses Systems ist die variable Vergütung, die an der Systematik der Balanced Scorecard ausgerichtet ist.

1. Ausgangslage: Das neue Personalsystem

Um das Ziel eines leistungsfähigen und integrierten Personalmanagementsystems mit entsprechender Transparenz und Flexibilität zu realisieren, wurden zu Beginn des Projektes die Anforderungen an das neue Personalsystem und zu berücksichtigende Unternehmensspezifika identifiziert. Der Vorstand und der Personalbereich der NSE Software AG diskutierten in Hintergrundgesprächen die strategische Ausrichtung des Unternehmens sowie deren organisatorische Implikationen und legten dann die wesentlichen Rahmenbedingungen des zu entwickelnden Systems fest:

❑ Konsequente Positionierung am Markt
❑ Ergebnisse und Mitarbeiterkompetenzen belohnen
❑ Ausrichtung an Strategie und Unternehmenszielen

Diese definierten Rahmenbedingungen und die nachfolgend dargestellten Grundzusammenhänge im Personalmanagement bildeten die Basis für die Konzeption und Implementierung eines AG-gerechten Personalsystems. (siehe Abbildung 1 auf Seite 164).

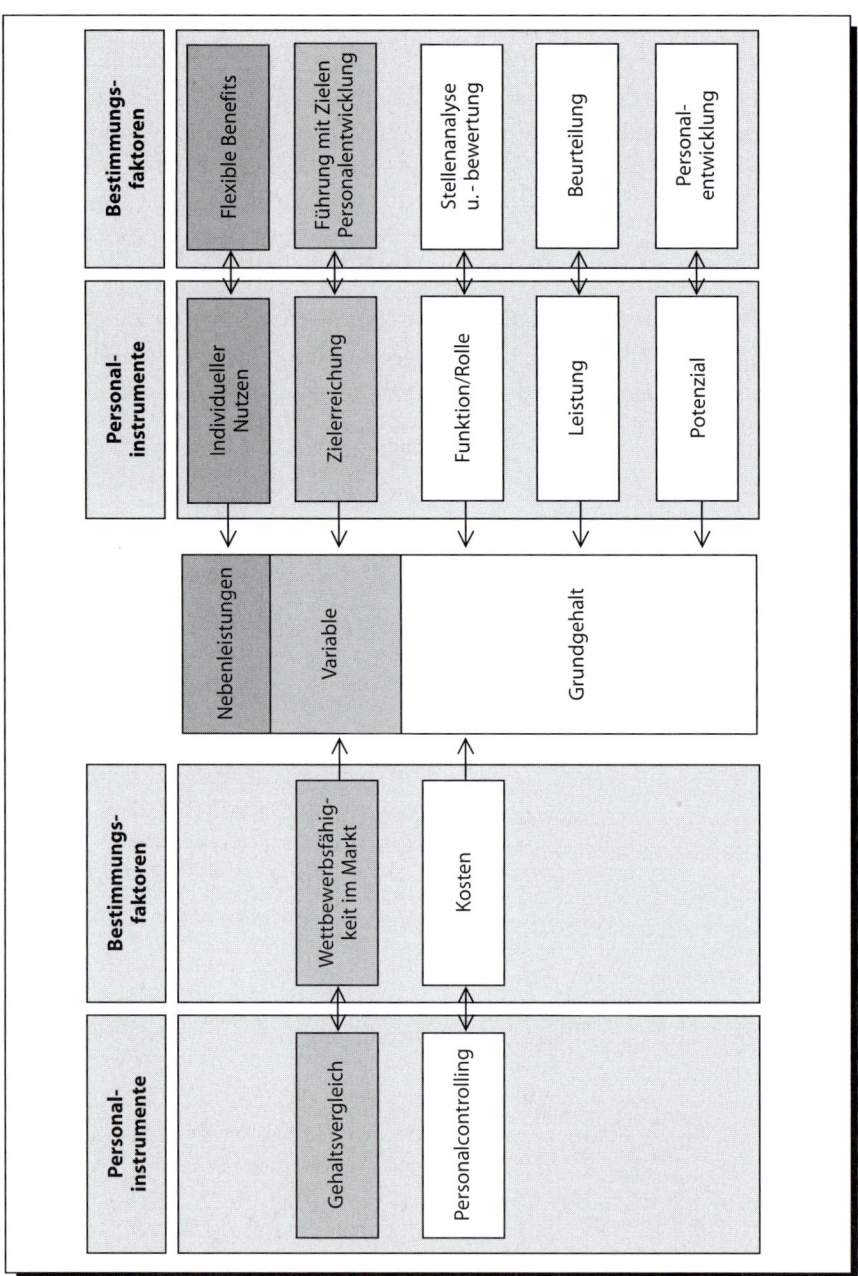

Abb. 1: Grundzusammenhänge im Personalmanagement

Das neue Personalsystem
Projektbausteine

Stellenanalyse und Rollenprofile

Erstes Ziel war die Entwicklung und Implementierung einer leistungsorientierten Vergütungsstruktur. Nach eingehender Analyse der bisherigen Vergütungspraxis der NSE Software AG wurden die vergütungsrelevanten Faktoren im Ist-Zustand herausgearbeitet und deren Übereinstimmung mit den Unternehmenszielen geprüft. Durch die systematische Sammlung von Informationen ausgewählter Schlüsselfunktionen konnte eine konsistente Stellensystematik erstellt werden.

Funktionsbewertung und Funktionsgruppen

Um die relative Wertigkeit einzelner Funktionen / Rollen im Unternehmen abzubilden und zueinander in Bezug zu setzen wurden die Funktionen bewertet. Auf Basis der Unternehmensstrategie und den über die Stellenanalyse adressierten Schlüsselanforderungen wurden zunächst sieben kompetenzorientierte, erfolgskritische Bewertungskriterien mit unterschiedlichen Ausprägungsstufen definiert. Sie bilden den Kern des unternehmensspezifischen Funktionsbewertungssystems der NSE Software AG:

❑ aufgabenbezogenes Wissen und Können
❑ Problemlösung und Kreativität
❑ Kunden- und Dienstleistungsorientierung
❑ unternehmerisches Denken und Handeln
❑ Teamarbeit und Kommunikation
❑ ständige Verbesserung / Qualität
❑ Führung und Organisation

Auf dieser Basis ist es gelungen, abgestimmte Funktionen vergleichbarer Wertigkeit zu homogenen Gruppen im NSE-spezifischen Modell zusammenzufassen und mit Hilfe von sieben Funktionsgruppen die Hierarchiestufen und fachlichen Karrierewege der NSE Software AG abzubilden.

Marktanalyse, Vergütungspolitik und Gehaltsbänder

Im Anschluss an diese Strukturierung erfolgte im externen Benchmarking mit den relevanten Arbeitsmärkten ein struktureller Vergleich der üblichen Vergütungs- und Vertragsbedingungen sowie der Gesamtvergütung

(Total Remuneration) ausgewählter Schlüsselpositionen: Neben den baren Vergütungselementen wurden auch alle wesentlichen unbaren Leistungen wie Altersversorgung, Versicherungsleistungen, Aktienoptionen und / oder Firmenwagen auf Basis von Bruttoeinkommensäquivalenten einbezogen.

Aus den Ergebnissen dieser Analyse wurden zunächst Empfehlungen zur Neuausrichtung der bisherigen Vergütungspraxis erarbeitet und mit dem Vorstand und Personalbereich diskutiert, auf dieser Basis die neue Vertrags- und Vergütungspolitik definiert sowie die weitere konzeptionelle Ausgestaltung abgestimmt. Daraus wurden Empfehlungen zu wettbewerbsfähigen Bandbreiten für das Grundgehalt, die den variablen Anteil beinhaltende Gesamt-Barvergütung und Gesamtvergütung entwickelt.

Überprüfung und Entwicklung des Grundgehaltes / Beurteilungssystems

Die Höhe des Grundgehaltes bringt in der neuen Vergütungssystematik der NSE Software AG die Wertigkeit einer Funktion / Rolle und die Anforderungen an den Funktionsinhaber einerseits, das generelle Leistungsniveau und die Qualifikation andererseits zum Ausdruck. Um die Leistungsorientierung der Vergütung zu erreichen, erfolgt zukünftig die Überprüfung und Entwicklung des Grundgehalts auf der Basis des Abgleichs der individuellen Leistungsprofile der Funktionsinhaber mit den – über die unternehmensinterne Stellensystematik definierten – Anforderungsprofilen der Funktionen. Die jährliche Leistungsbeurteilung ist ein wesentlicher Bestandteil des neuen Führungs- und Personalentwicklungsinstrumentariums »Mitarbeitergespräch«.

Das variable Vergütungssystem mittels Zielvereinbarungen

Dreh- und Angelpunkt für den Prozess der Zielvereinbarung bei der NSE Software AG ist der durch den Vorstand definierte Balanced Scorecard Zielkompass, in dem die Unternehmensziele zusammengefasst sind. Vorgesetzter und Mitarbeiter leiten die individuellen Ziele mit den entsprechenden vergütungsrelevanten Messkriterien gemäß BSC-Ansatz ab, besprechen sie und legen sie fest. Die Beteiligten fokussieren sich in der Regel auf 3 unterschiedliche, entsprechend ihrer Bedeutung und Priorität gewichtete Ziele.

Der Vorgesetzte analysiert die Zielerreichung bzw. -erfüllung und beurteilt den Ist-Zustand der vereinbarten Zielerreichungs- / Messkriterien auf der Basis von Daten, Fakten oder sonstigen eindeutig interpretierbaren Sachverhalten. Mitarbeiter und Vorgesetzter untersuchen und besprechen ausführlich die Abweichungen und Ursachen, um diese Erkenntnisse für neue Zielvereinbarungen zu nutzen.

Das Mitarbeitergespräch als zentrales Führungs- und Personalentwicklungsinstrumentarium

Die systematische Umsetzung der erarbeiteten Bausteine erfolgt im Kern über das jährliche Mitarbeitergespräch: Ein zielorientierter, systematischer Dialog zwischen Führungskraft und Mitarbeiter über definierte Inhalte. Für den Vorgesetzten ist dieses Gespräch zentrales Instrumentarium zur Personalführung und -entwicklung, für den Mitarbeiter schafft es Klarheit über die Leistungsmaßstäbe, an denen er gemessen wird, liefert eine regelmäßige Rückkopplung über seine erbrachte und eine Vorstellung über die in Zukunft erwartete Leistung. Ferner erhält der Mitarbeiter gezielte Unterstützung für seine berufliche Entwicklung innerhalb des Unternehmens und kann seine Vorstellungen und Wünsche einbringen. Last, not least ist das Gespräch unerlässlich für die zwischenmenschliche Beziehung, das Lösen von Problemen und die fachliche Zusammenarbeit.

Das Mitarbeitergespräch als neues Führungs- und Personalentwicklungsinstrumentarium bildet den zentralen Baustein des AG-gerechten Personalsystems und knüpft konsequent an die entwickelten und implementierten Bausteine des integrierten Personalmanagements der NSE Software AG – Rollenprofile, Funktionsbewertung und Funktionsgruppen sowie leistungs- und zielorientierte Vergütung – an. Es umfasst folgende Gesprächsinhalte:

❑ Überprüfung der Rollenprofile
❑ Zielvereinbarung und Analyse der Zielerreichung
❑ Leistungsbeurteilung
❑ Potenzialeinschätzung
❑ Festlegung von Förder- und Entwicklungsmaßnahmen

Entwicklung eines variablen und zielorientierten Bonussystem

Die NSE Software AG fördert Leistung und unternehmerisches Handeln aller Mitarbeiter – abhängig von der Funktionsgruppenzugehörigkeit – durch variable Vergütungselemente. Die Höhe des variablen Anteils definiert sich über den Grad der Zielerreichung. Die Ziele gibt die Unternehmensleitung mittels einer Balanced Scorecard vor, wodurch alle individuellen Aktivitäten auf die Unternehmensziele ausgerichtet sind. Das zielorientierte Bonussystem soll eine Win-Win-Situation für das Unternehmen und den Mitarbeiter schaffen und die Umsetzung der Unternehmensstrategie sicherstellen. Das Ziel der Einführung von Zielvereinbarungen ist letztlich – über eine deutliche Leistungssteigerung, eine Verbesserung der Ergebnisorientierung, eine stärkere Identifikation mit dem Unternehmen sowie eine erhöhte Bereitschaft zur Übernahme von Verantwortung hinaus – die verbesserte Fokussierung auf die Steigerung der Unternehmenswerte.

Ausgangspunkt für den Zielvereinbarungsprozess ist die Strategie der NSE Software AG. Aus ihr leitet der Vorstand die Unternehmensziele ab und schreibt sie im NSE BSC-Zielkompass fest. Der Zielkompass bildet die Bemessungsgrundlage für die weitere Kaskadierung in Bereichs- und individuelle Ziele. Das System ist durchgängig ausgestaltet und beinhaltet die Zielquadranten Finanzen, Kunden, Geschäftsprozesse sowie Lernen und Entwicklung als Abbilder der treibenden Faktoren zukünftiger Leistung. Ziele und Maßnahmen müssen auf die strategischen Notwendigkeiten ausgerichtet, ihre gegenseitigen Wechselwirkungen berücksichtigt werden.

Das Balanced Scorecard Konzept stellt eine konsistente Systematik zur Präzisierung der Unternehmensstrategie in konkrete Ziele und zur nachprüfbaren Messung der Zielerreichung bereit. Das Personalmanagement der NSE Software AG hat durch die Verknüpfung dieses Instrumentes mit dem zielorientierten Bonussystem die aktiven Führungsinstrumente um ein in sich stabiles und einfach handhabbares Element erweitert, das insbesondere zur Umsetzung der Wachstumsstrategie des Unternehmens beiträgt.

Die BSC bildet einen definierten Rahmen für den Prozess der – nicht als Verteilungsalgorithmus verstandenen – Zielvereinbarung, in den die Beschäftigten aktiv eingebunden sind. Im Mitarbeitergespräch leiten und stimmen Vorgesetzter und Mitarbeiter einmal pro Jahr die individuellen

Ziele mit entsprechenden vergütungsrelevanten Kriterien aus dem BSC-Zielkompass ab und überprüfen die Erreichung gemäß vereinbarter Vorgaben aus dem Vorjahr. Durch eine differenzierte Beurteilung der Ziel-Erreichung und die entsprechende Honorierung soll insgesamt die positive Leistungsmotivation der Mitarbeiter verstärkt werden.

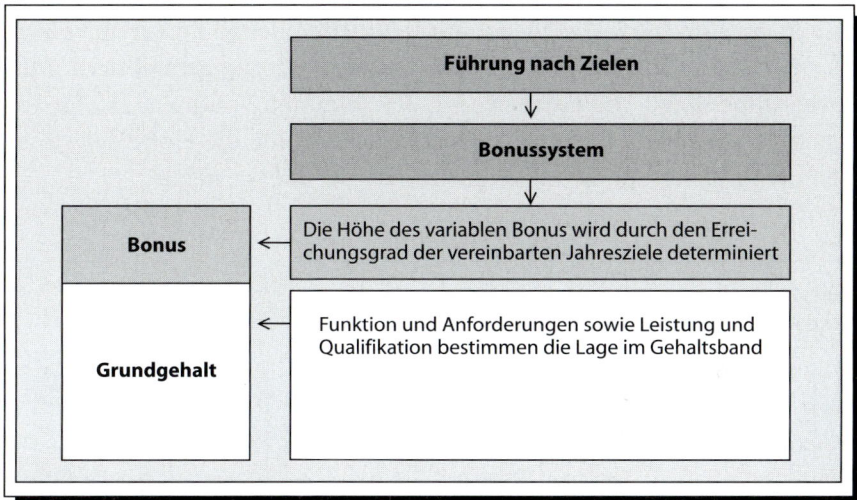

Abb. 2: Ziele und Einkommen

2. Die Einführungsstrategie der Balanced Scorecard

2.1. Das Vorgehen

Das Top-Management stand bei der Einführung des variablen Bonussystems einer besonderen Situation gegenüber: Zum einen wurde kurz zuvor bzw. parallel ein Personalsystem mit erheblichen Änderungen für die Führungskräfte eingeführt – bereits das Führen eines Mitarbeitergesprächs in standardisierter Form bedeutete für manchen eine erhebliche Umstellung. Um die gesamte Neuausrichtung im Bereich Human Resource Management nicht zu gefährden, durften die Führungskräfte in Bezug auf Neuerungen nicht überfordert werden. Andererseits sind die Führungskräfte und Mitarbeiter bei NSE hauptsächlich Informatiker mit einem entsprechenden mathematischen Hintergrund – in einem ersten Test bereitete die Vermittlung von qualitativen Zielen, die mathematisch nicht exakt festgelegt werden können, einigen Führungskräften Schwierigkeiten. Das Management entschied sich daher für eine Einführung der Balanced Scorecard in zwei Phasen. Die erste Phase sollte die Zielvereinbarungen für das Jahr 2000 einschließen, Phase 2 diejenigen für 2001.

Phase 1

Für das laufende Jahr 2000 wurde – ausgehend von der neu eingeführten Systematik der sieben Funktionsgruppen – hinter jeder Funktionsgruppe als add on zum fixen Gehalt ein fest definierter Betrag an variabler Vergütung gewährt, dessen Höhe mit der Verantwortung gemäß der Funktionsgruppe steigt. Die Finanzierung des gesamten Volumens erfolgt aus dem Unternehmensergebnis. In dieser Phase wurde die Höhe der variablen im Vergleich zur Grundvergütung konservativ gewählt.

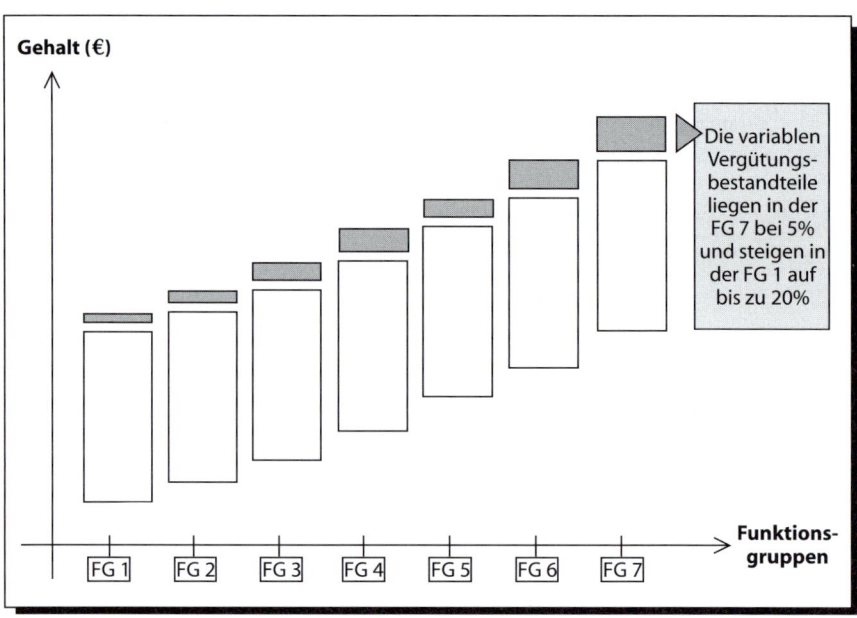

Abb. 3: Gehaltsbandbreiten für die gesamte Vergütung (fix und variabel)

Diese Vorgehensweise stellte sicher, dass alle Mitarbeiter einer Funktionsgruppe die gleichen Risiken und Chancen zur Erreichung der Unternehmensziele über die Balanced Scorecard erhielten. Die hinter den Funktionsgruppen liegenden variablen Vergütungsbestandteile wurden vorab im Unternehmen kommuniziert.

In einem weiteren Schritt wurden die Unternehmensziele für das aktuelle Jahr geplant. Planungsgrößen waren dabei in erster Linie die Produktivität – basierend auf dem Stellenplan für eigene und fremde Mitarbeiter sowie Vorgaben für den Anteil an Verwaltungstätigkeiten, Kennzahlen für interne Projekte – Kostenbudgets sowie Termineinhaltung und Qualität, der Auftragseingang – hauptsächlich Lizenzen, und der Profit im Lizenzgeschäft, der über den Umsatz nach IAS (International Accounting Standards) sowie dem Materialaufwand ermittelt wird. Da die Aussagekraft der Profitkennzahl nach IAS wegen der verringerten Manipulationsmöglichkeiten bedeutend höher ist als die einer Gewinnkennzahl gemäß Bilanzierung nach HGB, kann auf eine cash-flow basierte Kennzahl verzichtet werden. Über eine Gewichtung wird der unterschiedlichen Bedeutung für das Unternehmensergebnis Rechnung getragen.

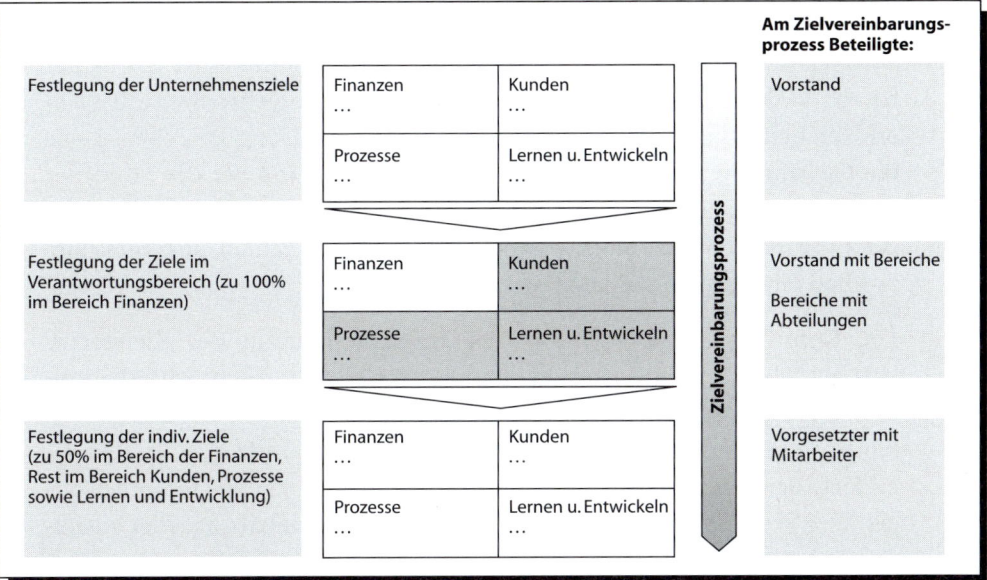

Abb. 4: Der Zielvereinbarungsprozess

Die auf der obersten Unternehmensebene geplanten Ziele mit den o. g. finanziellen BSC-Kenngrößen wurden in einem ersten Schritt heruntergebrochen und anteilig auf alle Bereiche verteilt, die wiederum die Ziele auf ihre Abteilungen herunterbrachen. Mit allen Führungskräften bis zum Abteilungsleiter wurden ausnahmslos quantitative, zu 100 Prozent aus den o. g. Planungsgrößen abgeleitete Ziele vereinbart – hier wurde bewusst vom klassischen Ansatz der Balanced Scorecard abgewichen, um den Führungskräften ihre direkte Verantwortung für die Unternehmenszahlen transparent zu machen. In den Vereinbarungen mit in der Hierarchie unterhalb von Abteilungsleitern arbeitenden Beschäftigten wurden für 50 Prozent der variablen Vergütungsbestandteile qualitative Ziele definiert – auf Grund der mehr und mehr fehlenden direkten Beeinfluss- und Zurechenbarkeit. Die andere Hälfte der variablen Vergütungsanteile entsprechen den monetären Abteilungszielen – mit dieser Aufteilung sollen sowohl Teamgeist gefördert als auch Einzelleistungen belohnt werden.

Als zusätzlichen Anreiz für die Mitarbeiter und Führungskräfte zum Abschluss von Zielvereinbarungen wird die Hälfte des variablen Vergütungsbestandteiles vorab in monatlichen Raten mit dem Gehalt ausgezahlt. Das wirtschaftliche Risiko dieser Maßnahme ist gering, da Zielerreichungsgrade von unter 50 Prozent auf einen Mangel in der Zielvereinbarung zwischen Führungskraft und Mitarbeiter hinweisen und in einem persönlichen Gespräch korrigiert und angepasst werden können. Am Jahresende wird der gesamte Grad der Zielerreichung bestimmt und unter Abzug der bereits ausbezahlten Anteile abgerechnet. Diese Vorgehensweise trug in erheblichem Maße zur Akzeptanz der Zielvereinbarung bei, ebenso wie die Gewährung voller Freiheit für die Führungskräfte bei der Wahl der qualitativen Ziele für die Mitarbeiter im ersten Schritt – bei der Vorliebe der Informatiker und Mathematiker im Hause für Zahlen, also messbare Größen ein nicht zu vernachlässigender Aspekt.

Die Kommunikation stellt bei der Implementierung des Zielvereinbarungsprozesses eine entscheidende Größe dar: Allen Mitarbeitern wurde die grundsätzliche Systematik der Zielvereinbarung in Zusammenhang mit der Einführung des neuen Personalsystems erläutert. In Phase 1 erklärte darüber hinaus der Vorstand in einem persönlichen Gespräch das gesamte System, den Inhalt und Ablauf der Zielvereinbarung jeder einzelnen Führungskraft.

Mit Abschluss der Phase 1 sollten folgende Ziele erreicht sein:

❏ Schaffung von Akzeptanz des Instruments der Zielvereinbarungen bei den Führungskräften, insbesondere bei den jungen
❏ Etablierung eines Zielvereinbarungsprozesses
❏ Akzeptanz einer Zielvereinbarung durch die Mitarbeiter
❏ Verstärkung der Leistungsbezogenheit des Einkommens

Durch die beschriebene Vorgehensweise wurden alle vier Vorgaben erfüllt.

Phase 2

Für die zweite Phase, die innerhalb von 4 Monaten abgeschlossen sein soll, sind einige Modifikationen vorgesehen: Eine tendenzielle Senkung der Steigerungsraten des Fixgehalts bei allen Funktionsgruppen soll mit einer deutlichen Erhöhung des variablen Anteils für das Jahr 2001 einhergehen – um dem Leistungsgedanken bei NSE vermehrt Rechnung zu tragen. Gemäß der Balanced Scorecard werden für die qualitativen Ziele Vorschläge für die Bereiche Kunden, Geschäftsprozesse sowie Lernen und Entwicklung eingeführt. Richtgröße sind dabei fünf zentral vorgegebene Zielvorschläge je Bereich, aus denen jede Führungskraft für die Mitarbeiter die geeigneten Ziele ableiten kann. Pro Ziel wird eine Messgröße entwickelt und den Führungskräften zur Formulierung der Ziele bereitgestellt. Die freie Auswahl der Ziele durch die Führungskräfte für ihre Mitarbeiter wird also durch die in der BSC vorgegebenen Ziele ersetzt.

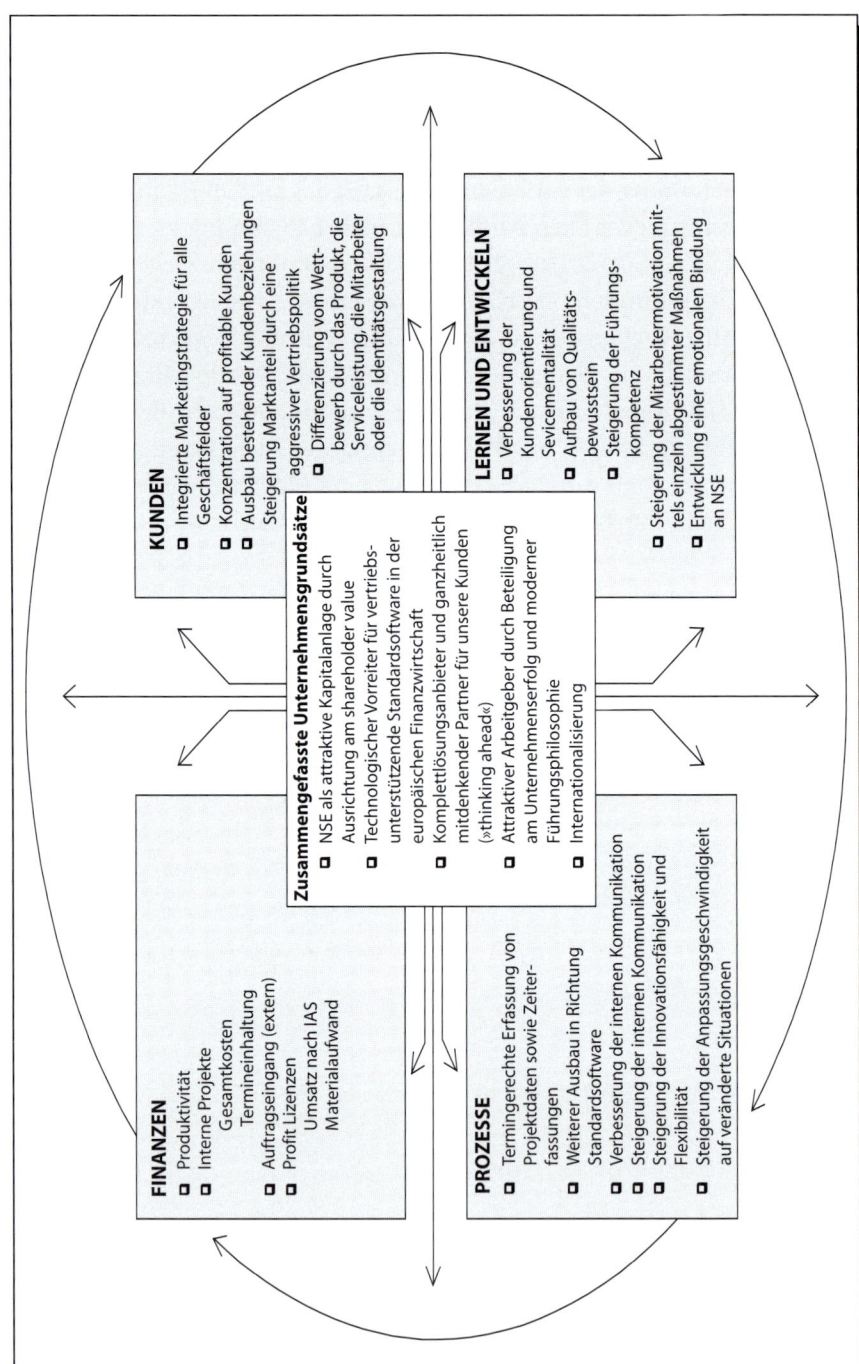

Abb. 5: Die Balanced Scorecard der NSE
Hinweis: die dargestellten Zahlen sind beispielhaft dargestellt

Zusätzlich wird für alle Führungskräfte und Mitarbeiter ein neues Ziel eingeführt: Die termingerechte Erfassung von Projektdaten, Ein- und Abgaben in Zeiterfassungssystemen u. ä. Diese Zielkategorie wird mit einem Anteil von 10 Prozent des variablen Vergütungsbestandteiles verknüpft. Die prozentuale Gewichtung der Ziele sieht demnach folgendermaßen aus: Für die Führungskräfte erfolgt die Verknüpfung zu 90 Prozent an die finanziellen Vorgaben. Für die Mitarbeiter ergibt sich eine Verteilung von jeweils 45 Prozent an Zielvorgaben aus dem Bereich Finanzen auf der einen und den Bereichen Kunden, Prozesse und Mitarbeiter auf der anderen Seite. 10 Prozent beziehen sich bei beiden Gruppen auf die termingerechte Information.

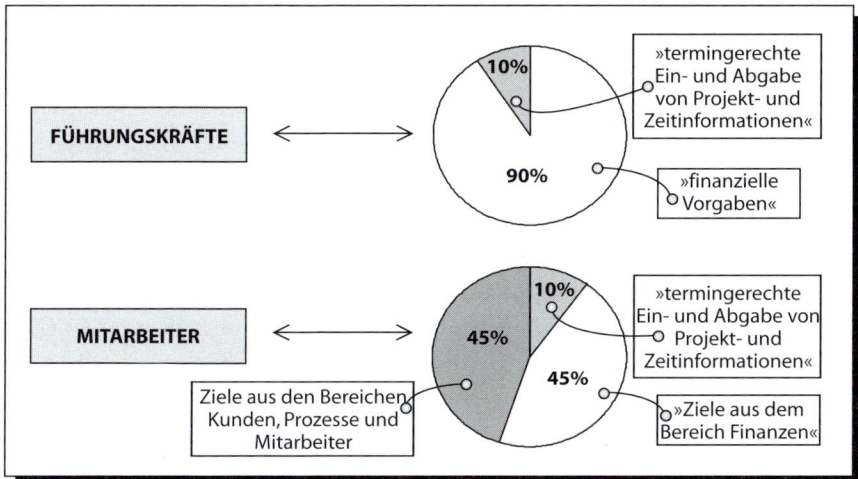

Abb. 6: Die Gewichtung von Zielvorgaben bei NSE

Zur Kommunikation dieser modifizierten Vorgehensweise ist ein Workshop für Führungskräfte, für alle Mitarbeiter eine Informationsstunde vorgesehen, in dem Erfahrungen der Phase 1 diskutiert und auf die Neuerungen der Phase 2 eingegangen werden soll: Als zusätzliche begleitende Maßnahme für eine möglichst hohe Akzeptanz wird die Balanced Scorecard im Haus durch verschiedene Medien kommuniziert – wofür sich das Intranet in besonderer Weise eignet. Aber auch Plakate sind hilfreich, um den Mitarbeitern die Ziele der BSC und deren Ursache- und Wirkungsbeziehungen ständig zu präsentieren und darzustellen.

Abweichend vom Konzept der Balanced Scorecard soll das Verfahren der Kopplung von 90 Prozent der variablen Vergütung an quantitative Ziele bis zum Abteilungsleiter beibehalten werden. Das haben bereits in Phase 1 alle Führungskräften akzeptiert – obwohl nicht alle Ziele durch einen Abteilungsleiter direkt beeinflussbar sind – und attestiert, dass jeder Einzelne die Gesamtverantwortung für das Unternehmen übernehmen will. Bei Mitarbeitern soll die Möglichkeit, Ziele in qualitativer Weise zu bestimmen, beibehalten werden – hier kommt der aus einer BSC abgeleitete Zielkatalog zum Einsatz.

2.2 Die Integration in SAP R/3

NSE führt seit Mai 2000 die Standardsoftware SAP R/3, Release 4.6 B ein. Neben der Bewältigung der Einführung von Zielvereinbarungen muss der Prozess in einem parallelen Schritt in der Systemwelt von SAP abgebildet werden. Die Geschäftsführung stellte dabei die Anforderung, den Zielerreichungsgrad von eindeutig messbaren Zielen für jeden Mitarbeiter bestimmen zu können. Für die Integration im System SAP R/3 wird die Balanced Scorecard in zwei Teilbereichen dargestellt: Alle über das Controlling abbildbare und damit messbare Größen wie Produktivität, Kostenbudget und Profit können über leicht ermittelbare Zahlen wie Deckungsbeitrag (DB), Umsatz oder G+V-Größen dargestellt werden. Die Zuordnung erfolgt bis zu den Profitcentern über das so genannte Organisationsmanagement. Über Spezialberichte werden die täglich ermittelbaren Größen der Profitcenter den vereinbarten Zielen gegenübergestellt.

Ziele ohne monetären Hintergrund werden mittels der Beurteilungen über das Human Resources-Modul erfasst. Die Führungskräfte beurteilen am Ende des Jahres die Zielerreichung mit einer 5-teiligen Skala, dahinter liegen feste Prozentsätze zur Berechnung des Auszahlungsbetrages. Die Balanced Scorecard, die in SAP also getrennt im Controlling- und im Human Resources-Modul bearbeitet wird, soll über einen speziell eingerichteten Bericht gesammelt, zusammengefasst und abschließend wieder einheitlich und übersichtlich dargestellt werden: Ziel ist ein ausgewogener Berichtsbogen, der quantitative und qualitative sowie Ergebnis- und Leistungskennzahlen darstellt.

Es ist geplant, diesen Bericht über die BSC in einem späteren Schritt allen Mitarbeitern über die in SAP R/3 enthaltene Komponente ESS (Employee self service) zur Verfügung zu stellen. Durch ESS werden personalisierte

Daten aus SAP jedem einzelnen Mitarbeiter browserbasiert zur Verfügung gestellt. Neben den Funktionalitäten Zeiterfassung, Reisekostenabrechnung, Who is who etc. sollen alle Mitarbeiter auf ihre persönlich vereinbarten Ziele zugreifen und den ermittelten Zielerreichungsgrad bei den bewertbaren Komponenten abfragen können. In einer weiteren Ausbaustufe werden vergangenheits- und zukunftsbezogene Kennzahlen gegenübergestellt. Auch eine strategische Zielerreichungsanalyse soll Teil der Features in SAP R/3 werden. Die Einsatzmöglichkeiten weiterer Module (SAP Business Warehouse und SAP Strategic Enterprise Management) in SAP R/3 werden evaluiert.

3. Erfahrungen und Fazit

Stark wachsende mittelständische Unternehmen haben oft individuell und situativ ausgerichtete Personalsysteme und Gehaltsgefüge. Aufgrund des rasanten Wachstums in der IT-Branche und der Lage auf dem Arbeitsmarkt für EDV-Spezialisten will NSE neue, zum Teil auch ungewöhnliche Wege einschlagen und seine Systeme konsequent am Markt und an der Leistung orientieren. Erklärtes Ziel vor der Einführung eines Personalsystems war die Verknüpfung von Leistung und Gehalt, die Realisierung erfolgte auf zwei Ebenen: Das bei NSE nicht tariflich gebundene Grundgehalt wurde an das Beurteilungssystem gekoppelt. Die variablen Gehaltsbestandteile bestimmen sich über die Erfüllung der vereinbarten Ziele. Zielvereinbarungen erfüllen ihren Zweck jedoch nur dann, wenn einige Voraussetzungen erfüllt sind: Gute Kommunikation des Zielvereinbarungsprozesses, Transparenz und Nachvollziehbarkeit der Zielvorgaben, Überprüfbarkeit der Zielerreichung sowie monetär reizvolle Größen sind notwendig für den Erfolg.

Der wirtschaftliche Erfolg des Unternehmens gründet sich auf Einflussfaktoren, die sowohl finanzielle Zielgrößen beinhalten als auch dahinter stehen und die Zielerreichung ursächlich bestimmen. Zur Steuerung einer Organisation ist es erforderlich, aus der Strategie klar formulierte, messbare und kontrollierbare Steuerungsgrößen abzuleiten, die – in den erfolgsbestimmenden Perspektiven »ausbalanciert« – dem Management, aber auch den Mitarbeitern die Richtung weisen. NSE ist sich bewusst, dass der zukünftige Erfolg davon abhängt, in welchem Maße alle Mitarbeiter durch Ziele an der Unternehmensstrategie ausgerichtet werden können. Oft herrscht in traditionellen Unternehmen noch die Vorstellung, die

Strategie sei »geheime Kommandosache« der Unternehmensleitung und die Mitarbeiter könnten mit Druck ausgerichtet werden. Transmissionsriemen für die Strategie bei NSE sind neben der Balanced Scorecard auch die Unternehmens- und Führungsleitsätze sowie systematische Förder- und Entwicklungsmaßnahmen. Besonders die BSC mit ihren von der Unternehmensleitung vorgegebenen Globalzielen, die entsprechend auf die Abteilungen heruntergebrochen werden, gibt die Richtung des Unternehmens für die Beschäftigten vor und gewährleistet ein für alle gemeinsames Zielmodell.

Mit aufeinander abgestimmten und an der Strategie des Unternehmens ausgerichteten Elementen, unter denen die Balanced Scorecard einen entscheidenden Platz einnimmt, verfügt die NSE Software AG nun über ein modernes, flexibles und transparentes Personalmanagement, das die Konkurrenzfähigkeit im nationalen und internationalen Wettbewerb erheblich stärkt. Der eindeutige Vorteil der BSC ergibt sich aus der klaren Kommunikation der jeweiligen Strategien: Das System geht dabei über ein Kennzahlensystem hinaus und hat sich zu einem wichtigen Führungssystem entwickelt. In der Praxis hat sich gezeigt, dass der Weg der NSE und die Balanced Scorecard der NSE individuell ist und kaum auf andere Unternehmen übertragen werden kann: Jedes Unternehmen muss seinen eigenen Weg und seine eigene Balanced Scorecard finden.

Literaturverzeichnis:

Kranich, D./Bonsels, M.: Angleichung von Strategie und Personalmanagement in: Personalwirtschaft, Ausgabe 11/99, S. 31–37.

Fischer, O.: Alles auf eine Karte in: Manager Magazin, Ausgabe 10/99, S. 257–265.

Friedag, H. R./Schmidt, W.: Balanced Scorecard. Mehr als ein Kennzahlensystem. Freiburg Haufe, 2001.

Kaplan, R. S./Norton, D. P.: Balanced Scorecard. Stuttgart, Schäffer-Poeschel, 1997.

Von Dr. Stefan Eberhardt,

DaimlerChrysler AG

An verschiedenen Ansätzen zur Unternehmensführung herrscht beileibe kein Mangel: In den letzten Jahren wurden Lean Management, Total Quality Management, Business Reengineering oder auch ungezählte »Management by ...«-Konzepte propagiert, um nur einige zu nennen. Dass diese Modelle in den Führungsebenen von Wirtschaftsunternehmen so viele Verehrer gefunden haben, liegt wesentlich in dem Bedürfnis nach einem Ansatz, der nachhaltigen Erfolg verspricht – auch und gerade in einer Zeit turbulenter Umweltveränderungen, die nur sehr schwer zu antizipieren sind. Die zunehmende Globalisierung verschärft noch den Wettbewerb. Offenbar konnten die genannten Management-Modelle aber den Wunsch nach einem dauerhaften Erfolgsrezept für die Führung von Unternehmen nicht im gewünschten Ausmaß erfüllen, gelten sie doch – zumindest in großen Unternehmen – schon wieder als überholt. Statt dessen wird vermehrt von »Shareholder Value« und »Value-based Management« oder auch »wertorientierter Unternehmensführung« gesprochen.

1. Ausgangslage: Value-based Management

Was ist das Besondere einer solchen Unternehmensführung, welche die Schaffung von Werten in den Mittelpunkt des Tun und Handelns stellt? Viele der derzeit populären Managementansätze berücksichtigen die nachhaltige Sicherung des Unternehmenserfolgs nicht – oder nicht ausreichend. Offensichtlich werden an einen erfolgversprechenden Ansatz der Unternehmensführung andere, weitergehende Forderungen gestellt: Danach steht nicht mehr die Behebung isolierter Probleme im Mittelpunkt, wie das etwa beim Lean Management mit der Vermeidung von Verschwendung, beim Total Quality Management mit der Optimierung der kundenbezogenen Qualität oder beim Business Reengineering mit der optimierten Neugestaltung von Geschäftsprozessen der Fall ist. Vielmehr muss ein umfassendes Gesamtkonzept entwickelt werden, das in der Lage ist, die wirtschaftliche Leistungsfähigkeit eines Unternehmens nachhaltig zu sichern und zu stärken – vor dem Hintergrund ständig wechselnder Umweltbedingungen, wozu namentlich auch die Anforderungen unterschiedlicher Anspruchsgruppen gegenüber einem Unternehmen zählen.

Gesucht wird ein umfassendes Managementkonzept, das mit den dynamischen Veränderungen innerhalb und außerhalb des Unternehmens Schritt halten kann und alle von dessen Aktivitäten Betroffenen zu überzeugen vermag, dass sie mit ihren spezifischen Interessen ernst genommen werden: Es geht darum, zu beiderseitigem Nutzen Wert für das Unternehmen und die unmittelbar Betroffenen zu schaffen. Ein solcher neuer Ansatz zur Unternehmensführung soll das Management in die Lage versetzen,

❑ die eigene Wertschöpfung zu optimieren,
❑ die fremden Wertschöpfungsbeiträge (also beispielsweise der Lieferanten) exakt zu erfassen und optimal in die eigene Wertschöpfung zu integrieren,
❑ die auf bestimmten Wertvorstellungen beruhenden Nutzenerwartungen – zumindest der wichtigsten Anspruchsgruppen – zu erfüllen,
❑ den Nutzen für das Unternehmen selbst zu erhöhen und damit
❑ die wirtschaftliche Leistungsfähigkeit des Unternehmens nachhaltig zu sichern.

Der Ansatz des *Value-based Management* ist in der Lage, diese Anforderungen zu erfüllen. Er orientiert sich nicht primär an der Frage der Gestaltung bestimmter Prozesse, der Organisation oder des Führungssystems von Unternehmen, sondern sucht nach den Ursachen wirtschaftlichen Erfolgs. Die Identifikation solcher grundlegender Erfolgsfaktoren ist die unabdingbare Basis, um daraus gezielte Strategien zur Schaffung von Werten für das Unternehmen und damit zur Sicherung der wirtschaftlichen Leistungsfähigkeit ableiten zu können.

Bei der Suche nach den Verantwortlichen für das Erbringen von Leistungen und den Erfolg im Unternehmen stellt man schnell fest, dass dies mit Sicherheit nicht nur die Führung ist, die an oberster Stelle Entscheidungen trifft. Statt dessen wird deutlich, dass eine Vielzahl von Individuen und Institutionen ihren Beitrag für den Unternehmenserfolg leisten. Die wesentliche Kunst scheint also darin zu bestehen, zumindest die wichtigsten dieser Personen oder Personenmehrheiten zu identifizieren und sie zu motivieren, möglichst optimal zur Wertsteigerung eines Unternehmens beizutragen.

Hier wird deutlich, dass ein ursächlicher Zusammenhang zwischen den Leistungsbeiträgen der für den Unternehmenserfolg verantwortlichen Menschen und Organisationen und der Wertentwicklung des Unternehmens selbst besteht. Erfolg im Unternehmen ist das Ergebnis eines auf Gegenseitigkeit ausgerichteten Verhaltens von Entscheidungsträgern im Unternehmen und strategisch relevanten Anspruchsgruppen. Die Konsequenz: Die Orientierung *sowohl* an der wirtschaftlichen Basis eines Unternehmens *als auch* an den Nutzenerwartungen seiner Anspruchsgruppen ist ökonomisch zwingend notwendig.

Im Mittelpunkt unternehmerischen Handelns steht zwar nach wie vor die *Sicherung der wirtschaftlichen Basis*. Aber kein Unternehmen kann auf Dauer wirtschaftlich erfolgreich sein, wenn es sich den Erwartungen seiner Anspruchsgruppen entzieht. Nur solange diese ausreichenden Nutzen erfahren, besteht auf ihrer Seite die Bereitschaft, ihren (über)lebenswichtigen Beitrag für das Unternehmen zu leisten. Auf der anderen Seite besteht die Gefahr, durch eine zu weitgehende Orientierung an allen möglichen Interessen von Anspruchsgruppen die Sicherung der wirtschaftlichen Basis zu vernachlässigen: Macht ein Unternehmen nicht genügend Gewinn, kann es weder die vielfältigen Ansprüche befriedigen noch Nutzen für seine Anspruchsgruppen schaffen.

Die gleichermaßen zentrale wie schwierige Frage im Value-based Management lautet daher: Welche Anspruchsgruppen sollen berücksichtigt werden? Grundsätzlich kommen alle Personen, Gruppen oder Institutionen in Frage, »die gegenüber dem Unternehmen entweder einen gesetzlich verankerten Anspruch geltend machen oder ihre Ansprüche so glaubhaft vertreten können, dass das Unternehmen nicht umhin kann, sie bei der Entscheidungsfindung zu berücksichtigen.« (Gomez (1993), S. 102 f.). Rechnung getragen werden muss demnach Ansprüchen aufgrund von

❏ gesetzlichen Regelungen – z. B. Mitbestimmungs-, Steuer-, Handels-, Produkthaftungs- oder Umweltrecht
❏ Vertragsbeziehungen – z. B. Arbeits-, Kauf- und Lieferverträge
❏ Eigentum im Sinne von Teilhabe-, Schutz- und Vermögensrechten

❑ Marktbeziehungen zu Partnern – Mitarbeiter und Führungskräfte auf dem Arbeits-, Eigen- und Fremdkapitalgeber auf dem Finanz-, Kunden auf dem Absatz- sowie Lieferanten auf dem Beschaffungsmarkt

❑ ethisch-moralischen Verpflichtungen im Sinne von verantwortungsvollem Umgang von Unternehmen mit der ihr zur Verfügung stehenden Macht

Als weiteres Abgrenzungskriterium gilt darüber hinaus, ob die Berücksichtigung der Ansprüche auch zur Sicherung der langfristigen wirtschaftlichen Leistungsfähigkeit beitragen und so Nutzen für das Unternehmen schaffen. Andererseits müssen die ausgewählten Anspruchsgruppen selbst einen Nutzen in der Befriedigung ihrer Forderungen erkennen können, so dass letztlich beide Seiten davon profitieren, wenn sie die Ansprüche in das unternehmerische Tun einbeziehen: Die zu berücksichtigenden Anspruchsgruppen müssen also mit dem Unternehmen eine Art *symbiotische Beziehung* eingehen. Wo gegenseitige Nutzengewinne nicht stattfinden, ist auch eine Einbeziehung der entsprechenden Anspruchsgruppen nicht sinnvoll: Wenn ein Unternehmen keine Vorteile dadurch erhält, besteht kein Anlass zu einer weiteren Berücksichtigung der Interessen dieser Gruppe. Kann eine Anspruchsgruppe keinen Nutzen aus dem Unternehmen ziehen, wird sie ihre Leistungsbeiträge einstellen und auch von ihren Forderungen gegen das Unternehmen Abstand nehmen.

Für die überwiegende Mehrheit der Unternehmen ist es damit möglich, sich auf folgende Personengruppen als wirklich wichtige Anspruchsgruppen zu konzentrieren:

❑ **Mitarbeiter**
❑ **Kunden**
❑ **Lieferanten** und
❑ **Eigen-** und **Fremdkapitalgeber.**

Die genaue Auswahl der relevanten Anspruchsgruppen muss individuell und situationsspezifisch erfolgen. Für einen Kraftwerksbetreiber spielen beispielsweise Umweltschutzverbände als Anspruchsgruppe eine weitaus bedeutendere Rolle als etwa für ein Softwareunternehmen.

Die wertorientierte Unternehmensführung richtet sich auf die Formulierung solcher Strategien, welche die Erschließung und Ausschöpfung attraktiver Nutzenpotenziale ermöglichen – und zwar dergestalt, dass der

Nutzen sowohl für das Unternehmen als auch für die verschiedenen Anspruchsgruppen maßgeblich gesteigert und dadurch Wert geschaffen wird. Ziel ist damit ein *maximaler Gesamtnutzen* für Unternehmen und Anspruchsgruppen, der wesentlich auf dem Zusammenwirken der verschiedenen, an einem Unternehmen beteiligten Individuen und Gruppen beruht. Eine Unternehmensführung, die sich von diesen Prinzipien leiten lässt, leistet zweifellos einen wesentlichen Beitrag zur Sicherung der langfristigen wirtschaftlichen Leistungsfähigkeit und damit zum Erfolg ihres Unternehmens.

2.   EFQM

Ausgehend von den Überlegungen des Total Quality Management hat die *European Foundation for Quality Management (EFQM)* ein umfassendes Unternehmensführungsmodell entwickelt, das weitgehend den oben aufgezeigten Ansprüchen der wertorientierten Unternehmensführung gerecht wird. Die Vorsitzenden 14 großer europäischer Unternehmen haben die EFQM 1988 mit Unterstützung der Europäischen Kommission gegründet. Derzeit sind rund 600 Organisationen Mitglied, von multinationalen Großkonzernen über bedeutende nationale Unternehmen bis hin zu Forschungsinstituten namhafter europäischer Universitäten.

Das Ziel der EFQM ist die Unterstützung und Förderung von Organisationen bei der Realisierung von Verbesserungen, die zu hervorragenden Leistungen bei der Kunden- und Mitarbeiterzufriedenheit, der Wahrnehmung gesellschaftlicher Verantwortung und nicht zuletzt bei Geschäftsergebnissen führen. Ausgangspunkt für diese Überlegungen war die Unzulänglichkeit der einschlägigen Normen des Qualitätsmanagements (insbesondere der DIN-EN-ISO 9000 ff.), die es Unternehmen grundsätzlich erlauben, *schlechte* Qualität zu produzieren, sofern diese mit dem Kunden vereinbart wurde. Im Gegensatz dazu war und ist das Anliegen der EFQM, generell auf *hervorragende* Qualität von Produkten bzw. Dienstleistungen sowie sämtlicher unternehmerischer Aktivitäten hinzuwirken – einschließlich der Unternehmensführung. Die Qualität in allen Aspekten des Handelns von Organisationen wird als Grundlage für Effizienz und Effektivität und damit auch als Basis für die langfristige wirtschaftliche Leistungsfähigkeit von Unternehmen angesehen.

Schnell hat die EFQM erkannt, dass Organisationen – gleich welcher Größe, Struktur oder Herkunft und unabhängig von dem jeweiligen Wirtschaftssektor – ein geeignetes Modell zur Unternehmensführung benötigen, um erfolgreich sein zu können. Deshalb wurde das so genannte EFQM Excellence Model (im Folgenden kurz EFQM-Modell) entwickelt. Es handelt sich um ein Instrument, den Standort von Organisationen auf ihrem Weg zur »Excellence« zu bestimmen. Mit anderen Worten geht es darum, Spitzenleistungen zu stimulieren, etwaige Defizite zu entdecken und zu verstehen sowie Maßnahmen zur Schließung von Lücken abzuleiten und umzusetzen.

Das EFQM-Modell ist nicht darauf ausgerichtet, konkrete Handlungsanweisungen zu geben. Vielmehr wird akzeptiert, dass es vielfältige Möglichkeiten gibt, unternehmerische Spitzenleistungen zu erreichen. Deshalb wird verstärkt auf einen Vergleich zwischen hervorragenden Unternehmen gesetzt. Als Gegenstück zum amerikanischen *Malcolm Baldridge Award* wurde von der EFQM deshalb der *European Quality Award (EQA)* ausgelobt. In diesem Wettbewerb messen sich die besten europäischen Organisationen in verschiedenen Kategorien miteinander und küren den jeweiligen Sieger. Die Leistungen der teilnehmenden Organisationen fließen ihrerseits in die regelmäßige Weiterentwicklung des EFQM-Modells ein. So sehr Unterschiede in den jeweils beschrittenen Wegen zu Spitzenleistungen akzeptiert werden, sind eine Reihe von Prinzipien, an denen die Leistungen der am EQA teilnehmenden Organisationen gemessen werden, für andere Unternehmen als Grundlage für ihre Bemühungen um Topp-Ergebnisse doch determiniert. Diese Prinzipien bilden die Basis des EFQM-Modells:

❑ **Ergebnisorientierung**: Spitzenleistungen von Unternehmen sind das Ergebnis der ausgewogenen Berücksichtigung der Nutzenerwartungen aller wesentlicher Anspruchsgruppen. Eine einseitige Berücksichtigung – etwa nur der Kapitalgeber – führt nicht zu optimalen (Unternehmens-)Ergebnissen.

❑ **Ausrichtung auf den Kunden**: Der Kunde fällt letztlich das Urteil über die Qualität von Produkten und Dienstleistungen und ist damit Dreh- und Angelpunkt der Bemühungen einer wirtschaftenden Organisation, deren Zweck es ist, Leistungen für Kunden gegen Entgelt zur Verfügung zu stellen. Die klare Ausrichtung auf derzeitige und zukünftige Kundenwünsche ist die Voraussetzung, um langfristig zufriedene und loyale Kunden zu haben und damit das Absatzpotenzial des Unternehmens zu sichern.

❑ **Führung und Konstanz des Zwecks**: Das Verhalten der Führungskräfte eines Unternehmens muss klar und eindeutig sein und den Zweck des unternehmerischen Handelns erkennen lassen.

❑ **Management by Processes & Facts**: Voraussetzung für das effiziente Funktionieren von Unternehmen ist das Verstehen und systematische Managen der vielfältigen Wechselwirkungen zwischen den verschiedenen Subsystemen und Teilprozessen.

❑ **Personalentwicklung und -beteiligung**: Das gesamte Potenzial der Mitarbeiter eines Unternehmens kann am besten ausgeschöpft werden, wenn das Personal in die Geschäftsprozesse involviert ist. Die Grundlage hierfür bildet eine gemeinsam geteilte Werte-Basis und eine von gegenseitigem Vertrauen geprägte Unternehmenskultur.

❑ **Lernen, Innovation und Verbesserung**: Die Leistungsfähigkeit einer Organisation hängt maßgeblich davon ab, ob es gelingt, das vorhandene Wissen der einzelnen Mitarbeiter zu nutzen und weiterzuentwickeln. Das lässt sich in einer Kultur des kontinuierlichen Lernens, der kontinuierlichen Innovation und der kontinuierlichen Verbesserung erreichen.

❑ **Entwicklung von Partnerschaften**: Das Beziehungsgeflecht, in dem ein Unternehmen agiert, ist wesentlich für dessen Erfolg. Dem gezielten Beziehungsmanagement – im Sinne des Aufbaus von auf Vertrauen basierenden Partnerschaften – kommt daher eine besondere Rolle zu.

❑ **Gesellschaftliche Verantwortung**: Langfristig kann eine Organisation nicht ohne gesellschaftliche Akzeptanz erfolgreich sein. Daher sind Regulierungen wie Gesetze etc. zu befolgen und die Erwartungen der Öffentlichkeit angemessen zu berücksichtigen.

Das EFQM-Modell selbst ist ein Framework von neun miteinander vernetzten Kriterien. Fünf so genannte *Befähiger-Kriterien* verweisen auf die Ursachen des Erfolgs, vier so genannte *Ergebnis-Kriterien* bringen die Leistung des Unternehmens zum Ausdruck. Das Modell beruht auf der Prämisse, dass hervorragende Leistungen in Bezug auf Wirtschaftlichkeit, Kunden, Mitarbeiter und Gesellschaft durch das gezielte Management von Partnerschaften, Ressourcen und Prozessen erreicht werden können. Das EFQM Modell sieht folgendermaßen aus:

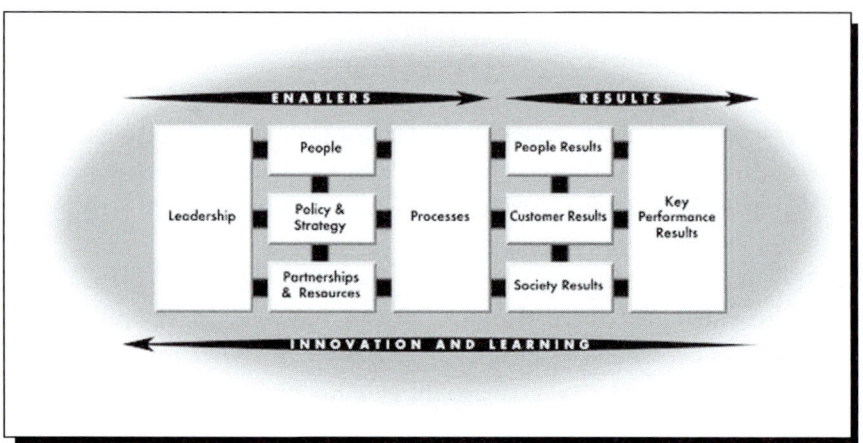

Abb. 1: Das EFQM Excellence Model

Die Pfeile deuten an, dass einerseits die Befähiger-Kriterien die Ergebnis-Kriterien beeinflussen, andererseits Innovation und Lernen dazu beitragen, dass die erzielten Ergebnisse Anlass zum Feedback und somit zur weiteren Verbesserung der Befähiger-Kriterien geben – und damit zu einer noch besseren Performance beitragen. Es handelt sich also um ein dynamisches Modell. Für jedes der neun in dem Modell dargestellten Kriterien existieren eine konkrete Definition und Beispiele, was in der jeweiligen Kategorie unter hervorragenden Leistungen verstanden werden kann. Sie werden regelmäßig auf der Basis von Topp-Performern aktualisiert. Die EFQM gibt damit Anregungen für den Weg zu herausragenden Leistungen.

Abgesehen von der expliziten Berücksichtigung der Öffentlichkeit berücksichtigt das EFQM-Modell weitgehend die Gedanken der wertorientierten Unternehmensführung. Trotz der ursprünglich etwas einseitigen Basis des Total Quality Management ist das Modell nicht allein der Produkt- und Prozessqualität verhaftet, sondern berücksichtigt das Zustandekommen von unternehmerischem Erfolg – im Sinne von Wertsteigerungen für das Unternehmen selbst wie auch für die wesentlichen Anspruchsgruppen. Durch die Darstellung der vernetzten Zusammenhänge zwischen Befähiger- und Ergebnis-Kriterien erhält das Management eine Hilfestellung zur Gestaltung eines komplexen Wertschöpfungsnetzwerks. Dadurch ist das EFQM-Modell geeignet, die relativ abstrakten Gedanken des Value-based Managements in eine operationale Ebene zu transformieren, indem es sämtliche unternehmerischen Aktivitäten (dargestellt in den Befähiger-

Kriterien) auf ihren Beitrag zur Wertschaffung (dargestellt in den Ergebnis-Kriterien) analysiert. Vereinfacht ausgedrückt: Das EFQM-Modell untersucht, inwiefern sich in einem Unternehmen der Einsatz knapper Ressourcen vor dem Hintergrund verschiedener Anspruchsgruppen (Kunden, Mitarbeiter und Partner) »lohnt«.

3. Balanced Scorecard als Instrument zur Positionierung von Value-based Management und EFQM

Für die konkrete Umsetzung der Gedanken des Value-based Managements und des EFQM-Modells in die tägliche Praxis bietet sich die *Balanced Scorecard (BSC)* an. Mit der BSC können die wichtigsten Kriterien des Erfolgs eines Unternehmens nicht nur veranschaulicht und einem regelmäßigen Review unterzogen, sondern auch gezielte Schritte zur Verbesserung der Performance ab- und eingeleitet werden. Der Balanced Scorecard kommt in diesem Zusammenhang aber noch eine wesentlich weiter gehende Funktion zu: Während der Einführung einer solchen BSC, die idealtypisch parallel zu der des Value-based Managements verläuft, besteht die große Chance, durch einen breit angelegten Implementierungsprozess die Grundhaltung der wertorientierten Unternehmensführung zu kommunizieren und die beteiligten Mitarbeiter für die Thematik der Schaffung von Werten zu sensibilisieren. Die Mitarbeiter regelmäßig über den jeweils aktuellen Stand der BSC zu unterrichten und sie damit in den Prozess der Wertschaffung aktiv zu integrieren ist im Übrigen auch nach der BSC-Einführung unabdingbar.

Als Ausgangspunkt für jede BSC unerlässlich ist eine *Vision*, in der die grundlegende Ausrichtung des Unternehmens festgelegt wird. Häufig lauten solche Visionen sinngemäß etwa so: »Innerhalb von fünf Jahren wollen wir in unserer Branche die Besten sein«. Sinnvoller ist eine Vision jedoch in Übereinstimmung mit der wertorientierten Grundhaltung so zu formulieren: »Innerhalb von fünf Jahren wollen wir einen erheblichen Mehrwert für unser Unternehmen und unsere wichtigsten Anspruchsgruppen erzielt haben.« Die gezielte Verankerung des wertorientierten Gedankengutes schon in der Unternehmensvision manifestiert nicht nur langfristig die normative Ausrichtung des Unternehmens, sondern erleichtert auch wesentlich deren Kommunikation gegenüber allen Betroffenen innerhalb und außerhalb des Unternehmens.

Nach der Definition geht es um die Konkretisierung der Vision: Was bedeutet es, »die Besten« zu sein? Kriterien müssen festgelegt werden, an denen das Erreichen der Vision gemessen werden kann: So genannte *kritische Erfolgsfaktoren* – beispielsweise Kundenzufriedenheit oder Prozessqualität – geben eine Orientierung für das unternehmerische Handeln. Sie sind aber in der Regel noch nicht operational, als Steuerungsgrößen für die tägliche Arbeit also ungeeignet.

In einem weiteren Schritt müssen deshalb *Werttreiber* abgeleitet werden, konkrete, quantifizierbare Größen, die zur Steuerung des Tagesgeschäfts eingesetzt werden und die die wesentlichen betrieblichen Abläufe und erfolgsbestimmenden Außenbeziehungen eines Unternehmens abbilden können.

Schon die Bezeichnung Werttreiber macht deutlich, dass diese Größen auf die Schaffung von Werten für das Unternehmen selbst und für die wichtigsten Anspruchsgruppen gerichtet sind. Im vorliegenden Beispiel kann die Kundenzufriedenheit heruntergebrochen werden in die von den Kunden gemeldete Reklamationsquote oder in die intern festgestellte Fehlerquote, die Prozessqualität in die Durchlaufzeit oder in andere aus Benchmark-Vergleichen gewonnene Erkenntnisse über kritische Prozesskenngrößen. Anhand dieser detaillierten Größen kann die Schaffung von Werten im Sinne des Value-based Managements beurteilt werden.

Da die Werttreiber als Größen in die Balanced Scorecard einfließen, ist darauf zu achten, dass sie sich ausgewogen auf die Kriterien der BSC verteilen. Neben den klassischen (Finanz-, Kunden-, interne Prozess- und Lern- bzw. Entwicklungsperspektive) sind auch andere Kriterien denkbar und je nach Unternehmen bzw. Unternehmenseinheit durchaus sinnvoll – beispielsweise die Lieferanten-, Kreditgeber- oder Öffentlichkeitsperspektive. Analog zum Value-based Management sind die Anspruchsgruppen zu identifizieren, deren Berücksichtigung für den Unternehmenserfolg von besonderer Bedeutung ist. Um die BSC nicht zu überfrachten, sollte allerdings eine Beschränkung auf maximal vier bis fünf Kriterien eingehalten werden. Da ohnehin höchstens 15 Werttreiber in eine BSC aufgenommen werden sollten, ist ein Ausbalancieren bei einer größeren Zahl von Kriterien nicht mehr möglich.

In der Praxis hat sich die Verwendung der Mitarbeiter-, der Kunden-, der Finanz- (Unternehmensergebnis) sowie der Perspektive der internen Prozesse bewährt. Wahlweise kann darüber hinaus die Lieferantenperspektive berücksichtigt werden, falls ein enger Bezug zu dieser Anspruchsgruppe besteht. Alternativ ist aber auch eine zusätzliche Kategorie »Sonstige« denkbar, da es regelmäßig Werttreiber gibt, die sich nicht sinnvoll einem anderen vorgegebenen Kriterium zuordnen lassen. Entscheidend ist, dass die BSC nicht a priori durch das Modell verschiedene Kriterien festlegt, sondern jedes Unternehmen individuelle nach den spezifischen Gegebenheiten wählen kann.

Nach der Definition der Kriterien für die BSC sind nun die einzelnen Werttreiber ausgewogen (oder balanciert) zuzuordnen – bei 15 Werttreibern und 4 Kriterien also drei bis vier Werttreiber pro Kriterium. Aber auch das ist nicht dogmatisch: Es ist durchaus denkbar, ein Kriterium zu Lasten eines oder mehrerer anderer zumindest zeitweise stärker zu betonen. Wird beispielsweise akuter Handlungsbedarf in punkto Mitarbeiterorientierung identifiziert, weil es hier zu schließende Wertlücken gibt, kann durch eine stärkere Gewichtung dieser Perspektive innerhalb der BSC ein entsprechendes Signal gesetzt und das Augenmerk unternehmerischer Aktivitäten stärker in diese Richtung gelenkt werden.

Jeder Werttreiber muss sorgfältig definiert werden! Insbesondere ist der Beitrag zu benennen, den ein Werttreiber zur Erreichung der Vision leisten kann. So wird explizit formuliert, welchen *Wertbeitrag* ein Werttreiber misst. Für jeden Werttreiber ist zudem ein Soll-Wert festzulegen, so dass sich über einen Soll-Ist-Vergleich unmittelbar erkennen lässt, wo Defizite auf dem Weg zur Realisierung der Vision vorhanden sind. Um ein höheres Maß an Verbindlichkeit zu erzeugen, gehen diese Soll-Werte in die *Zielvereinbarungen* mit der für einen Werttreiber verantwortlichen Führungskraft ein. Über die Kopplung an ein flexibles Entgeltsystem, das zu einem erheblichen Teil an die Erreichung der Ziele gebunden ist, wird die Verbindung zu einer wertorientierten Vergütung der Führungskräfte sichergestellt.

Klar und eindeutig ist festzuhalten, auf welche Weise mit welchen Quellen die Daten erhoben, aufbereitet und kommuniziert werden. Mittlerweile gibt es ausgereifte Software-Lösungen, die in der Lage sind, auf der Grundlage eines komplexen Data-Warehouses die Balanced Scorecard vollautomatisiert abzubilden. Allein die Vereinheitlichung des umfangreichen Datenmaterials in einem Unternehmen schafft mitunter einen nicht zu unterschätzenden Mehrwert!

Bei stringenter Ableitung der Werttreiber über die kritischen Erfolgsfaktoren aus der Vision lässt sich mit der BSC der *Beitrag zur Realisierung der Vision* verfolgen. Dabei geht es generell nicht darum, die BSC als bloßes statistisches Datenblatt zu missbrauchen. Vielmehr können aus der individuellen Gegenüberstellung von Soll- und Ist-Werten für jeden Werttreiber konkrete Maßnahmen abgeleitet werden. Zielabweichungen werden aber auch dazu verwandt, um in einer Feedbackschleife die Vision und die Auswahl bzw. Definition von kritischen Erfolgsfaktoren und Werttreibern immer wieder zu überprüfen. Das regelmäßige Review der Werttreiber verschafft der Geschäftsleitung jederzeit einen genauen Überblick, wo sich ihr Unternehmen auf dem Weg zur Erreichung der formulierten Vision befindet. Die Auswahl einiger weniger Werttreiber – im Sinne von *Key Indicators* – lenkt das unternehmerische Handeln auf die wirklich wichtigen Erfolgsfaktoren und vermeidet, dass zu viele Ressourcen auf weniger relevanten Nebenkriegsschauplätzen vergeudet werden. Das leistet ebenfalls – wenn auch indirekt – einen wesentlichen Beitrag zur Schaffung von Werten.

4. Zusammenfassung

Das Instrument Balanced Scorecard unterstützt auf vielfältige Weise die Positionierung von Value-based Management und EFQM. Die BSC ermöglicht die Implementierung des Gedankenguts der wertorientierten Unternehmensführung durch eine stringente und konsistente Vorgehensweise von der Formulierung der Vision über die Festlegung der Kritischen Erfolgsfaktoren bis hin zur Definition der Werttreiber und durch die Auswahl der strategisch relevanten Anspruchsgruppen bzw. der BSC-Kriterien. Auf dem Weg zum Erreichen der Vision erlaubt die Balanced Scorecard das regelmäßige Review und, über Feedbackschleifen, die entsprechende Überprüfung und Anpassung von Vision, Strategie und Maßnahmen. Die BSC zwingt zur Fokussierung auf das für den Unternehmenserfolg Wesentliche und trägt so zur Vermeidung von Ressourcen-Verschwendung bei. Für das EFQM-Modell liefert die BSC einen wertvollen Input, indem alle betrieblichen Aktivitäten auf ihren jeweiligen Wertbeitrag hin analysiert werden. Es ist also kein Zufall, dass praktisch alle Preisträger des European Quality Awards der vergangenen Jahre die Balanced Scorecard als Führungsinstrument anwenden.

Literaturverzeichnis:

Eberhardt, S. (1998): Wertorientierte Unternehmungsführung. Der modifizierte Stakeholder-Value-Ansatz. Wiesbaden, Gabler.

European Foundation for Quality Management (1999): The EFQM Excellence Model.

Friedag, H. R./Schmidt, W. (1999): Balanced Scorecard. Mehr als ein Kennzahlensystem. Freiburg i. Br.; Berlin; München, Haufe-Verlag.

Gomez, P. (1993): Wertmanagement. Vernetzte Strategien für Unternehmen im Wandel. Düsseldorf, Econ Verlag.

Kaplan, R. S./Norton, D. P. (1996): The Balanced Scorecard: Translating Strategy into Action. Boston, MA.: Harvard Business School Press.

Erfolgsfaktoren bei der Einführung einer

Balanced Scorecard

Erfolgsfaktoren bei der Einführung einer

Balanced Scorecard

von Martin Grötzinger,
incon GmbH

Die vielfältigen Anregungen und Ideen der ausgewählten Praxis- und Erfahrungsberichte im vorangestellten Hauptteil des Buches machen deutlich, dass eine konsequente, unternehmensspezifische und z. T. pragmatische Konfektionierung der BSC – in Anlehnung an die jeweiligen Gegebenheiten – eine unabdingbare Voraussetzung für den erfolgreichen und nachhaltigen Einsatz dieses ganzheitlichen Management-Tools darstellt. Ein »Standardeinführungsprozess« ist demzufolge nicht sinnvoll definierbar.

In Anbetracht dessen soll im folgenden Abschnitt – gleichsam als Impuls und Grundlage für eine vertiefende und betriebsspezifische Diskussion der Thematik – eine Art Leitfaden zur weiteren Annäherung an die BSC-Systematik und mögliche Einführungsstrategien erörtert werden.

1.　Intensive Planungs- und Vorbereitungsphase

Aufgrund der Vielfältigkeit der denkbaren Zielsetzungen und Einsatzmöglichkeiten der BSC-Methodik sowie der daraus ableitbaren Vielzahl von maßgeblichen Einflussfaktoren über unterschiedlichste Zeithorizonte kommt der sorgfältigen Planung und Vorbereitung des Einführungsprozesses eine besondere und erfolgsentscheidende Rolle zu.

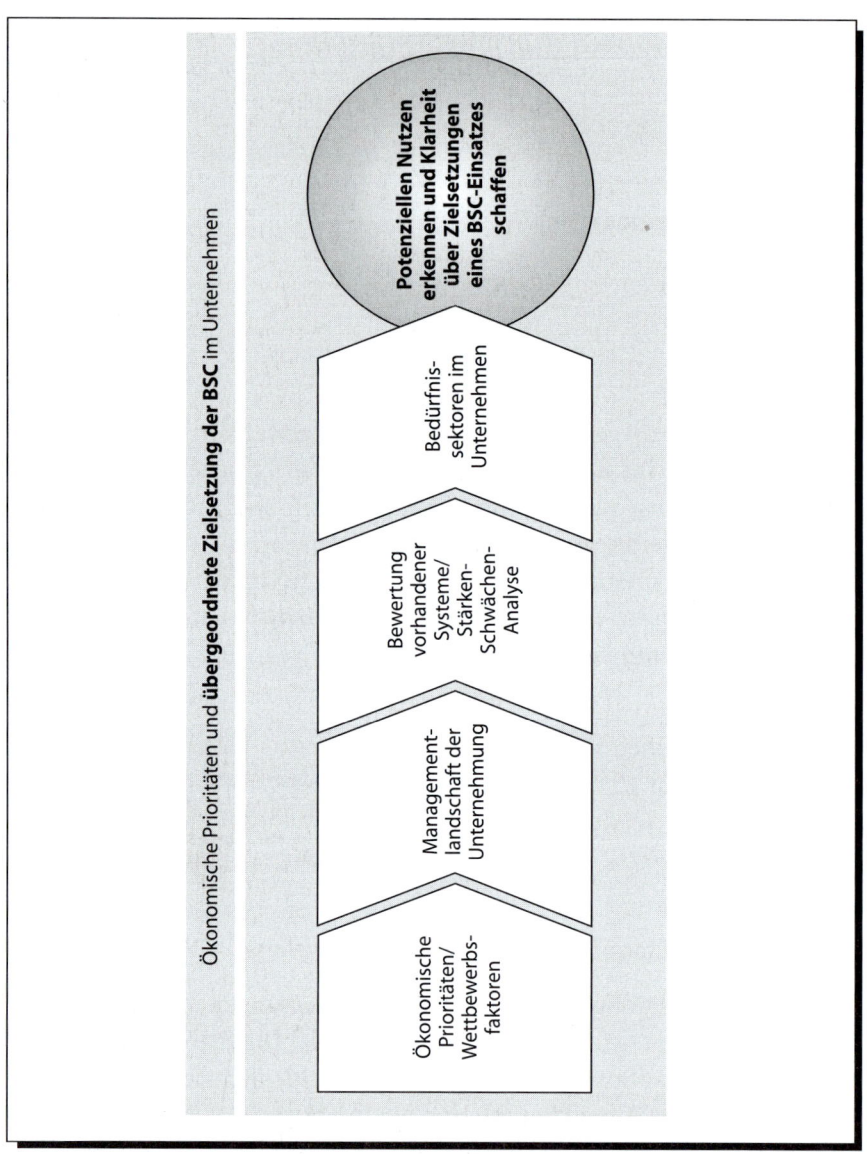

Abb. 1: Intensive Planungs- und Vorbereitungsphase

1.1. Prioritäten und Zielsetzungen

Im Vorfeld einer konstruktiven Auseinandersetzung mit der möglichen Gestaltung einer Balanced Scorecard liefert eine grundsätzliche Reflexion bezüglich ökonomischer Prioritätshierarchien erste Anhaltspunkte. Neben reinen Effizienz- und Effektivitätsfaktoren wird zunächst die Ausschöpfung der Unternehmenspotenziale hinterfragt: Werden momentan (alle) Ressourcen, Strukturen und Prozesse optimal genutzt? Wird im Sinne des operativen Lernens deren Ausprägung zweckmäßig weiterentwickelt? Im nächsten Schritt steht die Frage im Vordergrund, inwiefern die entscheidenden Faktoren der spezifischen Umfeldbedingungen im Markt bekannt sind. Daraus ableitbar sind wiederum die zentralen Steuergrößen im Wettbewerb, z. B. die Kostenführerschaft mit einem Schwerpunkt auf Produktivitäts- und Kostenindikatoren oder die Produkt- bzw. Lösungsführerschaft mit einem Fokus auf Innovation aus Forschung und Entwicklung – oder die Führerschaft im Bereich der Kundenbeziehungen, wo die Dienstleistungswirkung einhergehend mit der Kundenzufriedenheit und -treue im Vordergrund stehen. Höchste Priorität sollte in diesem Zusammenhang letztendlich der Gewährleistung der langfristigen Unternehmensziele eingeräumt werden. Demzufolge stehen hier die Leistungen im Bereich der Strategie-Findung, -Entwicklung – im Sinne eines kontinuierlichen, strategischen Lernprozesses – sowie der konsistenten Umsetzung im Blickpunkt.

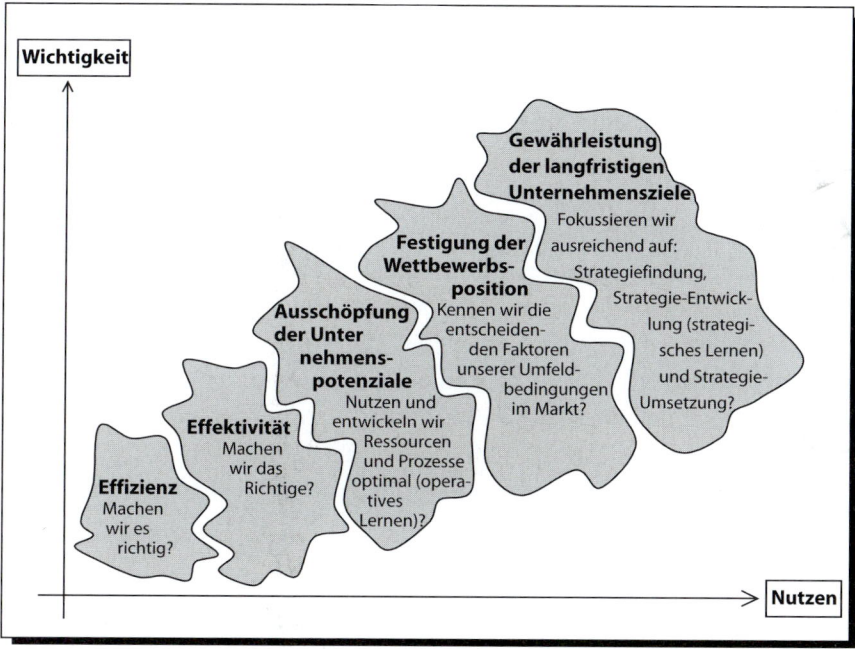

Abb. 2: Reflexion bezüglich Prioritätshierarchien

Auf der Basis eines daraus ableitbaren »Makrobildes« der Management-Landschaft lassen sich gezielt Bedürfnissektoren des Unternehmens identifizieren. In einer darauf aufbauenden Stärken- und Schwächenanalyse und Bewertung vorhandener Systeme – wie Planungs- und Controlling-Module, Zielvereinbarungen oder Führungsleitbilder – bezüglich ihrer Wirkung auf die Geschäftsprozesse sollten die Grundvoraussetzungen potenzieller Gestaltungsmöglichkeiten einer Balanced Scorecard erkennbar werden.

Bereits in diesem Stadium sollte Klarheit über die Ziele des Einsatzes der BSC im Unternehmen und die damit verbundenen Erwartungshaltungen bezüglich des konkreten Nutzens dieses Instrumentes herrschen oder geschaffen werden (vergleiche dazu den Abschnitt Management Value der BSC-Systematik im Einführungskapitel). Vor diesem Hintergrund kann das Festschreiben und Ausdefinieren der für das Unternehmen relevanten Perspektiven (Finanzen, Kunden etc.) einen ersten verbindlichen Orientierungsrahmen für die weitere Vorgehensweise darstellen.

1.2. Projektplanung und -management

Nach dieser Phase der Sammlung und Aufbereitung von grundsätzlichen Rahmenfaktoren folgt in einem weiteren Schritt die Planung und Strukturierung des konkreten Einführungsprozesses. Im Vordergrund steht zunächst, ein transparentes Bild bezüglich der **Anforderungen an Akteure, Prozesse und Systemkomponenten** zu erzeugen. Wie bereits mehrfach ausgeführt, prägt das Umfeld des permanenten Wandels alle Bereiche des Wirtschaftens – bis hin zur individuellen Ebene eines Unternehmensorganismus. Entsprechend wichtig ist auch im Zusammenhang mit der Einführung und Anwendung einer BSC die Auseinandersetzung mit Veränderungsprozessen. Dabei kommen in erster Linie zwei Faktoren zum Tragen: Zum einen die Fähigkeit, kritische Spannungsfelder zu antizipieren, zum anderen die Ausprägung der unternehmerischen Transformationskompetenz. Mögliche Spannungsfelder ergeben sich unter anderem aus zwei gegenläufigen Grundströmungen in Veränderungssituationen.

Einerseits ist häufig ein Bestreben nach Beharrung und Sicherheit gegeben, wobei in einer sich stetig wandelnden Umwelt die Reduzierung der Komplexität den Fokus auf tradiertes Wissen, Routinen, gefestigte Strukturen und Regularien lenkt. Andererseits bedingt die Prämisse, auch im Wandel erfolgreich zu sein, ein permanentes Hinterfragen und Aufbrechen von

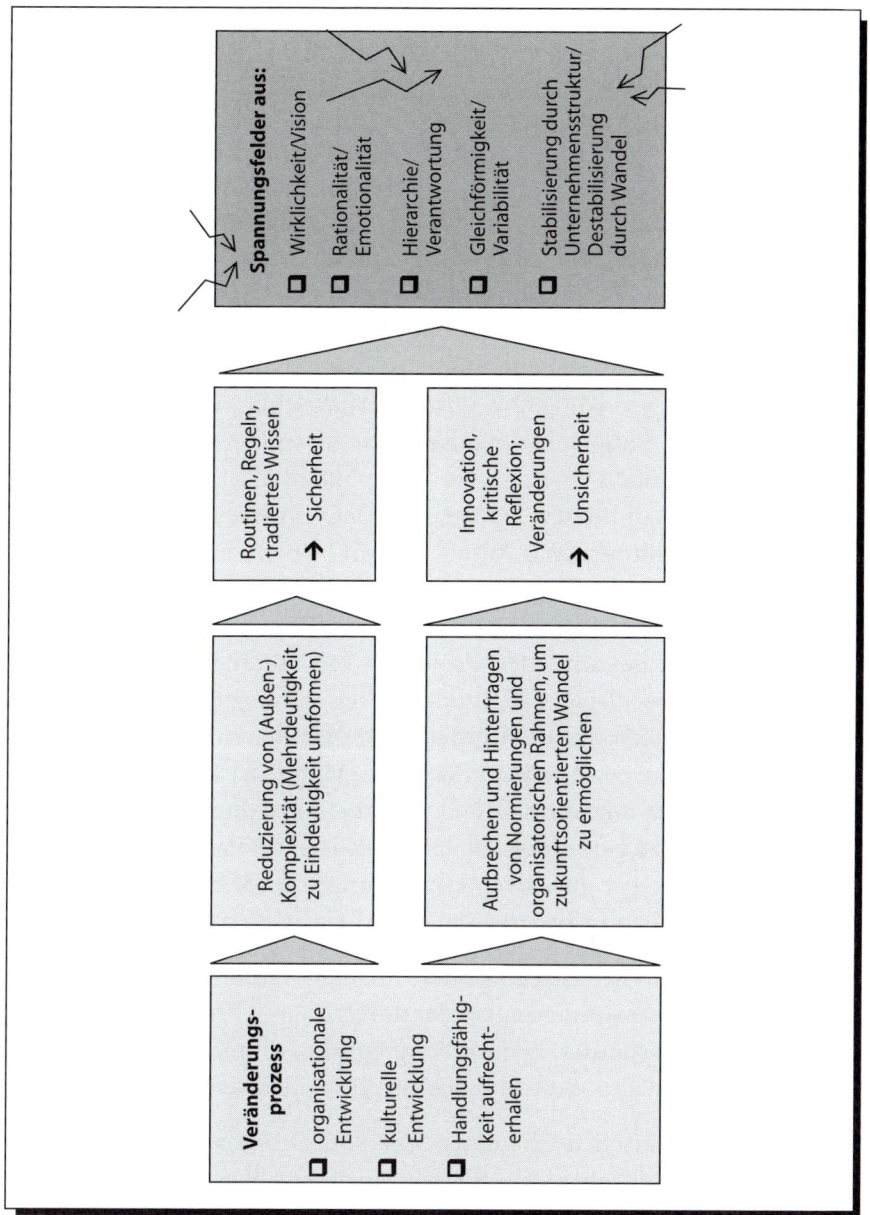

Abb. 3: Veränderungsprozesse – Spannungsfelder antizipieren

Normierungen und organisatorischen Rahmenbedingungen. Tragende Säulen dieser Denkweise sind unter anderem die kritische Reflexion des eigenen Denkens und Handelns sowie die kontinuierliche Weiterentwicklung und Innovation – all das birgt jedoch in sich ein Vakuum der »Unsicherheit«. Um in diesem sensiblen Umfeld die Zukunftspotenziale für das Unternehmen konsequent ausschöpfen zu können, müssen das Top-Management und entscheidende »Process Owner« die Veränderung stimulieren, nachhaltig unterstützen und vorleben.

Für die Implementierung einer BSC lässt sich folglich ableiten, dass zunächst das Top-Management aus einer klaren Zielsetzung heraus als Initiator und Träger der BSC-Einführung auftritt. Weiterhin muss in einem Top-Down-Ansatz Zeit und Engagement in die Konsensbildung und Akzeptanzentwicklung bei den Meinungs- und Entscheidungsträgern investiert werden, um eine wirkungsvolle und konsistente Transformation in den Unternehmensorganismus unter Berücksichtigung der unternehmenspolitischen Rahmenbedingungen zu gewährleisten. Neben dem »Buy-In« von »Process Ownern« als Multiplikatoren ist die aktive Einbindung von interdisziplinären Teams in die BSC-Entwicklung ein wichtiger Faktor, um dem integrativen Ansatz der BSC – nicht zuletzt der Integration von Veränderungseffekten – gerecht zu werden. Einen Orientierungspunkt in der Projektarchitektur liefert die gezielte und zweckmäßig gefächerte Zusammensetzung des Projekt-Teams, bestimmt durch Komponenten wie einschlägiges Methodenwissen, Strategie-Erfahrung sowie Kenntnisse bezüglich der wichtigsten Unternehmensabläufe und »informellen« Netzwerke etc. Die Zahl der Team-Mitglieder sollte dem jeweiligen Projektverlauf angemessen sein, um die konstante Einhaltung eines Terminfahrplans zu gewährleisten. Es gilt also, eine Balance zu finden zwischen Freiräumen zur intensiven Einbindung von »Key Playern« des Unternehmens und den Erfordernissen des Alltags-Geschäfts.

In der Aufbau- und Realisierungsphase muss der Einführungsprozess professionell moderiert werden, entweder durch interne Prozessmoderatoren oder externe Dienstleister. Letztere können in bestimmten Projektphasen zusätzlich objektivierte Best-Practice-Impulse oder Benchmarks liefern.

Wegen des dynamischen Charakters der BSC-Systematik sind – je nach »Reifegrad« der Einführung – Phasen einer sensiblen, breitgefächerten, zeitintensiven und akzeptanzorientierten Vorgehensweise, zum Teil aber auch klare, konsequente und zielführende Entscheidungen des Top-Managements angebracht. Welche unternehmensspezifische Ausprägung, also Breite und Tiefe die BSC-Systematik besitzen soll, ist in einem frühen Stadium des Prozesses festzuschreiben. Neben der Festlegung, welche Unternehmens-Systemkomponenten – z. B. Planungs-, Budgetierungs- und

Controlling-Module oder Zielvereinbarungskonzepte – in welcher Phase der Einführung integriert werden sollen, stellt sich im Rahmen der Diskussion um **Einführungsstrategien** vor allem die Frage nach einem sinnvollen Weg der Simulation bzw. Pilotierung.

Das Abwägen von Vorgehensweisen bei der Implementierung der BSC sollte einem grundsätzlichen Spannungsfeld Rechnung tragen, das sich aus den jeweiligen Vor- und Nachteilen eines ganzheitlich unternehmensweiten bzw. pilotbereichs- oder projektbezogenen Ansatzes ergibt. Dabei steht die Prämisse im Vordergrund, dass die Erarbeitung einer BSC-Struktur und deren Realisierung nie isoliert laborhaft, sondern immer in Bezug zur bestehenden unternehmerischen Gesamtplanung geschehen muss. In diesem Sinne lassen sich beispielhaft drei Einführungsvarianten diskutieren:

Eine mögliche Vorgehensweise besteht darin, die traditionelle Planung und Steuerung sowie die BSC-Planungs- und Steuerungsmethodik in parallel verlaufenden Strömungen voranzutreiben. Die BSC-Systematik des »Drill-Down« und »Bottom-Up«-Feedback wird in einem ausgewählten Bereich realisiert, die Erfahrungen und Ergebnisse werden am Ende der Planungsperiode in die traditionelle Planung integriert.

Ein zweiter Ansatz ersetzt den traditionellen Planungs- und Steuerungsprozess sukzessive durch die BSC-Methodik. Auf einem Pilotbereich aufbauend werden schrittweise andere Unternehmensbereiche integriert, bis eine unternehmensweite Abbildung erreicht ist.

Eine letzte Variante orientiert sich konsequent an einer logischen Abfolge von Teilschritten in der Annäherung an das Thema Balanced Scorecard, bis das ganzheitliche Management-System den traditionellen Planungs- und Steuerungsprozess komplett ersetzt.

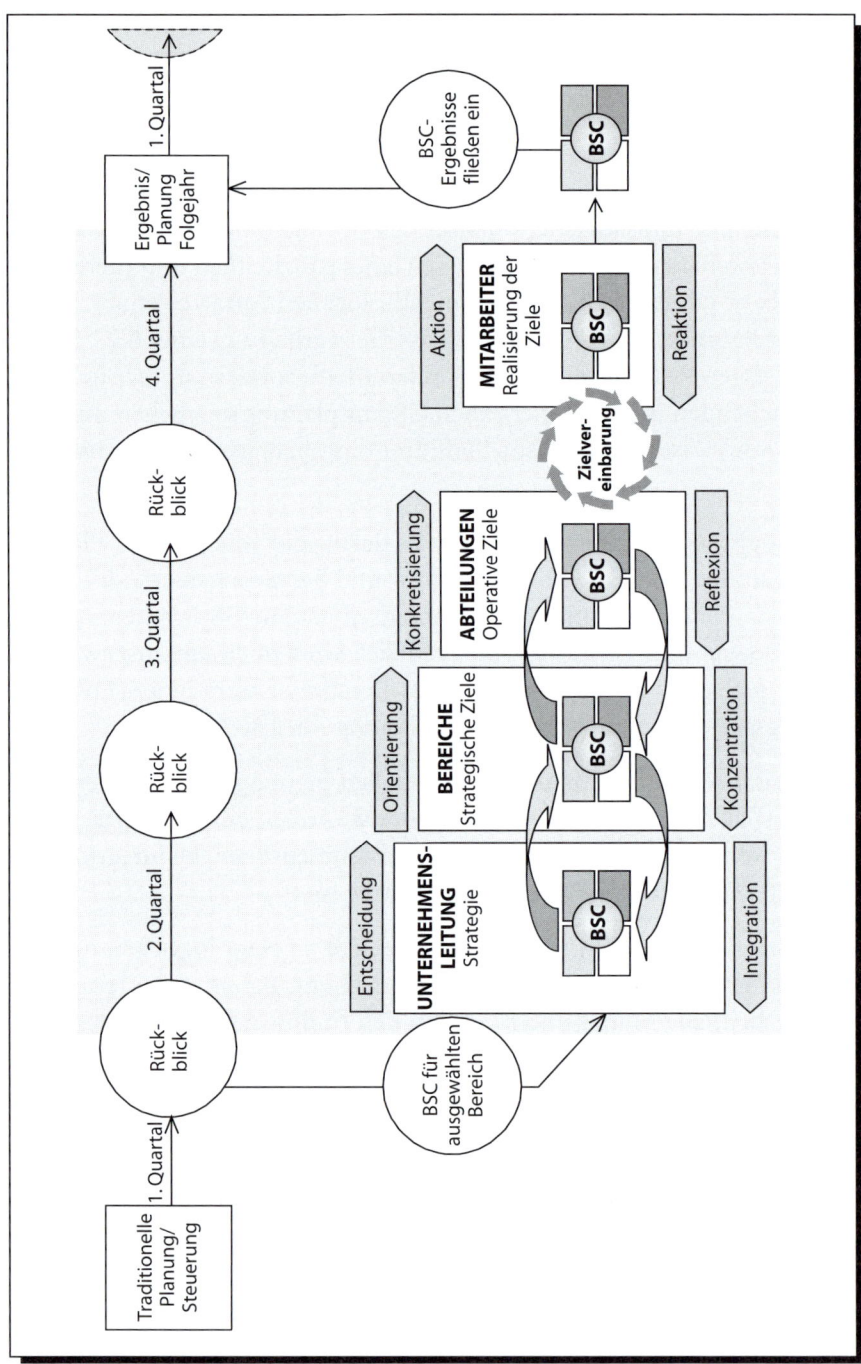

Abb. 4: Einführung in Unternehmen Variante I:
Traditionelle Planung / Steuerung und BSC Planung / Steuerung verlaufen parallel

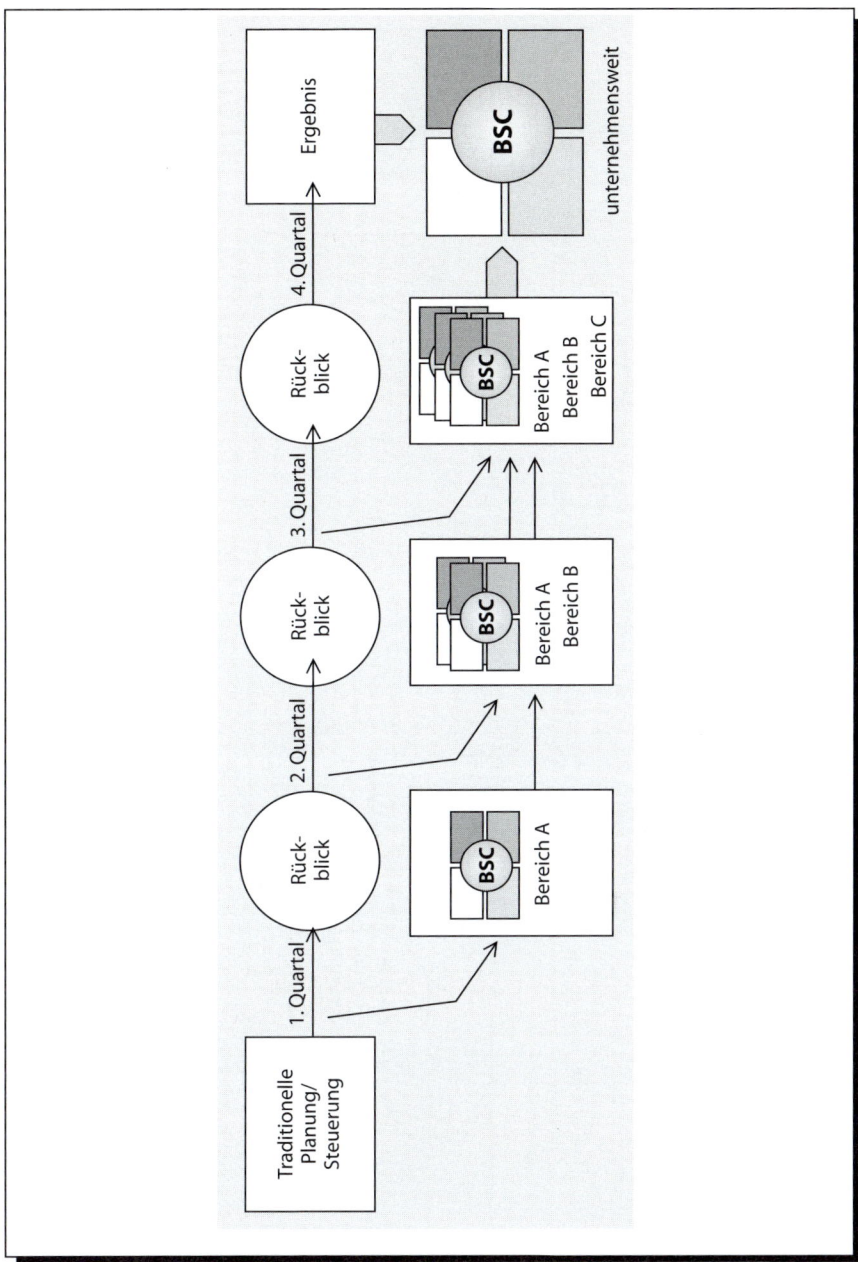

Abb. 5: Einführung in Unternehmen Variante II:
BSC ersetzt schrittweise den traditionellen Planungs- und Steuerungsprozess

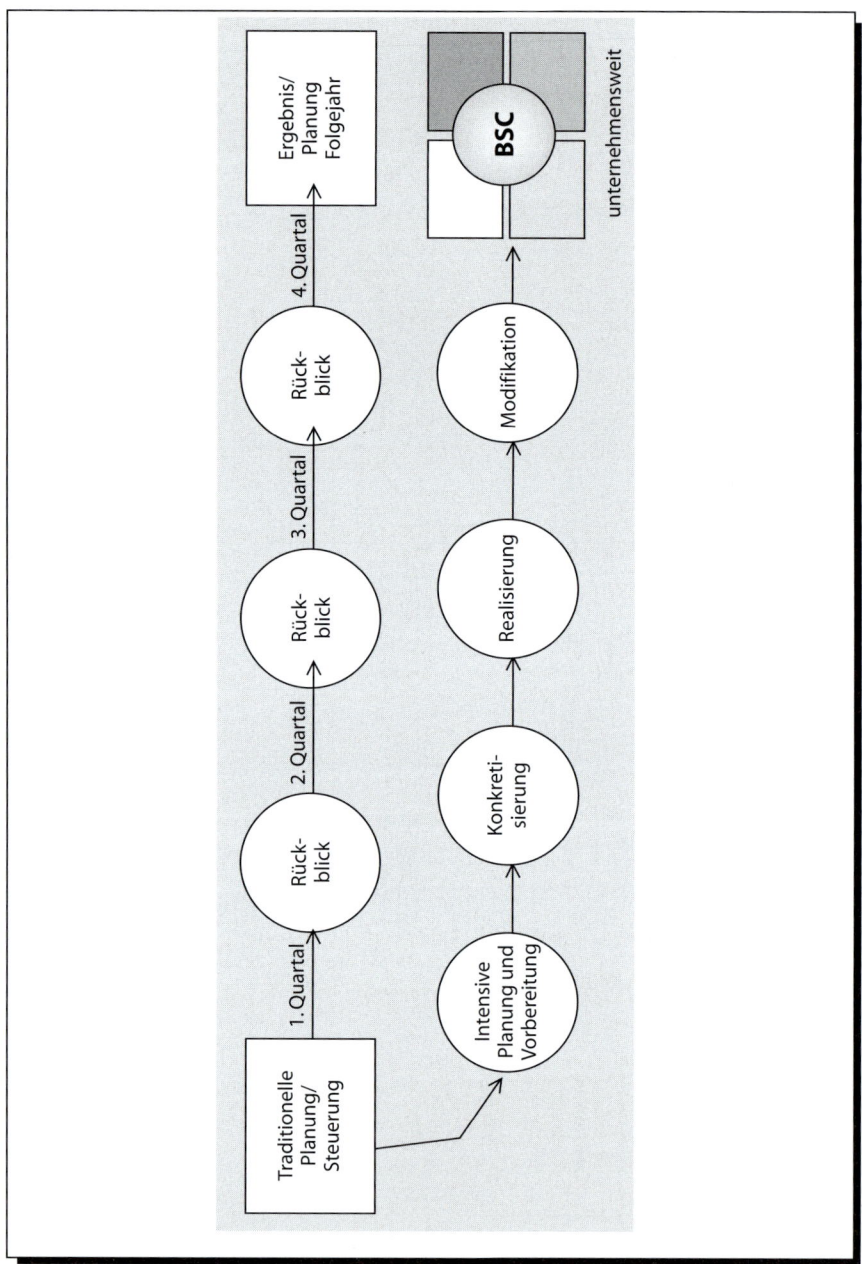

Abb. 6: Einführung in Unternehmen Variante III:
BSC wird in Teilschritten eingeführt, bis das ganzheitliche Management-System den traditionellen Planungs- und Steuerungsprozess komplett ersetzt

In der Frage nach dem Fokus der Anwendungen der BSC-Systematik bleibt festzuhalten, dass ein Einsatz in differenzierten kleinen Pilotbereichen zu einem diffusen Bild der inhaltlichen Grundorientierung und der daraus abgeleiteten gezielten Handlungserfordernisse führen kann. Eine konsistente Nutzung der BSC auf übergeordneten Ebenen der Kerngeschäftsprozesse wirkt diesem Effekt entgegen. Das setzt jedoch eine entsprechend konzentrierte und breit gefächerte Planungs- und Vorbereitungsphase voraus.

Zu empfehlen ist demnach eine unter diesen Gesichtspunkten »gut vorbereitete« Einführung in einem sinnvollen und überschaubaren Pilotbereich, wobei das »Full Set« der BSC zum Tragen kommen sollte. Bei der Auswahl eines entsprechenden Pilotprojektes sind folgende Orientierungspunkte hilfreich:

❏ In der Regel ist nur ein Startversuch möglich, da gerade die Phase der »Anschub-Investitionen« im BSC-Projekt mit punktuell hohem Aufwand an Engagement und Zeit auf der Führungsebene verbunden ist. Schnelle erste Erfolge müssen daher bewusst geplant und herbeizuführen sein.

❏ Die ausgewählte Geschäftseinheit bzw. der Pilotbereich sollten einerseits einen Leitgedanken verfolgen, dessen Erfüllung eine eigenständige Strategie notwendig macht, andererseits einen angemessenen strategischen Handlungsspielraum aufweisen, um aktiv Akzente setzen zu können. Idealerweise sollte dieser Bereich zudem einen weitgehend geschlossenen Wertschöpfungsprozess abbilden, der es mit relativ geringem Aufwand ermöglicht, charakteristische Leistungskennzahlen zu generieren.

❏ Weitere Hinweise kann die Beantwortung der Frage geben, inwieweit die Bereiche in sich eine Grundakzeptanz für die BSC-Einführung bzw. eine thematische Nähe zum Einführungsprozess als solchen besitzen – letzteres würde insbesondere Chancen für das HR-Management und Controlling darstellen.

❏ Ein gegebenenfalls pragmatisches Kriterium ergibt sich aus der Feststellung, dass hoher und dringender Handlungsbedarf in einem Unternehmensbereich auch zu hoher Priorität und hohem Commitment bezüglich möglicher Lösungsansätze über die BSC-Systematik führen kann.

Die Zweckorientierung in einem solchen Auswahlprozess sollte sich äußern durch:

❏ eine erste greifbare Demonstration des Nutzenwertes des unternehmensspezifischen BSC-Management-Systems bzw. gegebenenfalls eine frühzeitige Identifizierung möglicher Problemstellungen.
❏ eine konzentrierte Einführung, die in letzter Konsequenz auch bedeuten kann, dass ein ganzes Stück Selbstverantwortlichkeit zugelassen und Kompetenzaufbau »on the job« vorangetrieben wird. So bilden sich »Champions« zur BSC-Methodik im Unternehmen, die eine Erweiterung des BSC-Systems auf andere Organisationseinheiten unterstützen und einen weiteren Integrationsprozess durch Vorbildcharakter stimulieren können.

Insgesamt wird deutlich, dass bei der Entscheidung für ein geeignetes Pilotprojekt der HR-Bereich in vielerlei Hinsicht ein sinnvolles Pilotfeld darstellt, zudem in jeglicher Hinsicht die Position eines »Key Players« und »Champions« in Zusammenhang mit der BSC-Systematik nahe liegt.

In Anlehnung an die Abwägung einer geeigneten Einführungsstrategie ist in einem weiteren Schritt die konkrete Gestaltung eines **Roll-Out der BSC im Unternehmen** zu definieren und zu planen. Im Vordergrund steht dabei die Vernetzung der bisherigen Überlegungen mit entsprechenden Handlungsfeldern, geprägt durch den Anspruch, die Phasen der Implementierung zeitlich und inhaltlich mit den Erfordernissen einer Akzeptanzentwicklung für den BSC-Ansatz und einer entsprechenden Information zur Kommunikationsstrategie zu verbinden. Ziel ist letztendlich, über eine weitgehende Integration der BSC-Systematik ein fundiertes Bewusstsein für strategieorientiertes Denken und Handeln zu etablieren.

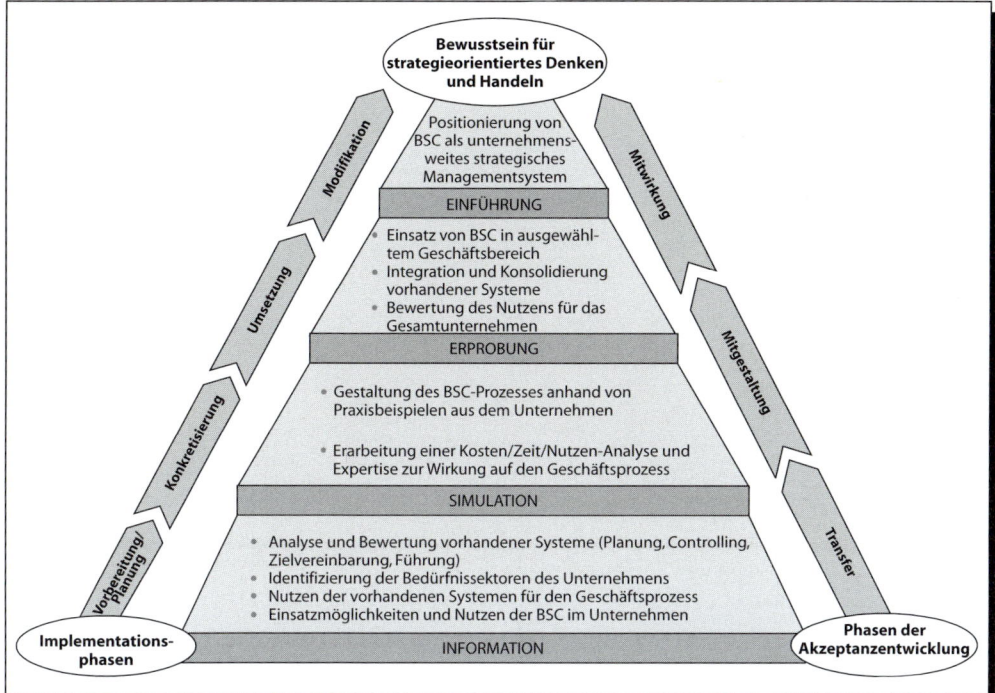

Abb. 7: Implementation und Akzeptanzentwicklung

Im Rahmen der Akzeptanzentwicklung sowie der Informations- und Kommunikationsstrategien kommt zum einen die bereits erwähnte Notwendigkeit der Informationsgewinnung zum Tragen: Instrumente wie Organisations-Assessments, Mitarbeiterbefragungen oder strukturierte Interviews mit Führungskräften liefern Basisinputs bezüglich möglicher Handlungsbedarfe, Einsatzpotenziale, Kenngrößen, Zielsetzungen und Commitment zu bestimmten Themenstellungen, aber auch Impulse zur konkreten Gestaltung der weiteren Vorgehensweise in der BSC-Einführung.

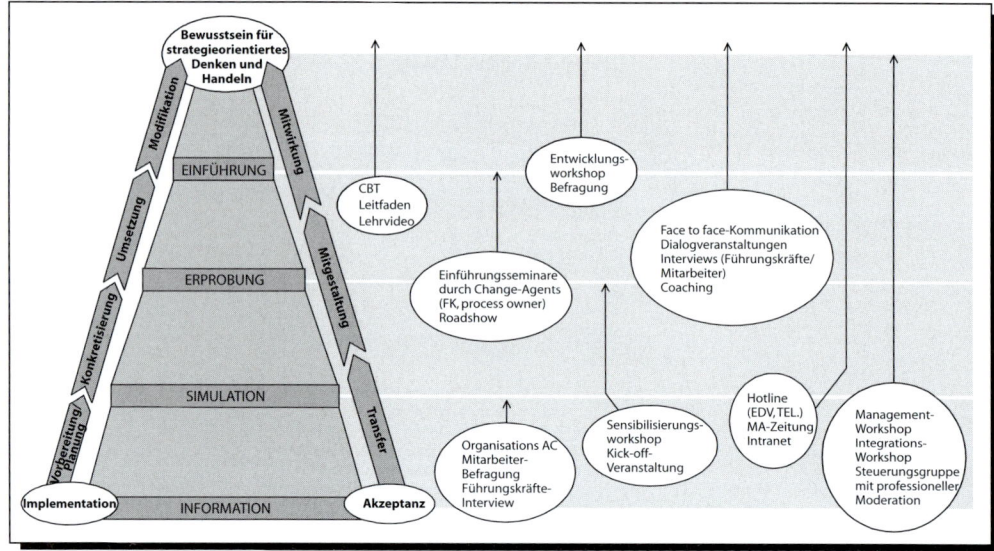

Abb. 8: Information und Kommunikation

Parallel dazu bzw. in der Folge steht andererseits die gezielte Informations-
streuung im Vordergrund: In einer ersten Phase bedeutet das hauptsächlich mittels indirekter Kommunikation für die BSC-Thematik sensibilisieren, Interesse wecken sowie klar und offen informieren, um Barrieren und
Ängsten vorzubeugen. Dieser Transfer im Rahmen der Akzeptanzentwicklung wird in erster Linie durch entsprechende Workshops, breitstreuende
Medien und eine Steuerungsgruppe mit professioneller Moderation geprägt. Eine Mitarbeiterbefragung im oben genannten Sinne kann hier
auch als eine Art »Kick-Off« für das BSC-Projekt platziert werden.

Die nächste Stufe der Akzeptanz-Entwicklung zeichnet sich aus durch aktive Mitgestaltung: Die Beteiligten sollen sich mit Inhalten und Vorgehensweisen identifizieren, diese in ihre persönliche Planung integrieren und
schließlich zur individuellen Ausgestaltung ihres Planens und Handelns
mobilisiert werden. Hier spielen vor allem direkte Kommunikationsstrategien wie Dialogveranstaltungen, Coachings oder Intensiv-Seminare eine
tragende Rolle.

Über einen Mix aus indirekter und direkter Information und Kommunikation im weiteren Verlauf der Einführung wird es wichtiger, die Mitgestaltung in eine Mitwirkung zu überführen – unter dem Anspruch einer
erfolgreichen Realisierung und zweckmäßigen Modifikation: Nur durch
eine entsprechende »Verknüpfung« der individuell erlebten Wirklichkeit,

der Zielsetzungen und Handlungsweisen mit übergeordneten Unternehmenszielen lässt sich ein nachhaltig akzeptierter Prozess gewährleisten.

Ein wichtiger Einfluss-Faktor hinsichtlich des Roll-Out ist auch die Umsetzung der Kaskadierung. Schritt für Schritt sollte ausreichend Zeit für die Etablierung der BSC-Methodik auf einer bestimmte Ebene investiert werden, um sich auf dieser tragfähigen Plattform der nächsten Ebene widmen und Multiplikator-Effekte nutzen zu können. Das beinhaltet insbesondere, die spezifischen Anforderungen an den jeweiligen Schnittstellen zu beachten. Hier sind vor allem die Steuerungsgruppe bzw. die Prozess-Moderatoren gefragt:

❑ Um Auseinandersetzungen über Inhalte und Kompetenzen zu vermeiden, muss der BSC-Ansatz konsequent zu anderen – bestehenden – Management-Systemen abgegrenzt werden.
❑ Konflikt-Management-Fähigkeiten sind also eine zentrale Anforderung für diesen Personenkreis.
❑ Über ein gezieltes Projektmarketing müssen Nutzen, Zielsetzungen und Orientierungsrahmen bezüglich der BSC-Systematik permanent und mit Nachdruck vermittelt werden.

Zum Abschluss dieser Ausführungen über die Erfolgsfaktoren im Rahmen der Planungs- und Vorbereitungsphase sei nochmals darauf hingewiesen, dass neben einer intensiven Erörterung der vielfältigen Möglichkeiten, Chancen und Nutzmomente einer BSC-Einführung auch **Klarheit über die Investitionen und den Aufwand** eines solchen Vorhabens geschaffen werden muss: Abgesehen von den monetären, zeitlichen und Know-how-Ressourcen wirken sich in erster Linie Akzeptanzfragen, »Politics« und die daraus ableitbaren Prioritätenfelder auf diese Abwägung aus.

2. Konkretisierung der BSC und Ansatz zur Realisierung

Die Ergebnisse der intensiven und grundsätzlichen Auseinandersetzung mit Planungs- und Vorbereitungsschritten einer BSC-Implementierung führen zu weiteren Erfolgskriterien im Rahmen der daraus ableitbaren konkreten Realisierungsaktivitäten: Hier steht eine logische Ablaufkette im Vordergrund, wonach aus der Entwicklung einer unternehmerischen Vision bzw. Mission strategische Orientierungspfade und Schlüsselziele generiert werden müssen. Diese sind im Zuge der Operationalisierung in ein Gefüge aus relevanten Leistungskenngrößen zur Messung und Steuerung sowie Ursache-Wirkungszusammenhänge zu bringen und schließlich mit zielführenden Maßnahmen und Aktivitäten zu verknüpfen.

Der Ausgangspunkt: Die Verantwortlichkeit für die Erarbeitung einer Vision als Leitbild für die Unternehmensentwicklung sowie der daraus entstehenden Strategie-Formulierung ist klar im Top-Management angesiedelt. Dieser »**Top-Down-Ansatz**« antizipiert nicht nur Strategiekompetenz und -verantwortung in der Unternehmensführung sowie eine hohe Identifikationswirkung von Leitbildern auf der Mitarbeiterebene, sondern wird auch der Prämisse gerecht, eine breite und konsistente Ausrichtung der gesamten Geschäftsprozesse auf die Erreichung der strategischen Ziele zu gewährleisten und isolierte, nicht abgestimmte Zielsetzungen und Handlungsweisen zu vermeiden. »Bottom-Up«-Impulse – und somit in sensiblen Bereichen das Nutzen von Spezialwissen und Kompetenz auf nachgelagerten Ebenen – werden aber durch die BSC-Systematik im weiteren Verlauf der Operationalisierung und des strategischen Lernens immer wieder betont und in den Vordergrund gestellt. Das hält den Fokus auf eine »Kultur der Beteiligung« im Rahmen des strategieorientierten Managements in einer sinnvollen Balance.

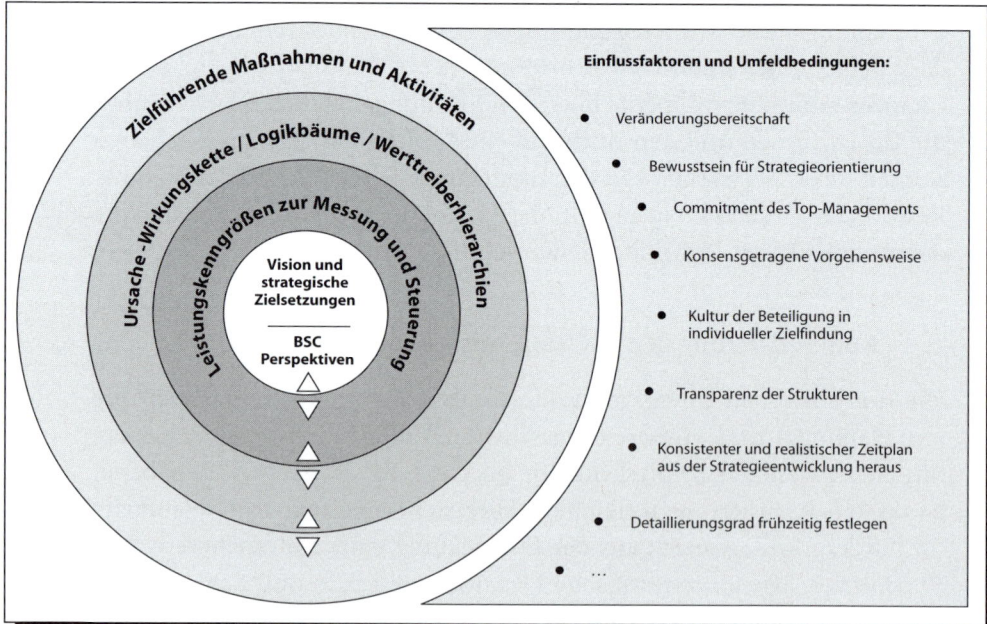

Abb. 9: Konkretisierung und Realisierung

Im Vorfeld der Visions- und Strategieentwicklung sollte eine gezielte Bewertung von Situation und Perspektiven mittels einer **Strategieanalyse** durchgeführt werden. Dazu steht ein breites Analyse-Instrumentarium zur Verfügung.[1] Ein Ansatz ist zum Beispiel die SWOT-Analyse (Strength, Weaknesses, Opportunities, Threats), die in relativ unkomplizierter Form strategische Handlungs- und Entwicklungsfelder identifiziert – durch den Abgleich von Unternehmensfaktoren im Sinne von Stärken und Schwächen mit Umweltfaktoren im Sinne von Chancen und Gefahren. Der aus der Finanzwirtschaft herleitbare Ansatz der Portfolio-Analyse kann ebenfalls genutzt werden, hier steht die Etablierung eines optimalen Mix aus strategischen Geschäftsfeldern auf Unternehmensebene bzw. eines optimalen Produktmix auf entsprechenden Bereichsebenen im Mittelpunkt. Als besonders geeignet – weil kompatibel und konsistent zur BSC-Methodik – erweist sich das EFQM-Modell als Basis zur Identifizierung strategischer Entwicklungsfelder aus den Selbstbewertungszyklen heraus.

Im nächsten Schritt der **Entwicklung von Vision bzw. Mission und Strategien** hat das Top-Management drei Aufgaben:

1. Im Rahmen eines interaktiven, moderierten Prozesses Leitbild und Schlüsselziele der Unternehmensentwicklung aus Strategiekonferenzen und gegebenenfalls Reflexionsphasen heraus erarbeiten.
2. Im Management ein einheitliches Verständnis und einen tragfähigen Konsens in Bezug auf konkrete Inhalte, Wirkungszweck und Sinn von Vision und Strategie erzeugen.
3. Über die spezifische Strategieformulierung einen Orientierungs- und Prioritätenrahmen für die Realisierung der mittel- bis langfristigen Leitbilder durch strategische und operative Akteure festschreiben.

Bereits in dieser Phase sollte die Konzentration auf erfolgskritische, strategische Schlüsselfelder im Lichte der BSC-Perspektiven und den damit verbundenen Interdependenzen erfolgen, um strukturelle Transparenz und Einheitlichkeit zu gewährleisten – nicht zuletzt im Hinblick auf konsistente Kommunizierbarkeit in die nachgelagerten Ebenen. Vor dem Hintergrund unternehmerischer Rahmenfaktoren wie Veränderungsbereitschaft, Bewusstsein für strategieorientiertes Planen und Handeln etc. ist zudem ein abgestimmter, realistischer Zeitplan zur Strategieumsetzung zu formulieren.

---

1 relevante Fragen der Strategieanalyse und -entwicklung sowie Fallstudien und Praxisbeispiele vgl. Lombriser/Abplanalp, 1998

Parallel zu den indirekten Informations- und Kommunikationsaktivitäten (vgl. Abschnitt 1.2) erfolgt nun eine spezifische Zielgrößenentwicklung, etwa in Workshops mit Führungskräften der entsprechenden Unternehmenseinheiten, gegebenenfalls des Pilotbereichs. In Anlehnung an die vorgegebene »strategische Leitplanke« muss der eigene bereichsspezifische Beitrag zur positiven Beeinflussung der übergeordneten Zielsetzung definiert werden – im Hinblick auf die Fokus- und Reduktionsfunktion der BSC unter Konzentration auf Schlüsselziele. Um die Handhabbarkeit sowie die Planungs- und Steuerungseffizienz zu gewährleisten, sollten nicht mehr als drei bis vier Ziele pro BSC-Perspektive aufgenommen werden. Durch einen eventuellen Ausgleich unter den vier Perspektiven wird der maximale Wert von insgesamt etwa 15 Zielen nicht überschritten.

Bei der Selektion und Komprimierung von möglichen Zielformulierungen kann auch eine Kategorisierung von gewichteten Faktoren helfen: Sind die Ziele strategieförderlich, beeinflussbar, motivierend, messbar, relevant, realistisch, resultatsbezogen bzw. abgestimmt? Je nach Ausprägung – von »trifft voll zu« bis »trifft nicht zu« – lässt sich in der Summe ein Prioritätenraster bilden. Das Primat der Finanzziele bleibt dabei weiter bestehen, neben den materiellen sind aber konsequent auch immaterielle Leistungsfaktoren in die Zielgestaltung mit einzubeziehen.

Die Verknüpfung mit geeigneten Leistungskenngrößen sowie das Abbilden von Ursache-Wirkungsbeziehungen sind in diesem Zieldefinitionsprozess von entscheidender Bedeutung. Bei der Ableitung der **Leistungskenngrößen zur Messung und Steuerung** (key-performance-indicators) ist wiederum die Konzentration auf aussagekräftige Schlüsseldaten zu berücksichtigen. Insbesondere folgende Faktoren sollten zum Tragen kommen:

❏ hohe Prognosequalität
❏ hohes Risiko-Warn-Potenzial
❏ eingrenzbarer Interpretationsspielraum bezüglich der Aussagen zur Zielentwicklung und -erreichung
❏ Bereitstellen in hoher Qualität bei vertretbarem Erhebungsaufwand möglich
❏ Die Definition der jeweiligen Parameter sollte im Kreise der unmittelbar Betroffenen (»peer-grouping«) stattfinden. Befragungen und Interviews mit Führungskräften und Mitarbeitern können beispielsweise Aufschluss darüber geben, an welchen Performance-Kriterien der

eigene Bereich gemessen werden soll bzw. wird (eigene Sichtweise und potenzielle Kundensichtweise).

Benchmarking-Systeme und Marktforschungsberichte können als unterstützender Orientierungsrahmen in dieser Phase hilfreich sein. Die beispielhafte Zusammenstellung von möglichen Kenngrößen aus dem Bereich Aus- und Weiterbildung zeigt jedoch auch, dass diese Orientierungsdaten ohne eine intensive unternehmens-, bereichs- oder personenspezifische Auseinandersetzung mit den Prozessen zur Ziel- und Kenngrößenentwicklung nicht sinnvoll anwendbar sind, weil in jedem Fall das Bewusstsein für strategieorientiertes Planen und Steuern geschaffen werden muss.

Allgemein

1. Qualifikationsgrad der Mitarbeiter (Fähigkeiten/Wissen/Einstellung)
2. eingesetze Ressourcen für PE (Weiterbildungs-Zeit pro Mitarbeiter/Weiterbildungs-Aufwand pro Mitarbeiter und Fachabteilung)
3. Auslastung von Kursen und Seminarangeboten
4. Mitarbeiter-Zufriedenheit mit Entwicklungsmaßnahmen

5. Bildungstransfereffekte anhand von Test und Arbeitssimulationen
6. Verhaltensänderung bewertet durch Personalbeurteilungssysteme
7. Effizienz- und Effektivitätswirkung im Unternehmensumfeld
8. Anzahl (umgesetzter) Verbesserungsvorschläge

Mitarbeiter

9. Weiterbildungszeit pro Mitarbeiter
10. Weiterbildungsmaßnahmen pro Jahr pro Mitarbeiter

11. Weiterbildungsaufwand pro Mitarbeiter und Fachabteilung
12. Beurteilungsniveau durch Mitarbeiter und ihre Bezugsgruppen (Kollegen/Kunden/Führungskräften)

Auszubildende

13. Ausbildungsquote
14. Beurteilungsniveau durch Ausbilder und Lehrlinge
15. Resultate der Ausbildungsprüfung

16. Übernahmequote
17. Zahl der Bewerber
18. Interne Rotationsquote

Abb. 10: Kenngrößen Aus- und Weiterbildung

In der optimalen Ausgestaltung der BSC-Strukturen und Inhalte ist die konsequente Erörterung von Ursache-Wirkungsgeflechten eine entscheidende Komponente – nur so werden logische Interdependenzen und wesentliche werttreibende Einflussfaktoren sinnvoll abgebildet, die Zusammenhänge greif- und kommunizierbar. Um die gewünschten Mobilisierungs- und Ausrichtungseffekte nicht aus den Augen zu verlieren, sollten die jeweiligen Verhaltenswirkungen von definierten Leistungskenngrößen und Messprozessen hinterfragt werden. Wertvolle Hilfsmittel zur Konkretisierung und Veranschaulichung bilden zu erarbeitende Logikbäume und Werttreiberhierarchien.

Nach der Definition der strategischen Rahmenbedingungen im Top-Management und der konsequenten Übersetzung in bereichsspezifische Zielsetzungen durch einen entsprechenden Führungskreis folgt nun die **horizontale Abstimmung** der Ziele und der daraus ableitbaren Maßnahmen durch zusammenführende Workshops: Über einen konstruktiven, nach dem demokratischen Prinzip verlaufenden Diskussionsprozess muss ein weitgehender Konsens bezüglich Zielportfolio, Rahmenfaktoren sowie Verantwortlichkeiten und Zuständigkeiten erreicht werden.

Im Zuge der **vertikalen Zielkonkretisierung und -operationalisierung** kommen zunehmend direkte Kommunikationsstrategien zum Tragen. Gemeinsam mit den Mitarbeitern und unter Mitwirkung der operativen Führungskräfte werden in den jeweiligen nachgelagerten Verantwortungsbereichen Teilziele abgeleitet, Prioritäten und Leistungskomponenten abgestimmt und schließlich zielführende Maßnahmen und Aktivitäten sowie die damit verbundenen Zeithorizonte festgeschrieben. Die weiter oben beschriebene Logik aus Zieldefinition, Ableitung von Leistungskenngrößen und Ursache-Wirkungsbeziehungen sollte auch hier so weit wie möglich aufrecht erhalten werden.

Die Einbindung der Mitarbeiter bildet ein entscheidendes Element, um den Prozess der kaskadenförmigen Umsetzung von Vision und Strategie in operatives Handeln letztendlich tragfähig zu machen und mit Leben zu füllen. Die Gestaltung der Struktur und der Inhalte der BSC ist zwar wichtig, aber nicht der entscheidende Erfolgsfaktor einer Implementierung: Der Fokus liegt vielmehr auf Verständnis, Bewusstsein, Commitment und Identifikation im Zusammenhang mit strategieorientiertem Denken und Handeln.

3. Institutionalisierung der BSC-Systematik im Unternehmensorganismus

Eine letzte Herausforderung im Rahmen der BSC-Einführung liegt in der geeigneten Verankerung, Integration und Positionierung der Systematik, um mittel- bis langfristig eine Institutionalisierung der BSC im spezifischen Unternehmensumfeld zu erreichen und in der Folge aufrecht zu erhalten. Im Mittelpunkt stehen Aktivitäten und Rahmenbedingungen, die neben der reinen Etablierung der BSC-Methodik auch die Nachhaltigkeit in damit verbundenen Handlungs- und Denkweisen gewährleistet: Das Commitment im Top Management ist ein wichtiger Indikator und Träger für die Ernsthaftigkeit in der Umsetzung der BSC-Belange. Eine entsprechende Akzeptanz und die konsequente Nutzung der BSC als Planungs- und Steuerungsinstrument im Management müssen als Anwendungsvorbilder dargestellt werden, um den Eindruck eines nur verwalteten Systems zu vermeiden.

Feedback-Prozesse – beispielsweise ein kontinuierliches Hinterfragen des Entwicklungsstandes und des Grades der Umsetzung im BSC-Prozess hinsichtlich Philosophie, übergeordneter Zielsetzung, Verständnis und Umgang sowie ein Review von Zielen, Leistungskenngrößen und Maßnahmen – machen einerseits Fortschritte in der Realisierung der BSC transparent. Andererseits bilden diese Feedbackschleifen die Grundlage für operatives und strategisches Lernen: Impulse daraus sollten in Struktur und Prozess-Modifikationen der BSC, später vor allem in die Anpassung von Geschäftsprozessen und die Ausrichtung von Strategieentscheidungen einmünden.

Um Überblick und Aktualität zu gewährleisten, müssen die Feedbackinhalte sinnvoll strukturiert sein, also nicht zu sehr mit Details in Bezug auf Messung und Reporting überlastet werden. Der Fokus auf strategische Schlüsseldaten steht wiederum im Vordergrund, bestehende Planungs- und Controllingsysteme sind entsprechend abzustimmen und zu integrieren. Das Tagesgeschäft darf diese Themenfelder nicht zu sehr überlagern, sonst »versanden« Feedbackimpulse und Übersetzungsleistungen sukzessive. Sinnvollen Freiräumen zur Erprobung im Arbeitsalltag, um Lernen zu ermöglichen, stehen – ebenso notwendige – Verbindlichkeiten durch zu erzeugenden Anwendungsdruck gegenüber: Auf der individuellen Ebene sind die möglichen persönlichen Nutzeneffekte aus der BSC-Anwendung anschaulich zu machen und zu vermitteln.

Bei einem entsprechenden Reifegrad der BSC-Systematik (erst dann) werden Leistungskomponenten, Prioritäten und Zeitraster im Ausfluss der BSC mit der individuellen Zielvereinbarung verknüpft. Um weiterreichende Effekte zu erzielen, sollten diese Erfolgskomponenten an eine anreizorientierte Vergütungssystematik gekoppelt werden – wobei die BSC auch die Basis für eine strategieorientierte Akzentuierung bzw. Gewichtung liefern kann (vgl. Seiten 25 bis 31 dieses Buches).

Ein letzter wichtiger Faktor zur erfolgreichen Implementierung ist die Positionierung der BSC als akzeptierte und gelebte Kommunikations- und Informationsplattform, damit Verständnis und Bewusstsein für strategieorientierte Planung und Steuerung entsteht. Im Zuge der **Konkretisierung und Realisierung** der BSC-Strukturen und Inhalte kann keine standardisierte Software den Prozess der unternehmensspezifischen bzw. individuellen Auseinandersetzung und Erarbeitung der BSC ersetzen. Im Rahmen der **Institutionalisierung** ist es jedoch empfehlenswert, die Vorteile einer geeigneten und auf die Anforderungen des Unternehmens ausgerichteten Software-Lösung zu nutzen, die in der Regel eine effiziente – im Sinne von Zeitnähe, Konsistenz und breiter Streuungsmöglichkeit der Informationen etc. – Kommunikationsplattform bietet. Im täglichen Umgang und in der nachhaltigen Funktionalität ist bei der EDV-Lösung zu berücksichtigen:

❑ eine zweckmäßige, akzeptanzorientierte Darstellungsform der relevanten Performancedaten.

❑ eine ansprechende grafische Darstellung der entscheidenden Status- und Entwicklungsdaten zur zielgerichteten, schnellen und umfassenden Erfassung des Lagebildes und der zu erwartenden Trends. So kann zusätzlich die (scheinbare) Komplexität des Geschäftsalltags reduziert bzw. relativiert werden.

❑ Handhabbarkeit, Akzeptanz und Commitment sind über die aktuellen Standards im Anwendungskomfort zu gewährleisten.

Im Verlauf der Etablierung der BSC-Thematik haben sich mittlerweile einige praktikable und gute Software-Lösungen im Markt positioniert und stellen keinen Engpassfaktor dar.

Abschließend lässt sich festhalten:

Orientierungspunkt und Zielsetzung der in diesem Kapitel erörterten Erfolgsfaktoren einer BSC-Einführung muss letztendlich immer sein:

1. die Nachhaltigkeit einer strategie- und wertschöpfungsorientierten Denk- und Handlungsweise im Unternehmensorganismus schrittweise zu entwickeln und zu fördern sowie
2. im weiteren Verlauf – im Rahmen der Eigenverantwortlichkeit von Führungskräften und Mitarbeitern – auch zu fordern.

Literatur:

Lombriser, R./Abplanalp, P. (1998): »Strategisches Management: Visionen entwickeln, Strategien umsetzen, Erfolgspotenziale aufbauen.« Zürich: Versus Verlag.

Dr. Jürgen Bischof, 1968, – wissenschaftl. Mitarbeiter der Katholischen Universität Eichstätt-Ingolstadt, 1996 Diplom in Wirtschaftsmathematik, Universität Ulm, 1996–1998 Berater, Projektleiter und Managementtrainer bei Horváth & Partner Unternehmensberatung GmbH, Stuttgart. Inhaltliche Schwerpunkte: wertorientierte Unternehmensführung, moderne Konzepte der Unternehmenssteuerung, Gestaltung von Controllingsystemen, Geschäftsprozessmanagement. Seit 1999 wissenschaftlicher Mitarbeiter am Lehrstuhl für ABWL und Controlling der Wirtschaftswissenschaftlichen Fakultät Ingolstadt der Katholischen Universität Eichstätt. Hauptarbeitsgebiete: Entwicklung einer Controlling-Konzeption auf der Basis der Neuen Institutionenökonomik, moderne Ansätze im Strategischen Controlling, unternehmenswertorientiertes Management und Controlling, Management von Nonprofit-Organisationen und öffentlichen Institutionen.

Thorsten Bröske, Studium der Sozialwissenschaften mit den Schwerpunkten Gesundheitssysteme/-ökonomie, Betriebswirtschaft und Organisationspsychologie, Beginn seiner beruflichen Laufbahn bei einer Healthcare-Unternehmensberatung in den USA. Von 1998 bis 1999 wissenschaftlicher Mitarbeiter am Fraunhofer Institut für Produktionstechnik und Automatisierung im Bereich Management von sozialen Dienstleistungsorganisationen/Krankenhäusern tätig. Derzeit bei der AOK Hessen für die Koordination des Projektcontrollings und der Balanced Scorecard verantwortlich, zusätzlich Beratung der Leitung des Projektes »Internet« der AOK Hessen. Erfahrungen mit der Einführung von Organisationskonzepten, Total Quality Management, Managementkonzepten und Internet Strategien in Arztpraxen, Krankenhäusern und Krankenversicherungen.

Dr. Stefan Eberhardt, 1968, Assistent der Geschäftsleitung in Global Logistics Center (GLCV) der DaimlerChrysler AG. Studium der Wirtschaftswissenschaften und Promotion zum Dr. oec. an der Universität Hohenheim in Stuttgart. Danach Geschäftsführer der Koordinierungsstelle für Wissenschaftliche Weiterbildung der Universität Hohenheim, dann wissenschaftlicher Mitarbeiter der Unternehmensberatung Rosenberger & Partner, Leonberg sowie Dozent der Berufsakademie Stuttgart und Württembergische Verwaltungsakademie, Stuttgart. Veröffentlichungen: Abschied vom Taylorismus: Mitarbeiterführung in schlanken Unternehmungen. Leonberg, 1995. Wertorientierte Unternehmensführung: Der modifizierte Stakeholder-Value-Ansatz. Wiesbaden, 1998.

Dr. Norbert Fett, 1944, Projektleiter Kontinuierlicher Verbesserungsprozess der Deutsche Bank AG. Studium: Soziologie, VWL, Arbeitsrecht, ist seit 1976 in der Deutschen Bank in der Filialbank sowie im Corporate Center beschäftigt. Die Schwerpunkte seiner Arbeit liegen in der Personal- und Organisationsentwicklung sowie im Konflikt- und Changemanagement. Als Organisationsberater der Österreichischen Gesellschaft für Gruppendynamik und Organisationsberatung ist er mit aktuellen Fragen in Veränderungsprozessen vertraut.

Martin Grötzinger, 1968, Gesellschaft für innovatives Personal- und Organisationsconsulting mbH. Dipl. Vw. Martin Grötzinger, Consultant Human Resources. Studium der Volkswirtschaften an der Universität Würzburg, Betriebliche Organisation und Personalmanagement. Praxiserfahrungen im Personalmanagement der High-Tech-Branche und anschließend Management-/Führungsfunktion im Personal-Dienstleistungsbereich. Heute ist Martin Grötzinger Consultant für die Themenfelder: Organisationsentwicklung, Management-Development und Balanced Scorecard bei der Gesellschaft für innovatives Personal- und Organisationsconsulting, incon mbH, Taunusstein.

Britta Jakobi, Abschluss zur Diplom-Betriebswirtin (FH) mit dem Schwerpunkt Gesundheitswesen an der Fachhochschule Gießen-Friedberg und zusätzliche Weiterbildung zur Personalentwicklungsreferentin. Seit 1999 bei der AOK Hessen für die Erfolgssicherung von Personalentwicklungsmaßnahmen verantwortlich.

Detlef Kranich, 1967, Personalleiter der NSE Software AG, Ausbildung zum Bankkaufmann, Universitätsstudium in Regensburg, Granada (Spanien) und Tübingen zum Diplom-Kaufmann, Vorstandsassistent Personal und Controlling der NSE Software AG, ab 1999 Leiter Personalstrategie, Implementation eines integrierten Personalsystems.

Carsten Löffelholz, 1967, – Bosch Rexroth AG, Diplom-Wirtschaftsingenieur (TU Darmstadt), nach dem Studium Beginn bei der Mannesmann Hartmann & Braun AG im Controlling; Tätigkeit in einer Stabsfunktion der zentralen Materialwirtschaft; im Anschluss innerhalb der Mannesmann Rexroth AG Wechsel in das Zentralcontrolling, dort u. a. Leitung eines Pilotprojektes zur Einführung der Balanced Scorecard. Nach der Übernahme der Controlling-Aufgabe für den mehrere rechtliche Einheiten übergreifenden Geschäftsbereich Rexroth Indramat gehört die Implementierung der BSC zu den Aufgaben. Im Geschäftsbereich Electric Drives and Controls des durch den Zusammenschluss von Bosch und Rexroth entstandenen neuen Unternehmens Bosch Rexroth AG verantwortlich für Finanzen/Controlling und auch die erweiterte Fortsetzung des BSC Konzeptes.

Jürgen Niemann, 1967, Leiter Personalstrategie DB-Konzern. Studium Publizistik- und Kommunikationswissenschaft, Neuere Geschichte, Sozial- und Wirtschaftsgeschichte, Politikwissenschaft. Assistent am Lehrstuhl für internationale Kommunikation der Ruhr-Universität Bochum, feste freie Mitarbeit Fa. DENTSU Düsseldorf, Forschungsprojekte im Auftrag von RTL Deutschland Köln, persönlicher Assistent des Personalvorstands der DB AG, Realisierungsbeauftragter der 2. Stufe Bahnreform, Leiter »Change Management, Führungsinstrumente DB Konzern«, seit 4/2000 Leiter Personalstrategie DB Konzern.

Prof. Dr. Gerhard Speckbacher, 1964, Wirtschaftsuniversität Wien.
1990 Diplom in Wirtschaftsmathematik, 1992 Promotion zum Dr. rer. pol. und 1997 Habilitation für das Fach Wirtschaftswissenschaften an der Universität Ulm. 1997 Professor für Betriebswirtschaftslehre, insbesondere Controlling an der Ernst-Moritz-Arndt-Universität Greifswald, ab 1999 Inhaber des Lehrstuhls für Allgemeine Betriebswirtschaftslehre (Schwerpunkt Unternehmensrechnung und Controlling) an der Katholischen Universität Eichstätt/Ingolstadt, seit April 2000 Ordinarius des Instituts für Unternehmensführung (Abteilung für Unternehmensführung, Controlling und Beratung) der Wirtschaftsuniversität Wien. Hauptarbeitsgebiete: Strategische Unternehmensführung, Corporate Governance, Performance Management und Quantitative Methoden.

Fred R. Strauß ist selbstständiger Consultant der evidanza Gmbh & Co. KG Nürnberg. Als Management -und Strategieberater ist er Fachmann für gezielte Unternehmenswertsteigerung durch Optimierung von Marketing und Vertriebsprozessen. Im Laufe seiner beruflichen Tätigkeit hatte er verschiedene Positionen bei Unternehmen der pharmazeutischen und medizin-technischen Industrie als Controller, Verkaufsleiter, Marketingmanager, Marketing-Vertriebsdirektor und Geschäftsführer inne. Seine speziellen Erfahrungen liegen in der Strategieentwicklung und erfolgreichen Implementierung sowie positiven Differenzierung von Unternehmen.

Dr. Kathrin Türk, 1970, Leiterin des Information Management Logistics, BASF AG. Studium der Wirtschaftsinformatik an der TU Braunschweig und Universität Mannheim, Promotion der Wirtschaftswissenschaften am Industrieseminar der Universität Mannheim, Aufbau des globalen Forschungsprojekts »World Class Manufacturing«; Durchführung zahlreicher Beratungsprojekte; freiberufliche Tätigkeit als Dozentin für Logistik, Materialwirtschaft, Produktionswirtschaft, Allgemeine BWL und Windows-Anwendungssoftware. Projektleiterin Change Management bei der BASF AG, Schwerpunkt betriebswirtschaftliche Beratung; u. a. Einführung der BSC im Bildungswesen. Assistentin des Bereichsleiters Logistik und Informatik (CIO) der BASF AG, Schwerpunkt eCommerce; u. a. Projektmanagement; für den Aufbau eines BASF-Portals für den Chemikalienabsatz.

Heinz Uepping ist geschäftsführender Gesellschafter der incon GmbH, Gesellschaft für innovatives Personal- und Organisationsconsulting, Taunusstein. Nach dem Studium und ersten Praxiserfahrungen in der Personalführung und Führungskräfteentwicklung eines großen Institutes folgte die Übernahme einer Leitungsfunktion in der Wirtschaft. Für einen Konzern baute Heinz Uepping die Managemententwicklung auf, die schließlich unter seiner Leitung überregional agierte. In einem europaweit tätigen Consulting-Unternehmen übernahm er anschließend die Führungsverantwortung für das Geschäftsfeld »Human Resource Consulting«. Er publiziert Fachbeiträge in Wirtschaftsmagazinen und -zeitungen und ist Mitglied in verschiedenen Gremien der Wirtschaft.

Stefan Mathias Wahlich Diplom-Psychologe, ist Berater bei der Vaillant Management Consulting (VMC) in Remscheid. Als Gründungsmitglied von VMC arbeitet er schwerpunktmäßig in den Bereichen Human Resources, Process Management und Business Excellence. Seine Interessen gelten insbesondere der Integration von Personal- und Organisationsentwicklung, dem systemischen Management und dem Führungskräftecoaching. Er berät Firmen aller Branchen und Größen bei der Einführung von Personalentwicklungssystemen, TQM und Prozessmanagement. Als Leiter der strategischen Personalentwicklung bei der Vaillant GmbH hat er neue Systeme für die Weiterbildungsbedarfsanalyse, die Trainerzertifizierung und das Bildungscontrolling entwickelt. 1998 gewann er mit seinem Team für Vaillant den MUWIT-Weiterbildungs-Award, ausgeschrieben vom International Institute for Research und war Assessor im Rahmen des Ludwig-Erhard-Preis-Verfahrens.

Professor Dr. Silke Wickel-Kirsch. Studium der Betriebswirtschaftslehre an der LMU, München, von 1987–1992. Promotion an der Bundeswehrhochschule in München bei Prof. Dr. Rainer Marr, Lehrstuhl für Personal und Organisation, über zukunftsweisende Organisationsstrukturen von 1992 bis 1995. Während dieser Zeit Assistentin des Bereichsleiters »Organisation« der Bayerischen Vereinsbank AG, München. Leiterin im Personalcontrolling der Henkel KGaA, Düsseldorf, von 1994 bis 1996. Leiterin in der strategischen Planung der Bayerischen Vereinsbank AG, München, von 1996 bis 1998. Seit 1998 Professorin für Personalwirtschaft an der FH Mainz.